高等职业教育新闻采编与制作专业新形态教材

新媒体内容创作实务（微课版）

主　编　覃思源

副主编　周展锋　刘云云　关佳丽　赵紫薇

中国水利水电出版社
www.waterpub.com.cn
·北京·

内 容 提 要

本书根据新媒体内容编辑岗位的能力需求，按照新媒体内容创作与编辑的工作流程组织内容，旨在培养学生的新媒体内容创作与编辑能力。

本书对接 1+X 自媒体运营职业技能等级标准，通过项目教学法结合工作领域情境实训使学生能够掌握微信公众号平台、抖音等短视频平台、电商直播平台、H5 交互等新媒体平台上内容创作要求。书中配套的信息化资源、部分案例和教学项目来源于校企合作企业，以此保证了教材内容的市场融合度、技术跟随度、双创契合度，能有效地培养学生的双创精神和自主学习能力。本书为新形态教材，书后附有工卡，让学生在学习过程中理实结合，边学边练。

本书提供电子课件、教案、素材等，读者可以从中国水利水电出版社网站（www.waterpub.com.cn）**或万水书苑网站**（www.wsbookshow.com）**免费下载**。

图书在版编目（CIP）数据

新媒体内容创作实务 ： 微课版 / 覃思源主编. -- 北京 ： 中国水利水电出版社，2022.2（2024.11 重印）
高等职业教育新闻采编与制作专业新形态教材
ISBN 978-7-5226-0458-9

Ⅰ. ①新… Ⅱ. ①覃… Ⅲ. ①传播媒介－高等职业教育－教材 Ⅳ. ①G206.2

中国版本图书馆CIP数据核字(2022)第024365号

策划编辑：周益丹　　责任编辑：张玉玲　　封面设计：梁　燕

书　名	高等职业教育新闻采编与制作专业新形态教材 新媒体内容创作实务（微课版） XINMEITI NEIRONG CHUANGZUO SHIWU（WEIKE BAN）
作　者	主　编　覃思源 副主编　周展锋　刘云云　关佳丽　赵紫薇
出版发行	中国水利水电出版社 （北京市海淀区玉渊潭南路 1 号 D 座 100038） 网址：www.waterpub.com.cn E-mail：mchannel@263.net（答疑） sales@mwr.gov.cn 电话：（010）68545888（营销中心）、82562819（组稿）
经　售	北京科水图书销售有限公司 电话：（010）68545874、63202643 全国各地新华书店和相关出版物销售网点
排　版	北京万水电子信息有限公司
印　刷	三河市德贤弘印务有限公司
规　格	184mm×260mm　16 开本　19.25 印张　433 千字
版　次	2022 年 2 月第 1 版　2024 年 11 月第 3 次印刷
印　数	4001—7000 册
定　价	62.00 元

全国传媒职业技术教育联盟教材编委会

序

教材是教育教学的关键要素、立德树人的基本载体。在全国教材工作会议暨首届全国教材建设奖表彰会召开之后，全国传媒职业技术教育联盟首批系列教材正式出版，即将在联盟内外职业院校应用。这批教材落实了职教思政建设的要求，蕴涵着行业产业前沿的技术技能，凝聚了编撰工作人员的心血，承载着传媒职教学生的希望，是联盟成立以来的标志性成果之一，必将在推动传媒职业技术教育“三教”改革、“三全育人”综合试点、“大国工匠”培养等方面起到积极作用，为培育思政品质可靠、专业技能过硬、创意思维活跃的高质量传媒人才提供基础性支撑。

尺寸教材，悠悠国事。新时代，党中央、国务院高度重视教材建设，成立了国家教材委员会，设立了全国教材建设奖，出台了《职业院校教材管理办法》等系列制度文件，全面落实教材建设国家事权。全国传媒职业技术教育联盟成立以来，联盟理事会紧扣国家政策文件，联合行业产业企业，组织联盟院校单位，启动了编写传媒职业技术教育教材的工作。

在教材编写过程中，参与编撰的老师充分依托联盟的平台作用，发挥主观能动性，深入行业产业调研，掌握对应领域技能迭代情况；组织线上线下研讨，结合校情学情搭建章节架构；加强编校沟通协调，有效保障教材开发出版质量，充分体现了联盟“资源共享、优势互补、合作共赢、协同发展”的宗旨，为联盟今后更好、更快、更多地出版系列教材提供了成功经验，为联盟在共定合理化人才培养方案、共育双师型教师队伍等方面开展卓有成效的工作提供了示范借鉴。

翻阅此次出版的《H5融媒体制作项目式教程（微课版）》《新媒体内容创作实务（微课版）》《数字媒体交互设计项目式教程（微课版）》等教材，二维码等数字出版新技术的运用应引起足够重视。新时代，面向智能手机成长起来的新生代学生，作为传媒领域首个全国性职业教育共同体，我们理应在采用新媒体、智媒体技术开发新形态教材方面起到引领示范作用。在保障教材开发全面贯彻落实职教思政建设新要求前提下，围绕使传媒产业新知识、新技术、新工艺、新方法等内容准确、及时、有效进入教材，要主动将新形态教材开发与结构化教学团队建设、模块化课程内容构建衔接起来；要及时总结新型活页式教材、工作手册式教材开发经验；要积极探索增强现实技术、虚拟现实技术等复合数字教材开发模式；要统筹规划新形态教材与教学资源库、在线课程等其他数字教学资源的联动建设，以教材改革为抓手，带动教师改革、教法改革。

当然，联盟也将持续强化教材建设中的平台作用，编制建设规划，分享合作机会，加强指导评价，加大推广应用，为联盟高质量教材建设提供高水平服务。

袁维坤

前言

从2013年党的十八届三中全会将“推动传统媒体与新兴媒体融合”写入《中共中央关于全面深化改革若干重大问题的决议》，到2019年习近平总书记在中共中央政治局第十二次集体学习时强调“推动媒体融合向纵深发展”，党的二十大报告中继续对“加强全媒体传播体系建设，塑造主流舆论新格局”提出了新要求。可见，通过媒体融合推进国家全媒传播体系建设，已成为我国现代传播体系构建的基本思路和发展方向。在传统媒体向新兴媒体转型的历史当口，媒体融合不仅关乎新闻舆论工作的新格局，而且被提升到党和人民事业全局的战略高度。随着科学技术和移动互联网的发展，我们不难发现新媒体逐渐成为推动地区经济发展、赋能全产业领域的新发之力。然而从传统媒体到新媒体，信息传播的内容、渠道、生产模式、话语方式发生了根本性转变，传媒行业正在面临从“增量革命”到“语法革命”的巨大转向。新的媒介格局的变化，客观上要求新闻传播类人才具备更为专业的知识储备和能力素养，“培养融合型知识结构的新闻传播人才”成为高校传媒类人才培养教育改革的必然路径。

截至目前，国内已有百余所高职院校开设了新闻传播大类专业，而“新媒体内容创作实务”课程又是新闻传播大类各专业的核心课程，关系着学生的媒体融合核心技能的培养。当前市面上与新媒体相关的教材大部分由行业企业出品，主要用于企业培训，不适合用于教学；另一部分教材仍是按照传统体例编写，其理论性较强，不符合职业院校学生的职业技能培养需求。“新媒体内容创作实务”课程亟需符合高职院校职业特征并以项目引领、按技能模块划分、能讲练结合的新形态教材。因此，《新媒体内容创作实务》（微课版）一书应运而生。

本书针对当前市面上新媒体相关的教材存在的缺陷，基于培养高质量融合型知识结构的新闻传播人才的急迫需求编写而成。本书主要面向新闻采编与制作专业学生及新媒体内容创作人员，对接新媒体行业，联合企业力量，强化校企双元协同育人机制；通过对接新媒体内容编辑岗位需求，按照新媒体内容创作与编辑的工作流程，以项目为引领，以学生为中心，结合工作领域情境实训，培养学生的新媒体内容创作能力，同时激励学生主动学习，培养学生执行完整项目的职业行动能力、职业品格及团队协作精神。本书语言通俗易懂，内容详实，既具备专业性，又具备实用性。本书具有如下鲜明特色：

一、以项目引领创新编写体例

本书采用项目任务式的编写体例，结合新媒体内容创作与编辑的工作流程，按照新媒体内容编辑岗位需求，从基本概念的认知入手，通过内容创意策划到不同形态新媒体内容的创作与编辑，每一个项目结合工作情境实训，使学生掌握新媒体内容创作的基本能力。书后附有工卡，让学生在学习过程中理实结合，边学边练。工卡按照各项目的任务要求制订，可以记录学生的学习轨迹，解决了实训环节无法跟踪记录和有效评价的问题。

二、标准对接 1+X 和双创改革

本书对接 1+X 自媒体运营职业技能等级标准，根据新媒体内容编辑岗位的能力需求，按照新媒体内容创作与编辑的工作流程，旨在培养学生的新媒体内容创作与编辑能力。同时，书中配套的信息化资源、部分案例和教学项目来源于校企合作企业，以此保证了教材内容的市场融合度、技术跟随度、双创契合度，能有效地培养学生的双创精神和自主学习能力。

三、内容聚焦思政育人

本书将教学案例与思政育人相融，通过农业品牌新媒体运营、特色农产品电商直播推广、乡村文化旅游项目开发等案例，使“产学研创”与乡村振兴工作无缝对接，让学生在学习实训过程中锤炼专业本领，培养学生热爱人民、热爱劳动的情怀，为未来的乡村振兴建设提供充足的智慧和动力。

四、实训项目突出产教融合

本书在实训项目的选择上突出产教融合，通过与企业的真实项目结合，将学生进入工作领域后普遍会遇到的各类问题融入，方便学生通过理论学习拓宽解决问题的思路，通过案例实践掌握解决问题的方法，从而快速适应工作岗位需求。与企业真实项目的对接也能通过课程实训帮助企业搭建新媒体网络化传播矩阵，全面解决区域中小微企业新媒体运营介入难、运营难、获客难的技术痛点，助力企业复工复产和高质量发展。

五、配套资源突显区域特色

为了使读者充分理解和掌握新媒体内容创作，本书配备了丰富的视频学习资源，这些资源大部分取材于富有少数民族特色或者广西区域特色的案例，进一步突显区域特色。

本书由南宁职业技术学院覃思源副教授主编，其他参编人员有南宁职业技术学院周展锋、刘云云、关佳丽、谢丹妮、王潇、蒋文英、唐海燕等老师，除此之外，来自兄弟院校的赵紫薇老师（河北对外经贸职业学院）、李青老师（福建信息职业技术学院）、梁丹老师（广西广播电视学校）、李灵珠老师（广西农业职业技术学院）也参与了本书的编写。同时，感谢广西回南天传媒科技有限公司谭皓铭先生，广西新型电商联合会蒋凤女士、张文明先生给予本书的技术指导，使本书体现了校企深度合作的集体智慧。

限于编者的知识水平和实践经验，本书难免存在错漏和不妥之处，恳请读者、同行批评指正（作者邮箱：hnqinsiyuan@163.com），以便于本书在今后修订过程中的改进。

编　者

2023 年 7 月

目录

绪论　新媒体内容创作认知

0.1　传媒行业人才需求认知

随着新媒体行业的快速发展，不同媒介相互交融，许多新兴的信息传播方式应运而生，视频可以最大程度再现真实场景，符合人性化的沟通方式，成为了新媒体最重要的流量入口。网络视频（含短视频）是仅次于即时通信的中国第二大互联网应用。在此背景下，了解新媒体运行规律，能够熟练运用新媒体工具的新媒体内容创作人才的重要性日益突显，特别是既有深厚的艺术底蕴，又具备强烈创新意识的应用型高端专业人才存在巨大的缺口。

为了解区域性传媒行业的人才需求，编者通过走访企业、深度访谈、问卷调查等方式，调研各类企事业单位共计 33 家，主要涵盖网络新媒体公司（8 家）、影视制作公司（3 家）、企事业宣传推广部门（3 家）、广告策划公司（3 家）、纸质媒体（3 家）、其他类型的单位（13 家）。通过调研发现，传媒类人才需求主要集中在网络新媒体公司、文化传播公司、广告公司及其他企事业单位宣传推广部门，除此之外，房地产、旅游、教育、汽修、医疗等行业，对传媒类人才需求也越来越大，涉及行业也越来越广泛。同时，受调查对象中小型企业占到一半以上，由此看出，传媒行业在中小型企业中的发展尤为迅猛，其对传媒人才的需求更为迫切。

通过对参与调研的 33 家企事业单位的岗位群及岗位需求分析发现，企业岗位设置中与传媒类专业相关的技术岗位主要集中在新媒体运营（68.75%）、策划（53.13%）、摄影 / 像（53.13%）、文案（50%）、市场营销（46.88%）、剪辑（40.63%）等，如图 0-1 所示。

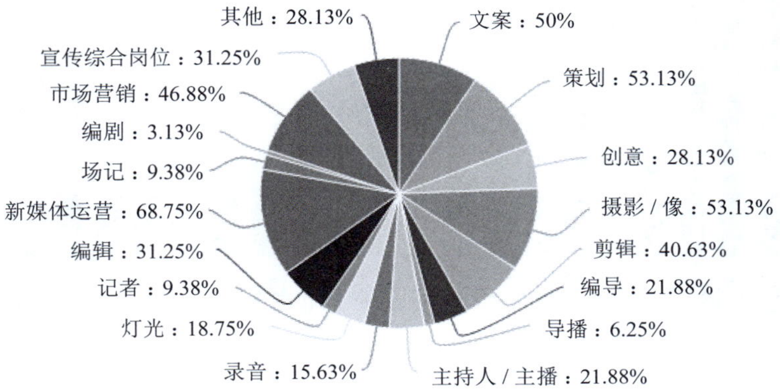

图 0-1　区域传媒行业职业岗位需求分布

值得注意的是，近几年企业计划新增岗位有增加趋势。新增岗位主要集中在新媒体运营（59.38%）、策划创意（43.75%）、活动策划与执行（40.63%）、后期制作（34.38%）、摄影摄像（31.25%）、数字动画效果制作（28.13%）等，如图 0-2 所示。企业计划新增岗位中除了传统的文案、后期制作、摄影摄像等领域的人才需求外，对新媒体人才需求尤其迫切，这说明行业对新媒体内容创作的要求越来越高，需求也越来越大。

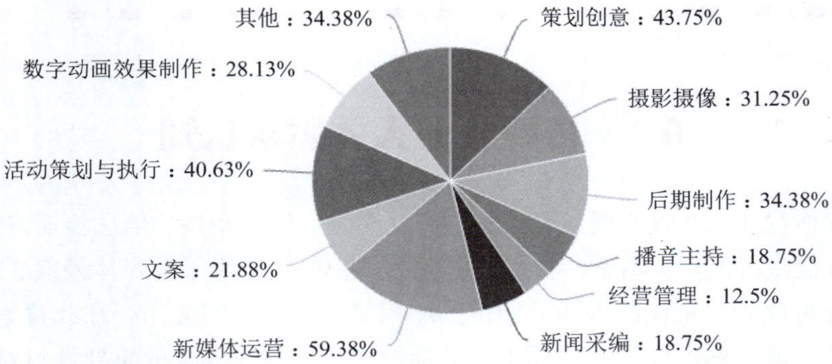

图 0-2　参与调研企业计划新增岗位

0.2　新媒体内容编辑岗位认知

新媒体内容创作对标新媒体内容编辑岗位职责进行课程教学设计，通过对“拉勾招聘”网站上的新媒体内容编辑岗位的岗位需求进行分析，发现招聘新媒体内容编辑岗位企业主要分布在电子商务、视频媒体、在线教育、内容资讯、营销服务等领域，如图 0-3 所示。

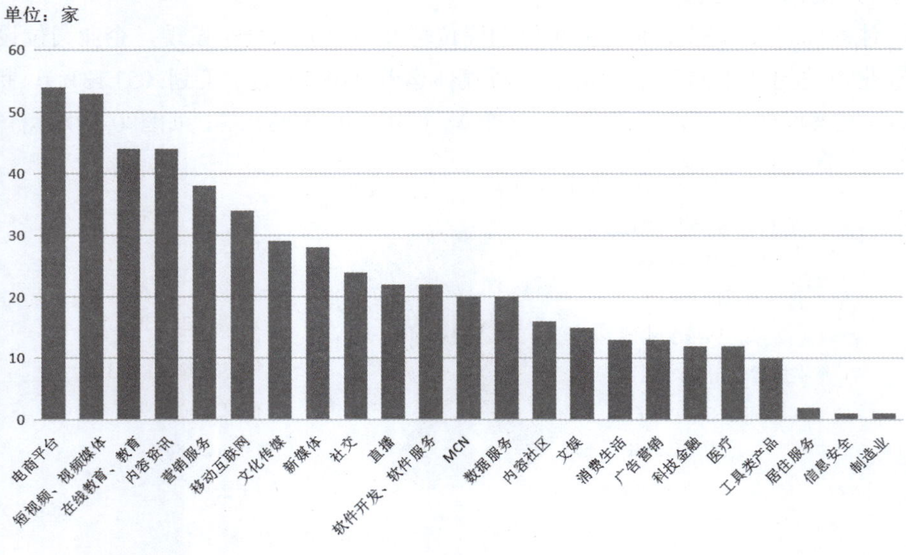

图 0-3　招聘新媒体内容编辑岗位的企业领域分布图

新媒体内容编辑岗位的需求集中分布在北京、广州、上海、深圳等一线城市，这些城市对新媒体岗位的需求占比达 80%，如图 0-4 所示。

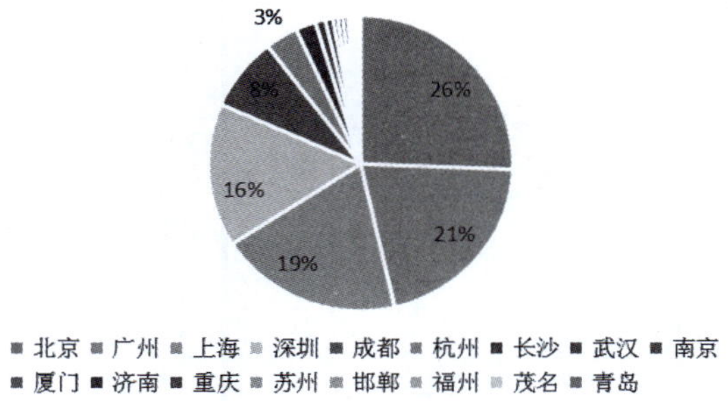

图 0-4　新媒体内容编辑岗位招聘地域分布图

新媒体内容编辑岗位的平均薪资水平北京位居第一，深圳第二，行业整体平均薪资 8000 元左右，如图 0-5、图 0-6 所示。

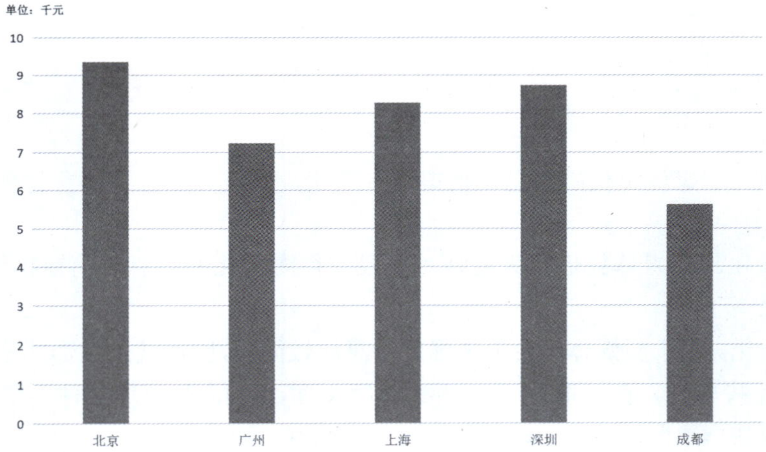

图 0-5　新媒体内容编辑岗位地域薪资水平分布图

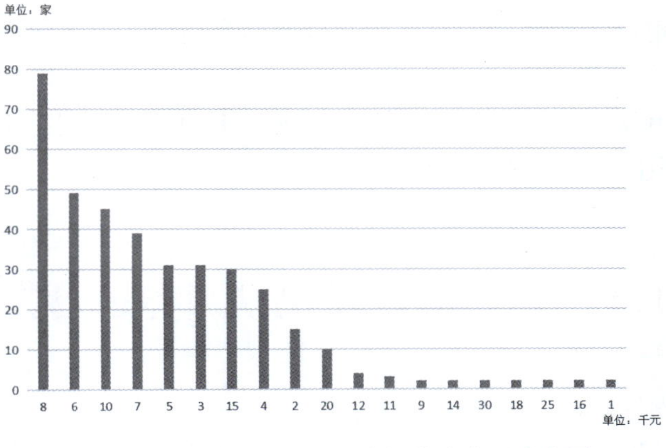

图 0-6　新媒体内容编辑岗位薪资水平分布图

通过对新媒体内容编辑岗位职责进行分析，发现企业对从业者的能力要求多聚焦在热点把控、项目规划、借势营销等能力上。另外值得关注的是，越来越多企业在逐步提升对从业者的数据分析能力的要求（图 0-7）。

图 0-7　新媒体内容编辑岗位能力要求

0.3　新媒体内容创作的新趋势

交互性强。新媒体时代的信息传播渠道多元化，受众可以自主地参与到传播系统中，交互性强。

信息海量化。新媒体凭借强大的技术手段使得海量化的信息以简短精练的形式得以存储于平台上。

信息碎片化。由于新媒体平台上传播的信息比较简短，因此其传播形式呈碎片化状态。

资源的可共享性。在互联网上，例如百度文库、优酷视频是一种不限地域、行业、年龄等的资源共享平台，用户可以上传和下载互联网资源。

多媒体化。新媒体支持很多文件格式，超文本与超链接则使得用户能够方便快捷地使用网络资源。

个性化。用户可以主动地搜索自己感兴趣的信息内容，基本上不受时空限制，个性化较强。

虚拟社群化。网络社交是继网络兴起后发展起来的，是在网络上建立一个虚拟化信息的传播环境，使用的用户便构成了虚拟的社群。

0.4　新媒体内容创作人才培养对策

第一，以行业为导向，调整专业培养方向。

随着新媒体的发展，在一些诸如大数据、H5、VR 等新兴领域不断出现新的相关岗位需求。因此，专业应根据这一特点，结合专业学生定位，调整专业培养方向。

第二，引进企业真实项目，进一步完善课程体系。

引进企业真实项目，以应用为目的，构建课程的教学内容体系，坚持突出应用性、实践性原则，强调基础理论知识的必需、够用。将课程设置与新媒体的发展紧密相连，注重培养学生的新媒体创新思维。

第三，融入课程思政，提高学生综合素质。

在教学过程中，注重课程思政的融入，重视培养学生的学习能力、创造能力，加强对学生沟通协调、人际交往方面的训练，注重职业素养、道德法规、传统文化的熏陶，努力提高学生的综合素质。

第四，将“双创”教育融入课程教学和人才培养全过程，培养和提高学生创新意识与创业能力。

充分挖掘课程的创新创业教育资源，在课程的教学及实训过程中，注意采用有利于培养学生创新意识的教学方法，注重培养学生的创新创业能力。

项目1 新媒体文案创作项目

项目导读

随着数字技术、计算机网络以及移动互联网的迅速发展，新媒体作为一种新的媒体渠道被大众所接受并应用，承担起传播信息的重要责任。不少企业单位开始借助新媒体进行产品或服务的营销与推广，新媒体文案应运而生。本项目将以微信公众号文旅类推文写作为例，对新媒体文案创作的方法、技巧及其内容编创进行讲解。

本项目选择“回南天 SouthTravel”公众号为案例进行分析讲述。广西回南天传媒科技有限公司创立于2017年，是广西集合创智机构旗下子公司之一。致力于探寻身边的美好事物，带领读者回到“南方最美的一天”，故名：回南天。回南天微信公众号创立后，以城市生活、人文旅游、艺术建筑、城市记忆、潮人专访等内容获得诸多行业内外人士及粉丝的关注和青睐。该公众号基于本土人文和旅游，挖掘广西人身边那些被忽略的美景，呈现给喜欢广西文化的每个人，用细腻、独到的角度及视野传递生活美学，是一个深度挖掘广西文旅的内容平台。经过几年的精心运营，目前已发布148余篇原创内容，拥有数十万忠实粉丝，每篇文章阅读量均在10000以上，粉丝质量、黏度均较高，处于广西本土文旅类公众号前列。

教学目标

- 掌握新媒体文案内容创作的方法与技巧。
- 运用所学知识能够在实际项目中创作出高质量的文案。
- 掌握微信公众号的创建、编辑、排版。

任务1 团队组建、明确分工

任务描述

新媒体文案岗位工作人员的专业技术、工作水平及其职业道德素养直接决定了文案的优良程度，一个真正能撰写优秀文案的团队必然对文案这个岗位有着明确的认识，新媒体文案工作人员不仅要在文案撰写水平上突出，还要及时配合公司其他部门的人才进行产品或服务的宣传和营销。因此，若想拥有一个出色的文案创作团队，首先需要明确岗位职责，达到岗位要求的标准。

任务要求

了解新媒体文案的岗位职责要求，能够组建一支分工明确、各司其职的全能的文案团队。

知识链接

中国互联网络信息中心发布的最新《中国互联网络发展状况统计报告》显示，我国网民规模逐步扩大，网络购物用户仍保持快速稳健的增长趋势。

截至 2020 年 6 月，我国网民规模达 9.40 亿，较 2020 年 3 月增长 3625 万，互联网普及率达 67.0%，高于全球平均水平约 5 个百分点。截至 2020 年 6 月，我国电商直播、短视频及网络购物用户规模较 3 月增长均超过 5%，电商直播用户规模达 3.09 亿，较 2020 年 3 月增长 4430 万，规模增速达 16.7%，成为上半年增长最快的个人互联网应用，为促进传统产业转型、带动农产品上行提供了积极助力。网络零售用户规模达 7.49 亿，占网民整体的 79.7%，市场连续七年保持全球第一，为形成新发展格局提供了重要支撑。随着目前我国移动通信网络基础环境的建设日益完善和移动智能手机的进一步快速发展、广泛普及，移动通信互联网的广泛应用已经深度地体现在了广大用户的各种日常生活需求中，促进了移动智能手机人均使用量和网络数字化率的增长。

随着新媒体的迅猛发展，各企业也将其作为自身品牌宣传、营销推广的重要阵地，由此催生出新的岗位需求——新媒体文案。要做好文案工作，一个分工明确、各有所长的团队是必不可少的。以下将从新媒体文案的工作职责和岗位要求两方面来阐述新媒体文案团队如何搭建。

1. 新媒体文案的工作职责

新媒体文案的工作职责包含但不限于新媒体渠道的文案写作与投放、内容策划与编辑、热点事件跟进，大部分的企业也都会给予其更多的工作需求，如策划（活动策划、品牌推广策划）、具体渠道的运营及推广等。因此，一名全面多能的新媒体文案工作人员承担了内容策划、编辑、运营等相关角色，虽然各企业根据具体的工作内容对新媒体文案有不同的岗位称呼，但工作内容都大同小异。

新媒体文案的职业岗位名称往往包括内容的策划和编辑、内容运营等，主要是负责针对新媒体渠道中的整体内容进行规划，并对其中的具体内容进行编辑。

例如，京东的内容策划编辑的岗位职责：

（1）负责微信购物优质内容的策划及制作，内容与形式不限，图文、H5 或视频等。

（2）定期配合商城活动策划事件营销或传播内容。

（3）独立策划和制作热点专题，提升内容的转化率。

腾讯的内容运营的职位职责：

（1）根据产品特点，负责线上、传统媒体、线下等各种渠道对产品服务进行推广，策划组织相关宣传活动。

（2）负责产品的热点事件营销和活动策划，在微信上策划热点传播事件，撰写相关文案。

（3）负责推广运营的数据统计分析。

综合各个大型公司的新媒体宣传文案相关部门和单位，其主要职能就是负责新媒体宣传渠道的内容策划及写作、企业各阶段营销活动的策划及推广、热点事件的营销跟进，以及其他宣传文案等。

（1）新媒体渠道的内容策划及写作。新媒体文案应根据企业的品牌和产品撰写对应的宣传文案，以及在不同的新媒体渠道上（如微信公众号、新浪微博、社群等）推出并发布各种形式的文案内容（如图文、视频、语音等）。

（2）企业各阶段营销活动的策划及推广。新媒体文案应根据企业需要以及节假日等特定事件点策划相应的营销活动，并落实推广。例如企业新产品发布，则需策划一系列新品发布活动，用何种形式的活动及文案吸引目标人群的注意及参与，以达到新品发布的最佳效果。

（3）热点事件的营销跟进。新媒体文案应根据社会时事热点，有选择地跟进以达到企业的宣传目的。

2. 新媒体文案的岗位要求

新媒体文案除了主要涉及文案的内容外，还要涵盖到策划、经营等多种功能性角色，且在其工作的内容中需与多方进行交流，需要沟通的客户包括但不只是图片设计师、上级领导、相关单位的工作人员、各家媒体负责人等。因此，除了专业技术能力外，新媒体文案还要求我们具备较强的资源统筹分配能力、沟通协调和解决问题的能力，以及基础性的职业道德修养等。

下面重点阐述大部分企业对文案岗位的关键能力要求，如文字功底强、思维活跃有创意、掌握相关新媒体技术。

（1）文字功底强。新媒体文案的撰写首先要文字流畅，其次是准确而充分地把握文案遣词造句的表达方法和运用技巧，文案的具体语言文字风格与表达情感必须要做到能够打动服务对象和具体目标消费群众，同时也必须要准确地掌握不同企业文案的写法，比如广告海报的主题、商品的简介、新闻稿等。

（2）思维活跃有创意。新媒体文案需要我们看待事物的视野角度和方式具有多元化，如在接收到一个关于文案编辑工作的信息和任务后，脑海中就会立即触发多个文案编辑工作方式及不同类型的联想，并且能够制定出最为适合的具有自己创意的解决办法。

（3）掌握相关新媒体技术。随着时代的发展，文案的内涵也有了一定的改变。新媒体文案的形式不仅仅是纯文字表达，还包括图片、图文结合、视频、音频、H5 等形式，这就要求新媒体文案创作者必须要具备一定的摄影摄像、图片处理、后期制作等相关新媒体技术。

任务实施

请结合工卡 A-01（文案创作团队组建），完成以下任务。

组建新媒体文案团队

新媒体文案团队对于成员数量没有固定的要求，可根据企业新媒体部门规模及具体分工来决定，一般为 3 ～ 5 人。若要组建好一个新媒体文案团队，无论有多少成员，都必须具备以下能力：

（1）文案创作能力。这是作为一个文案团队最基础、最核心的能力要求，主要从文案的语法、风格、技巧运用等方面来考量。

1）文案的语法、逻辑的掌握。除故意用语法问题以引起目标人群的注意及讨论的文案外，均应以正确文字、语法写作，且对文案的表达一定要有逻辑、条理，这样目标人群的阅读者才能够较好地认识和了解到文案中表现出来的意义。

2）文案语言风格的把控。文案工作者需要熟练掌握各类不同风格的文字，可以是高雅的作品语言和文字风格，也可以是通俗易懂或平易近人的作品语言和文字风格；文案工作者应能根据具体的需求决定撰写不同风格的作品文案。

3）文案技巧的运用。根据平台的特点和内容创意可以选择适合自己的文案格式；标题、海报、主题广告等需要能够迅速地吸引目标消费者的注意；软文、品牌介绍等则更加需要让目标消费者产生代入感；销售文案要求使目标消费者能够有充分的信任感并且足以迅速地做出自己的购买决策和反馈；品牌宣传文案则要求信息简便易行，有利于口语传播。

（2）热点跟进能力。新媒体的用户与报纸、电视等传统媒体的受众不同，以年轻人居多。因此，新媒体运营者必须随时关注热点并及时跟进。

不过，如果一味追求热点本身而不注重企业与热点的关联，很有可能会出现“网友一笑而过，并不买单”的情况。因此在跟进热点时，新媒体运营者必须将热点与企业定位相结合。

例如，中国平安作为国内较早拥抱金融科技理念的公司，在流行语 Freestyle 的基础上设计出专属的 Fintech（金融科技）Style，且邀请明星担任中国平安大使拍摄平安黑科技的两段视频为网友演绎中国平安的金融科技理念。

把 Fintech 与 Freestyle 结合、将流行语与新科技结合，中国平安围绕 Fintech Style 推出的传播内容仅借助四条微博，就斩获 1300 万次品牌曝光，6000 多次讨论。

（3）用户洞察能力。企业新媒体的平稳发展得益于日常的稳定运营，而企业新媒体的跨越式提升通常来自阶段性的爆发式运营，如一篇“10 万 +”爆文、一次“刷屏级”H5 等。爆发式运营表面上看是由于巧妙的创意或独特的思路，但深层次的原因是对用户的洞察——爆文之所以“10 万 +”，是由于触及了读者的孤独、焦虑、迷茫等内心情感，从而获得读者的认同。

（4）项目协调能力。项目的推进通常需要计划、沟通、协作、执行、反馈等步骤；新媒体文案运营者也需要具备项目协调能力。

新媒体运营中的项目管理常被等同于活动策划与管理。但除活动外，新媒体运营中的任何一项工作都需要进行项目管理。

例如，发布一篇推广文章时，新媒体运营者也需要进行整体的项目管理：

第一步，制作进度表，规划出文章发布的每个环节所需要的执行者、截止时间等。

第二步，整理文章需求并与编辑充分沟通。

第三步，撰写或编辑文章时，需要随时关注并提供相关素材。

第四步，文章完成后，运营者需要与推广专员沟通，布局推广渠道。

第五步，监控推广效果，随时优化并做好复盘。

以上四大能力是现阶段绝大多数企业对新媒体文案团队的能力需求。一个人或许很难同时具备每一项能力，但是团队成员要有明确的分工，每个人的职责和能力应有所区别，才能形成合力，做好文案内容的编创。

任务 2　市场分析、用户画像

任务描述

互联网大数据时代，得用户者得天下。通过市场分析，构建用户画像，给用户打标签，使其年龄、性别、地域、兴趣等特征标签化、信息化和可视化，对新媒体的个性化推荐、精准营销将提供强有力的支持。因此，新媒体运营过程中，新媒体专员应掌握用户画像分析方法，通过描绘公众号用户画像，为文案创作时做好精准定位打下基础，以更好地展现文案核心内容，吸引用户阅读并参与传播。

任务要求

掌握新媒体市场分析、用户画像的方法，能够通过用户画像，预判公众号用户人群特征。

知识链接

营销是新媒体文案的最终目的。要创作出满足营销目标的文案，应做好充分的调研准备，搜集资料并进行市场分析，结合产品定位、平台与受众等构建用户画像。

如何做市场分析

1. 市场分析

一是对原生市场、中度和重度成熟的市场进行分析，包括宏观市场分析、行业发展分析等。

二是竞争对手分析。在新媒体文案创作时，只有充分了解竞争对手的营销思路、写作套路和主推卖点，才能比较容易地找到应对之策，写出有区分度、有独特性的文案。

可借助 SWOT 战略分析法对竞争对手进行详细分析，见表 1-1。

表 1-1　SWOT 分析

内部因素	外部因素	
	Opportunity（机会）	Threat（威胁）
Strength（优势）	SO 战略 充分使用内部优势并利用外部机会	ST 战略 尽量利用外部机会且改进内部劣势
Weakness（劣势）	WO 战略 充分使用内部优势并回避外部威胁	WT 战略 尽量克服内部劣势且回避外部威胁

三是产品分析。在市场需求和产品特点中找到出受众普遍感兴趣的点，通过文案内容来突出宣传重点。

四是新媒体平台分析。主要了解各大新媒体平台的功能、优势、劣势、用户体验等。

五是目标受众分析。不同的目标受众群体有着不同的消费观，划分受众个体的社会消费角色，探究各类消费群体不同的消费心理，文案人员往往可以找出相对应的写作切入点和侧重点，据此拟定不同的文案写作方案。

2. 用户画像

（1）用户画像的定义。用户画像，即将用户信息标签化，就是收集、整理、分析消费者的社会属性、生活习惯、消费行为等主要信息，将每个具体信息抽象成标签，利用这些标签将用户形象具体化，从而为用户提供有针对性的服务。

用户画像的构建

在做微信公众号之前，我们对人群受众会有一个大概的定位。人群定位决定了公众号用户规模的上限，而精确化的用户画像有助于对用户的精细化运营。通过对用户的阅读习惯、阅读喜好和阅读行为等方面的分析，可以更好地判断公众号的运营方向并推动内容精细化的运营。

例如，通过公众号后台自带的性别、年龄、城市、终端等信息分析，首先预判公众号用户人群，是来自一线城市还是二三线城市，是女性大学生还是年轻妈妈，又或者是女性白领；其次，通过文章的点赞、留言、阅读量、转发量以及文章停留时长，进一步判断用户人群更喜欢阅读哪种类型的文章，什么样的文章更容易被分享到朋友圈；最后，通过公众号的关注量、取关量以及关注、取关的时间节点，分析原因，不断改善运营方式，增加留存率与用户黏性。

（2）用户画像的作用。在庞大的电视剧市场中，热播剧《欢乐颂》火爆的最大原因，就是它的用户画像几乎涵盖了当前都市生活场景中的各类形象，因此很容易让对应的人群从角色中找到共鸣：

安迪——海归商业精英、企业高管。

樊胜美——来自于穷苦家庭的“胡同公主”。

曲筱绡——活泼机灵、业务能力强的富二代。

邱莹莹——出身平凡的小城姑娘，一线城市打拼的普通职员。

关雎尔——家道良好的乖乖女，境遇顺遂的外企职员。

魏渭——白手起家的大老板。

赵启平——出自书香门第的医学高材生、主任医师。

谭宗明——身价百亿的商界传奇人物。

包奕凡——睿智俊朗风流倜傥的富二代。

王柏川——出身一般，正处于起步阶段的小老板。

同理，对于用户体量庞大，特别是企业服务类的账号来说，获取精准的企业用户画像非常重要。

1）通过了解用户画像构成进行内容调整。利用现有公众号粉丝群体，分析企业客户群体画像，全方位了解客户特点和需求，从而投其所好开展选题策划和内容产出。

2）按目标用户人群来匹配更为精准的广告投放。分析用户男女比例、职业方向、生活方式等准确的信息，从用户需求出发，便于个性化广告的精准推送，加快孵化转化流程。

3）发掘 UGC 内容，增强用户黏性。通过发放调查问卷、线上线下交流等途径来获取用户画像，其本身能进一步增强用户黏性，优化对 UGC 内容的发掘。

精准的用户画像将有助于运营者抛开个人喜好，聚焦目标用户的动机和行为，根据用户本身的特点进行文案创作。只有了解用户，才能创作出打动他们的文案，才能实现推文的转发、公众号的推荐与吸粉。

（3）用户画像包含的元素。

1）地域：用户所处的地理位置。相关数据显示，互联网上的用户有 70% 以上的文化教育水平较高，所在地区也比较发达。其中，一二线城市的居民对新鲜事物的接受程度比较高，三四线城市居民的大多数活动只为新奇好玩。

2）性别：性别的不同对新媒体运营有一定影响。比如，文案界面的色调，男性偏冷而女性偏暖；文案语言的风格，男性偏理性而女性偏感性；文案内容，女性偏向星座、娱乐八卦，而男性偏向军事、科技等。

3）收入：对于经济实力有限的推销对象来说，商品 / 服务的价格比文案更有说服力。比如，再好的文案也难以说服月薪三千的人参加一个两千元的付费社群。用户没有取关，并不代表他需要你发的内容。

4）年龄：不同年龄段的用户对内容的关注度不同。比如，70 后偏向于刷鸡汤、80 后偏向于刷职场、90 后偏向于刷互联网、00 后偏向于刷二次元……选对用户喜欢的选题，才能真正获得用户的喜爱。

5）受教育程度：受教育高的用户对内容更挑剔，一些低俗搞笑类的内容普遍在文化不高的群体中流行。

6）行业特征：不同行业的用户的偏好不同，比如手机，有人需要续航长，有人需要像素高，有人需要屏幕大。要结合所在行业及产品，针对用户的关注点筛选出特征。

7）产品使用行为：用户在一天中的哪个时段打开订阅号，什么情况下会分享、留言，点赞、赞赏行为等，都关系到新媒体的运营方式。

8）其他：还有可能涉及兴趣爱好、婚姻家庭、职业信仰、价值观念等。

（4）用户画像的获取。用户画像的获取方式主要有：观察公众号后台数据、发布用户调查问卷、通过品牌广告和营销量反推、线上线下的对话交流等。这几种方式各有优劣，见表 1-2。

表 1-2　公众号用户画像的获取

方式	获取内容	优点	缺点
观察公众号后台数据	a. 粉丝数据：关注 / 取关人数、涨粉数等 b. 用户属性：性别、语言、城市等 c. 用户留言和消息	系统数据，非常直观，有助于运营者了解用户的概貌	维度单一
发布用户调查问卷	有针对性的问题答案	通过问题设置、个性化调研维度等，获得更具针对性的画像特征	需要设计问卷、发放问卷、数据处理等，过程比较复杂
通过品牌广告和营销量反推	a. 品牌关注度、销量等数据； b. 用户基本数据	借助小程序得到更详细的用户数据分析，往往能获取更精准的用户画像	需要依赖技术
线上线下的对话交流	用户的生活方式和消费能力	可根据粉丝的回答随时调整问题	每半年左右就要做一次用户调查，以便随时更新数据

（5）用户画像的构建。用户画像所包含的内容并非完全固定，不同的微信公众号对目标用户画像有不一样的理解和需求，但总而言之主要体现在基本特征、社会特征、行为特征、偏好特征、消费能力等，见表 1-3。

表 1-3　用户特征分析

基本特征	社会特征	行为特征	偏好特征	消费能力
性别	婚姻	购买渠道	兴趣爱好	月收入
年龄	家庭	阅读 / 购买频率	品牌偏好	月消费
星座	职业	阅读 / 购买时段	产品偏好	支付方式
地域	创业	点赞 / 转发次数	内容偏好	资产情况
教育	社交	留言情况	媒介偏好	借贷情况
……	……	……	……	……

用户画像的核心任务是为目标用户量身打造好标签，即将目标用户的每个具体信息抽象成一个个对应的标签，利用这些标签将用户形象具体化，从而为用户提供有针对性的服务，提升用户体验感。

假设以某创业公司微信公众号的用户画像为例，我们将其年龄、性别、学历、职业、收入、地域、婚姻、资产、品类等信息标签化，通过场景描述，挖掘用户痛点，从而了解用户动机。其中，将 25 ～ 30 岁作为一个主要的用户年龄段，年薪 12 ～ 22 万元作为一个主要的收入范围。最终，通过数据分析，得到图 1-1 中的数据标签结果，满足相应的业务需求，从而让构建好的用户画像形成一个闭环。

年龄：25～30岁
性别：男性为主，女性占比逐步提升
学历：本科及以上学历人群为主
职业：白领为主
收入：年薪12～22万元的群体为主
地域：二三线城市为主
婚姻：未婚为主
资产：无房无车为主
品类：男性爱游戏，女性爱美丽
描述：手机党，追求小资生活，宅男宅女，储蓄少。
痛点：生活节奏快、工作压力大；社交圈狭窄、生活单调；工作已有年头却仍未实现财富自由。
目标：改变现状，追求品质生活；从兴趣爱好出发，提升自我能力；尝试理财获取更大收益。

用户画像

某微信公众号

图 1-1　某微信公众号的用户画像结果

用户画像作为一种勾画目标用户、联系用户诉求与设计方向的有效工具，被应用在精准营销、用户分析、数据挖掘、数据分析等方面。

总而言之，用户画像的根本目的就是寻找目标客户，优化产品设计，指导运营策略，分析业务场景和完善业务形态。

任务实施

本任务以回南天公众号的市场分析和用户画像为参考，选择本土的文旅资源开展市场分析，对本土的文旅类公众号开展用户画像。请结合工卡 A-02（文案创作市场分析与用户画像）完成任务。

1. 市场分析

（1）广西文旅市场。根据央广网公布数据得到如下结论：广西文旅市场持续回暖、本土旅游受到青睐、线上文旅节目受欢迎，乡村旅游、非遗民俗体验等特色旅游亮点纷呈。

（2）回南天微信公众号。该公众号创建于 2016 年，在广西本土具有良好的影响力及传播力。致力探寻身边的美好事物，带领读者“回到南方最美的一天”，故名：回南天。该公众号通过图文来传播广西人文和旅游文化，挖掘广西人身边那些被忽略的美景，呈现给喜欢广西文化的每个人，希望回南天能成为热爱广西文化的一个小聚集地。

（3）文旅爱好者分析。《2019 中国文旅产业用户调研报告》数据显示：我国目前的出行消费已较为普遍，6 成以上网友“足已出户”。国内旅游用户规模达 55 亿人次，同比增长 10.8%。CDC 网民调研显示，过去一年旅游需求增长较快的群体特征为：女性，26 ～ 35 岁，月收入在 5000 ～ 10000 元之间，三线城市居民。七成出行消费者喜欢旅行，出行消费者

中喜欢提前做好旅行规划的“计划派”占一半。调节身心是当代人出行的主要诉求。轻松快乐是最普遍的旅行动机。跳出日常生活，解放生活压力；探索、体验新鲜事物，感受独特的艺术文化体验；满足美食、购物、打卡等兴趣爱好是人们出行最普遍的具体期待。其中，36% 用户的旅游动机是艺术与文化方面的体验。

2. 用户画像

根据调研，我们开始构建回南天公众号用户画像。

（1）根据后台数据及经验分析可知，关注回南天微信公众号的用户类型大多数为旅游爱好者、文化工作者、自媒体人。

（2）根据基础数据和感性认知，构建用户画像卡片，如图 1-2 所示。

用　户　画　像

回南天

• BACK TO SOUTH •

年龄： 26～33岁　　**性别：** 女性为主

学历： 本科及以上学历人群为主　　**职业：** 白领、知识分子为主

收入： 年薪10～20万元的群体为主　　**地域：** 广西为主，其他三线城市

婚姻： 未婚为主　　**资产：** 有车一族

爱好： 文艺、旅行、美食、购物

阅读习惯： 电脑阅读、手机阅读

梦想： 渴望跳出日常生活，解放生活压力；
渴望探索新鲜事物，感受独特的艺术文化。

痛点： 生活压力大与追求惬意的矛盾；
财务的不自由与游遍天下的矛盾。

目标： 改变现状，偷得浮生半日闲，追求和享受片刻轻松；
从广西出发，领略身边被忽略的美景，感受八桂多彩人文。

图 1-2　回南天公众号用户画像结果

任务 3　搜集素材、动图制作

任务描述

搜索图片素材是新媒体工作者日常必备技能之一。新媒体文案图片素材制作的精美程度，直接影响读者是否愿意点开文章仔细阅读内容。因此，利用互联网搜索图片时，新媒体工作者必须要掌握如何找到无版权、可商用的高清图片。

任务要求

了解新媒体文案的素材图片搜集，能够利用 Photoshop 等专业设计软件，创造性地对图片素材进行动画创意设计并制作精美的动图。

知识链接

新媒体工作者利用互联网搜索图片时，必须要掌握如何找到无版权、可商用的高清图片。

1. 版权图片的含义

版权图片是指经过图片的著作权人（创作图片的作者或者机构）授权，可用于商业、出版、展览等用途的图像作品。若要使用版权图片，可以联系图片的版权持有人并获得使用授权，但是在使用这类图片时，往往需要支付给版权持有人一定的费用。

2. 版权图片的格式

版权图片的授权形式有很多，国际上常见的是 RM 和 RF 两种形式。

RM 是英文 Right Management 的缩写，表示版权管理，即版权持有人将图片交给图片经纪机构，图片经纪机构可根据客户的用图范围、发行数量、时间等因素商定图片的授权价格。

RF 是英文 Royalty Free 的缩写，这是目前国际上比较流行的授权方式。直接将“RF”翻译成中文是“免版税”，即用户购买图片授权后不需要按照其使用方式、次数、取得收益比例等向版权持有人支付版税，而是一次性支付图片的使用费，便可以获得作者的授权，不受时间、地域、出版数量等限制，也不会与使用图片所取得的收入挂钩。

3. Photoshop 主要功能

Photoshop 是一款图像处理软件，集图像扫描、编辑修改、图像制作、广告创意、图像输入与输出于一体的图形图像处理软件。Photoshop 支持几乎所有的图像格式和色彩模式，能够同时进行多图层的处理；它的绘画功能和选择功能让编辑图像变得十分方便；它的图层样式功能和滤镜功能给图像带来无穷无尽的奇特效果。

4. Photoshop 主要应用领域

Photoshop 的应用领域非常广泛，主要应用在平面设计、界面设计、网页设计、插画设计、修复照片、广告摄影、影像创意、艺术文字、建筑效果图后期修饰、绘制或处理三维贴图、视觉创意、图标制作等。

任务实施

请结合工卡 A-03（素材收集与动图制作），完成以下任务。

1. 搜索图片素材

从事新媒体运营行业的人员，对如何精准找到合适并能够应用到推文的图片素材感触颇深。虽然从搜索引擎可以搜索很多图片素材，但是有相当大的一部分是不能免费使用的，并且有些图片还不能够商用。创作者在不同的搜索平台输入同样的关键词搜索到的图片可能不同。在具体搜索时，可以同时使用多个搜索引擎搜到合适的图片。当搜索引擎不能搜索到满意的图片或需要使用无版权图片进行商用时，可以尝试在专业图片网站进行搜索。

（1）大作网 https://www.bigbigwork.com。大作网是专为各行业设计师量身定制的设计灵感搜索引擎，聚合全球众多知名设计网站，同时收录全球最全的设计素材供设计师使用，目前在库 21.2 亿创意设计、设计素材、摄影大图，并且保持每日更新量在 25 万张以上，输入中文也能找到原汁原味的外国大师作品。大作网页面如图 1-3 所示。

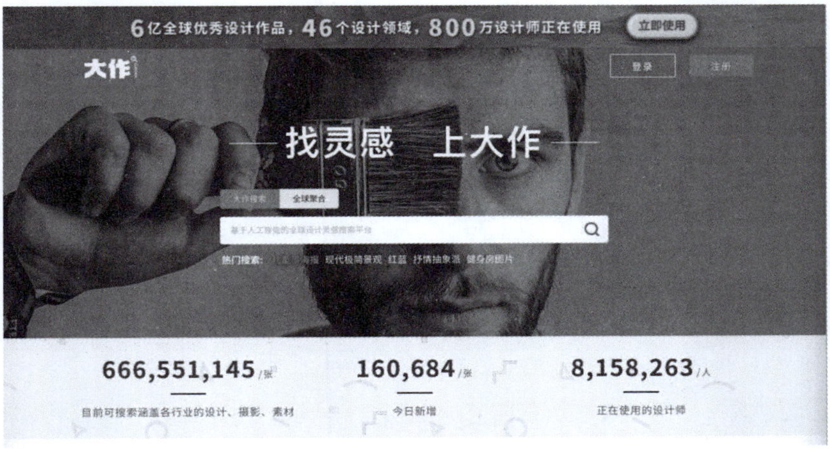

图 1-3 大作网页面

下载方式：使用大作采集器采集原片尺寸。

（2）千图网 http://www.58pic.com。千图网为用户提供设计素材下载、创意设计分享，提供国内最多的免费素材资源，完善的筛选搜索和热门精品素材，方便用户快速找到满意素材。网站栏目包括矢量图、图片素材、PSD 源文件、网页素材和图标等。千图网页面如图 1-4 所示。

图 1-4 千图网页面

下载方式：千图网主要以服务在其网站注册的个人 VIP 会员和企业为主，普通用户每天拥有一次免费下载的机会。

（3）摄图网 https://699pic.com。摄图网是一家专注于正版摄影高清图片素材免费下载的图库作品网站，提供手绘插画、海报，PPT 模板、科技、城市、商务、建筑、风景、美食、家居、外景、背景等图片设计素材可供下载。摄图网对全站所有素材均拥有版权，模特也都获得肖像权授权。摄图网页面如图 1-5 所示。

图 1-5　摄图网页面

下载方式：在网站上找到想要下载的图片，用鼠标右击图片后，在弹出的快捷菜单中选择“图片另存为”命令即可直接下载。

（4）花瓣网 https://huaban.com。国内老牌图片网站，内容很丰富，并且花瓣搜集了一些微博之中使用比较多的图片并与关键词对应，可以通过采集到面板的方式保存有用或者喜欢的素材图片。对于新媒体运营者来说，通过花瓣网的图片也可以找到一些好的内容。花瓣网页面如图 1-6 所示。

图 1-6　花瓣网页面

下载方式：在网站上找到想要下载的图片，用鼠标右击图片后，在弹出的快捷菜单中选择“将图像存储为”命令即可直接下载；也可以单击图片左上角的“采集”，采集到相应的面板或者自建面板中。

（5）FREEIMAGES 网 http://freeimages.co.uk。FREEIMAGES 可翻译成中文界面，图

片分类包括野生动植物、建筑、艺术与设计、商业与金融、名人、教育、游戏与卡通、健康与医疗、家居设计、工业、自然风光、户外活动、人物、符号标志、纹理与样式等。FREEIMAGES 网页面如图 1-7 所示。

图 1-7 FREEIMAGES 网页面

下载方式：在网站内找到想要下载的图片，单击图片下方的“下载”按钮即可下载。

（6）设计导航网 http://hao.shejidaren.com。用户在设计导航网站上可以对设计素材、灵感酷站、灵感画板、设计教程、配色、设计工具、尺寸规范、Sketch、信息图、前端开发、Designer、Game、设计公司、培训机构等与图片设计相关的各方面进行索引，覆盖范围非常广。设计导航网可以链接到图库，包含收费、免费、无版权、有版权等各类图片及素材。设计导航网页面如图 1-8 所示。

图 1-8 设计导航网页面

必须注意的是，免费下载、免费可商用的图片素材均禁止出租、转售、分割、注册商标等，不能违反网站方版权协议，也不能违反当地法律法规。

2. 图片素材尺寸

不同的新媒体平台对图片素材的要求各不相同，有的对图片格式有要求，有的对图片尺寸有要求。

（1）新浪微博头条文章封面图尺寸要求为 1000 像素 ×562 像素，信息安全区尺寸为 1000 像素 ×400 像素。封面图格式为 JPG、PNG、GIF，封面图大小不超过 5MB。

（2）微信公众号的封面图尺寸要求为 900 像素 ×500 像素，格式为 JPG、PNG、GIF 和 BMP，封面图大小不超过 5MB。

（3）今日头条封面图尺寸没有要求，封面图有自动、单图、三图 3 种模式可供选择。

新媒体工作者通过网上搜索找到的高清图片，往往存在文件过大以及尺寸不合适的问题，这就需要对图片进行裁剪及压缩处理。

动图制作素材

3. 使用 Photoshop 制作动图

Photoshop 主要用于处理以像素构成的数字图像。新媒体工作者使用 Photoshop 可以有效地进行图片编辑工作。下面简单介绍 Photoshop 的动图制作方法，如图 1-9 所示。

图 1-9　回南天文旅效果图

（1）启动 Photoshop CC 2017 软件，选择“文件”|“新建”命令，弹出“新建文档”对话框，在“预设详细信息”对话框中输入新建的画布大小 38.1cm×15.17cm，如图 1-10 所示。

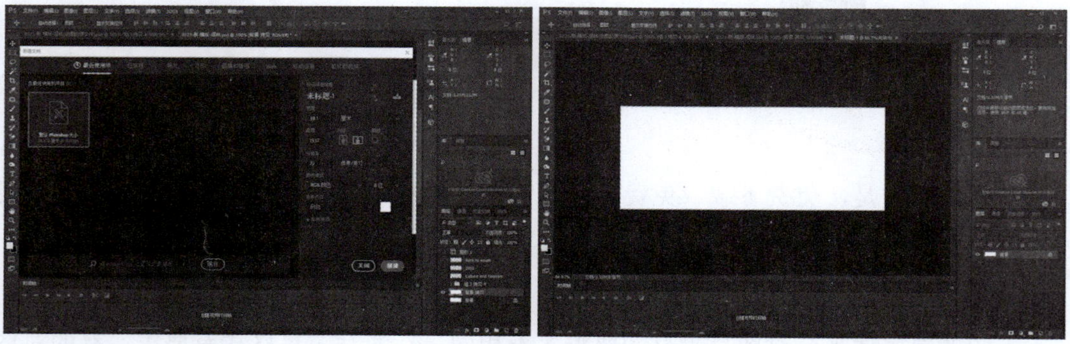

图 1-10　新建文档

（2）导入制作动图的素材，如图 1-11 所示。

图 1-11　导入素材

（3）打开“窗口”|“时间轴”面板，单击下方按钮，选择“创建帧动画”。时间轴面板从左至右依次为“转换为视频时间轴”按钮、“循环播放次数”按钮（默认为一次、三次、永远和自定义）。中间选框条为播放控制区，分别为旋转第一帧、上一帧、下一帧、最后一帧按钮，如图 1-12 所示。

图 1-12　时间轴面板

（4）单击“创建帧动画”，进入“创建帧动画”面板，时间轴上需要创建 9 帧画面，选择第一帧，单击“复制所选帧”按钮，如图 1-13 所示。

（5）选择 9 帧画面，修改为 0.2 秒，如图 1-14 所示。

图 1-13　创建帧动画

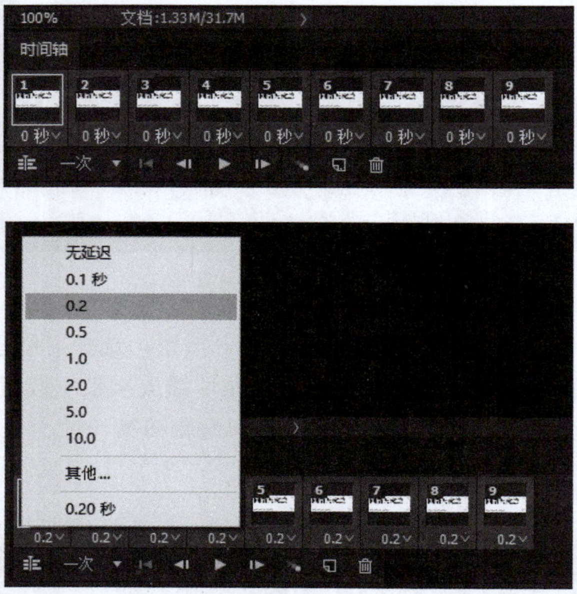

图 1-14　修改时间

（6）选择“循环选项”，修改为“永远”，如图 1-15 所示。

图 1-15　选择“循环选项”

（7）选择第一帧，把“图层”面板中的“背景”点开，关闭其余不需要的图层预览，如图 1-16 所示。

图 1-16　第一帧效果图

（8）选择第二帧，点开“图层”面板中的“旅”“天”，关闭其余不需要的图层预览，如图 1-17 所示。

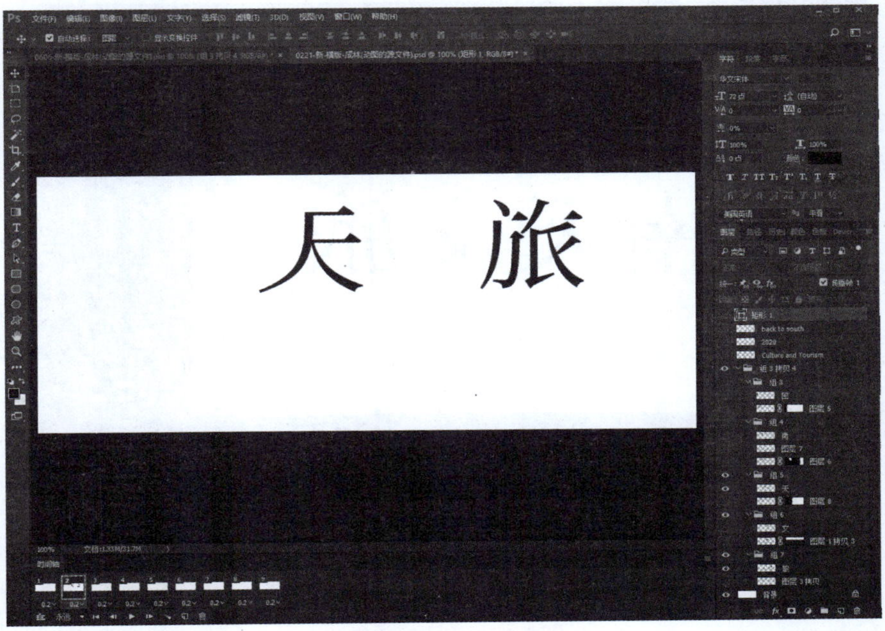

图 1-17　第二帧效果图

（9）选择第三帧，点开“图层”面板中的“文”，关闭其余不需要的图层预览，如图 1-18 所示。

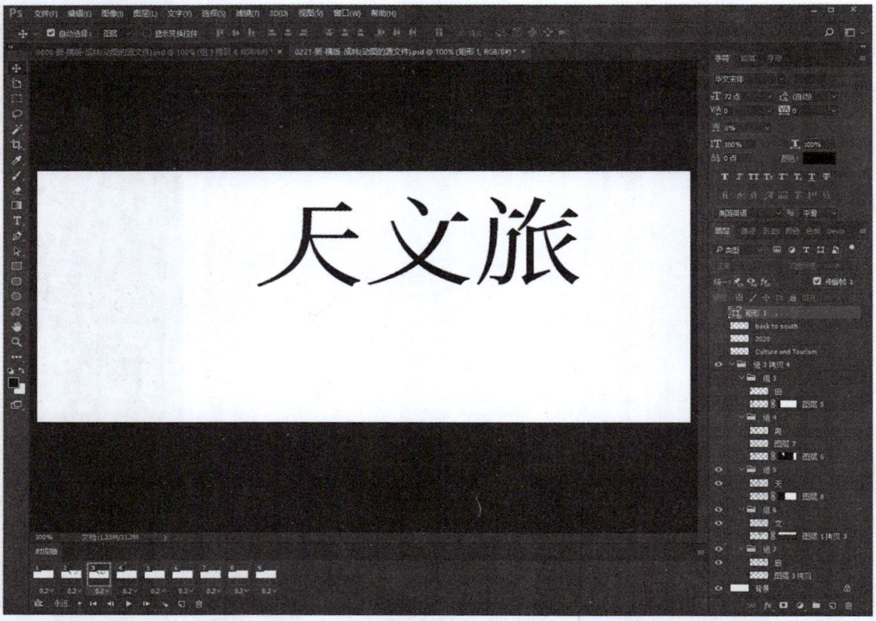

图 1-18　第三帧效果图

（10）选择第四帧，点开“图层”面板中的“南”，关闭其余不需要的图层预览，如图 1-19 所示。

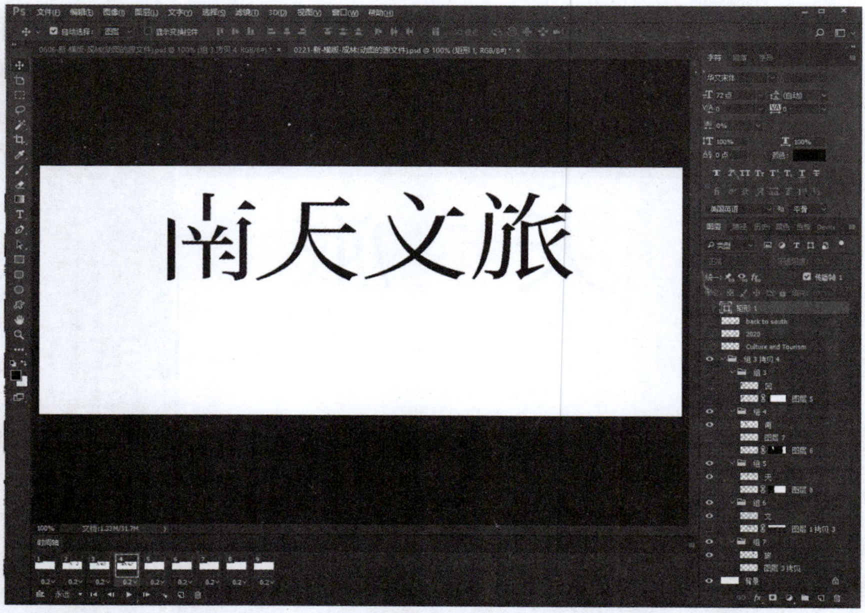

图 1-19　第四帧效果图

（11）选择第五帧，点开“图层”面板中的“回”，关闭其余不需要的图层预览，如图 1-20 所示。

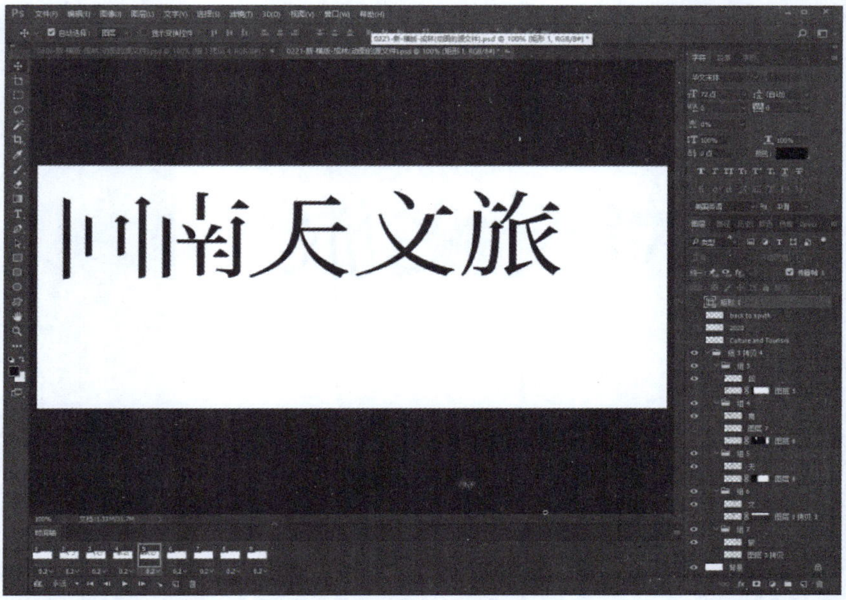

图 1-20　第五帧效果图

（12）选择第六帧，点开“图层”面板中的“back to south”“2020”“Culture and Tourism”“矩形”“图层 5”“图层 8”“图层 3”，关闭其余不需要的图层预览，如图 1-21 所示。

图 1-21　第六帧效果图

（13）选择第七帧，点开“图层”面板中的“图层 1”“图层 6”，关闭其余不需要的图层预览，如图 1-22 所示。

图 1-22　第七帧效果图

（14）选择第八帧，点开“图层”面板中的“图层 7”，关闭其余不需要的图层预览，如图 1-23 所示。

图 1-23　第八帧效果图

（15）选择第九帧，点开“图层”面板中的“背景”，关闭其余不需要的图层预览，如图 1-24 所示。

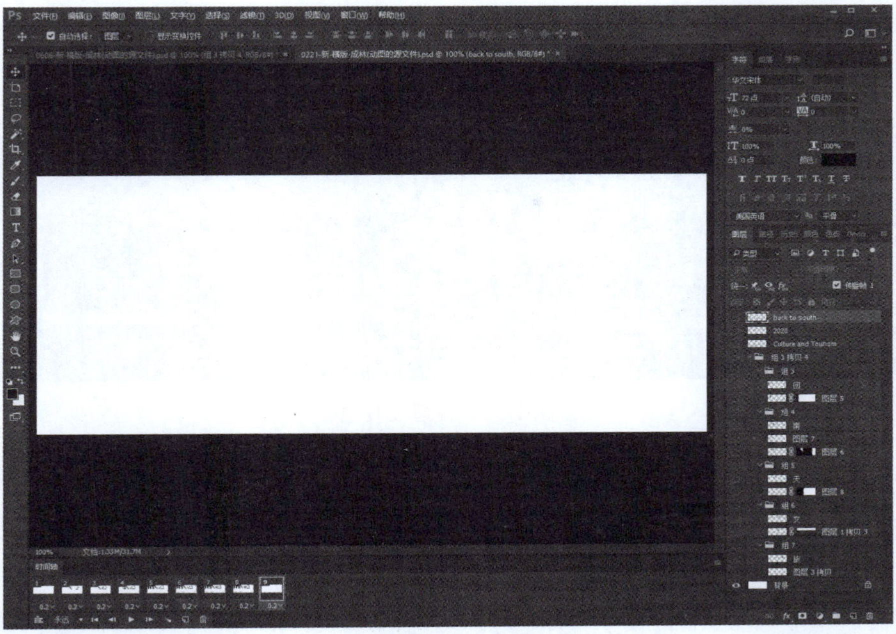

图 1-24　第九帧效果图

（16）调整个别帧的时间，如图 1-25 所示。

图 1-25　调整个别帧的时间

（17）选择第一帧，单击“过渡动画帧”按钮，调整过渡帧为 2，并调整过渡帧的时间为 0.1 秒，如图 1-26 所示。

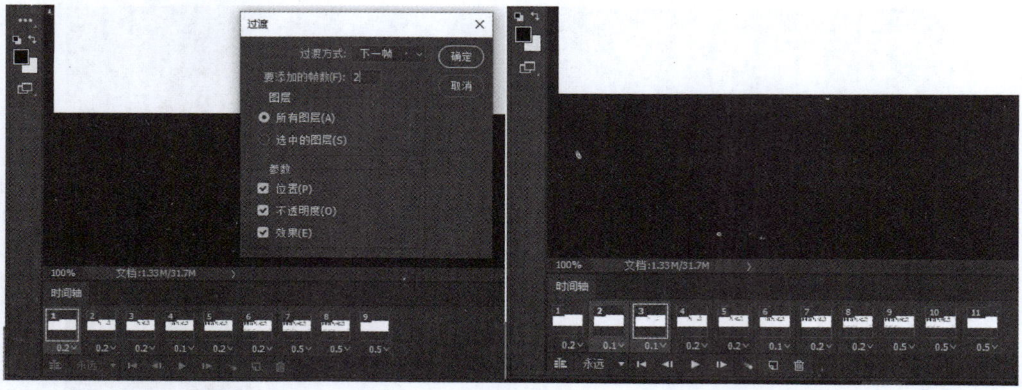

图 1-26　调整过渡帧

（18）之后依次选择 2 ～ 9 帧，单击“过渡动画帧”按钮，调整过渡帧，并调整过渡帧的时间，其中第 1、4、7、10、13、16、19、23、27 帧为原始的 1 ～ 9 帧，其余为过渡帧。所有执行完毕后，单击时间轴播放按钮看最终的效果，如图 1-27 所示。

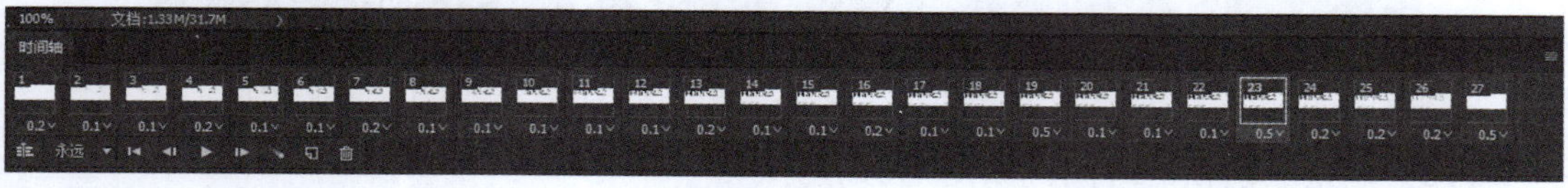

图 1-27　最终效果帧

（19）输出动图。选择“文件”|“导出”命令，单击“存储为 Web 所用格式”，格式为 GIF，存储到定制文件夹，单击“完成”，如图 1-28 所示。

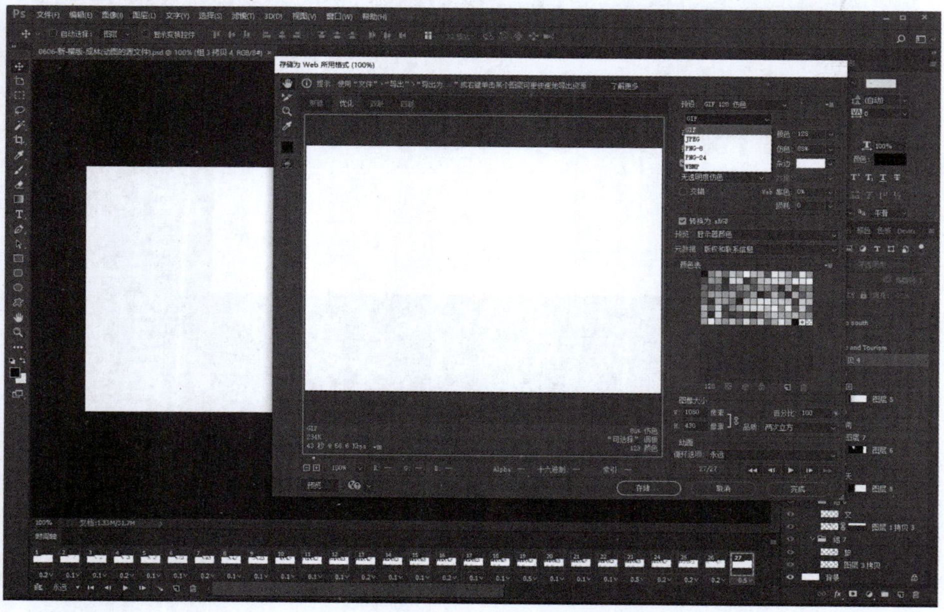

图 1-28　输出动图

任务4　内容策划、创意亮点

任务描述

很多网红大咖、自媒体写出的推文能达到10W+、100W+的阅读量，表面看起来轻车熟路，但实际上想要写出爆款文章，吸引更多的关注，达到好的传播效果，除了掌握基本的写作方法外，有好的创意内容也必不可少。

任务要求

掌握包括头脑风暴法、多维度发散创意法，开展推文创意发散。

知识链接

1. 内容策划要点

（1）内容体现权威。在创作文案之前，应对所写的行业有一定的了解。比如，在做文旅类专题时，要对当地文化和旅游特色非常了解；在做心理学类的专题时，对人的心理情感要非常了解，才能写出专业性强的文章。

（2）关注用户需求。公众号平台文章选取的内容要对读者有价值，能被他们接受，激发他们转发的兴趣。排行榜或朋友圈内分享率超高的文章，几乎都是实用性超强的，能让读者获取有用的知识和技能，引起读者的思考和感悟等。

（3）紧抓社会热点。新媒体文案创作要结合当下热点，也就是常说的“借势营销”。借助当前的热点新闻、事件以及人物等，并结合品牌的特点、卖点进行传播，往往能够吸引“粉丝”捧场，相关文章的点击率和转发量也必会激增。

（4）观点与众不同。一个热门题材，观点一致的推文会数以千计，只有与众不同的文案，才能引起更多人的兴趣。比如，当在某个黄金假期，其他公众号都在宣传热门景点时，不妨发表自己的独特意见，通过众多事实和数据分析去某个不那么热门却更符合假期休闲游的地方。

（5）引发情感共鸣。2015年，一封被网友称为“史上最具情怀的辞职信”在网上引发热议，当事人仅有短短10个字的辞职理由“世界那么大，我想去看看”引起了众多网友的情感共鸣。随后，“花儿那么艳，我想去摘摘”“太阳那么热，我想去躲躲”“烟花那么美，我想去摸摸”等模仿体相继出现。新媒体与传统媒体最大的不同之处就在于，新媒体更需要作者在文案创作时保持中立的态度，自由发表独立的观点，有自己的个性，如此才能吸引更多的“粉丝”。

2. 文案创意方法

创意是文案的灵魂。有创意的文案往往更有感染力，更容易打动人心。要创作出有创意的新媒体文案，需要用到不同的创意方法，比如头脑风暴法、九宫格思考法、元素组合法、多维度发散创意法及金字塔式结构法等。这里重点介绍最常用的两种方法：头脑风暴法、多维度发散创意法。

头脑风暴法

（1）头脑风暴法。这是职场上较常用的创意收集方式，它简单快速而且非常有效。头脑风暴法需要团队合作，组成一定人数的小组进行发散性思维的讨论。要遵循以下准则：一是自由发言无约束；二是创意接力，人人都要提出设想，再碰撞出新创意；三是创意点子只求数量，不求质量，相信每个点子都有作用；四是延迟评价，保护参与积极性；五是借助思维导图工具（MindMaster）进行记录，如图 1-29 所示。

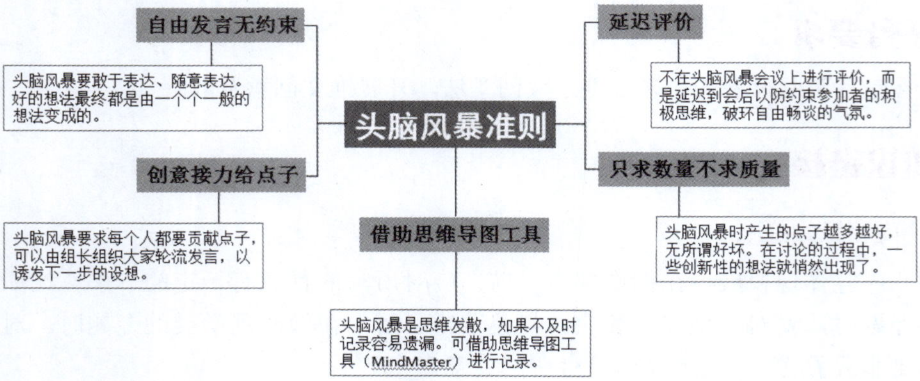

图 1-29　头脑风暴法

（2）多维度发散创意法。通过树状图完成思维的发散，在关键的主干内容上发散思维，联想其他相关的所有关键词，如图 1-30 所示。

多维度发散创意法

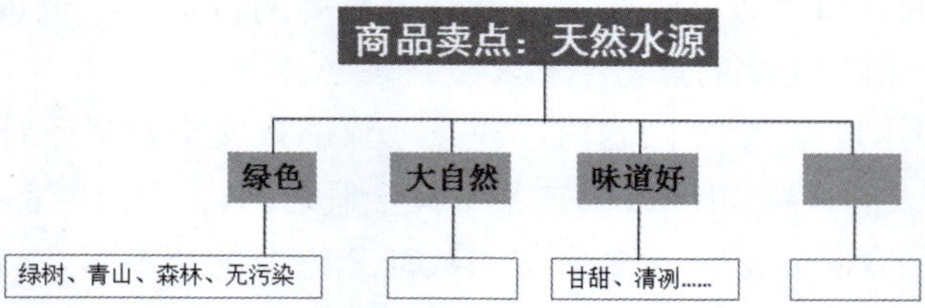

图 1-30　多维度发散创意法

任务实施

本任务以回南天公众号中“城市人文”栏目的内容为参考，结合本地的文旅资源自由选择公众号，为其栏目开展内容策划和创意。请结合工卡 A-04（新媒体文案创作内容策划）完成任务。

内容策划和创意的实施步骤

第一步：成立策划小组。

第二步：围绕中心词开展头脑风暴，借助 MindMaster 思维导图工具进行记录。这里的案例出自广西，因此以“广西城市人文”进行案例演示，经筛选，得出如图 1-31 所示的栏目构建思路。

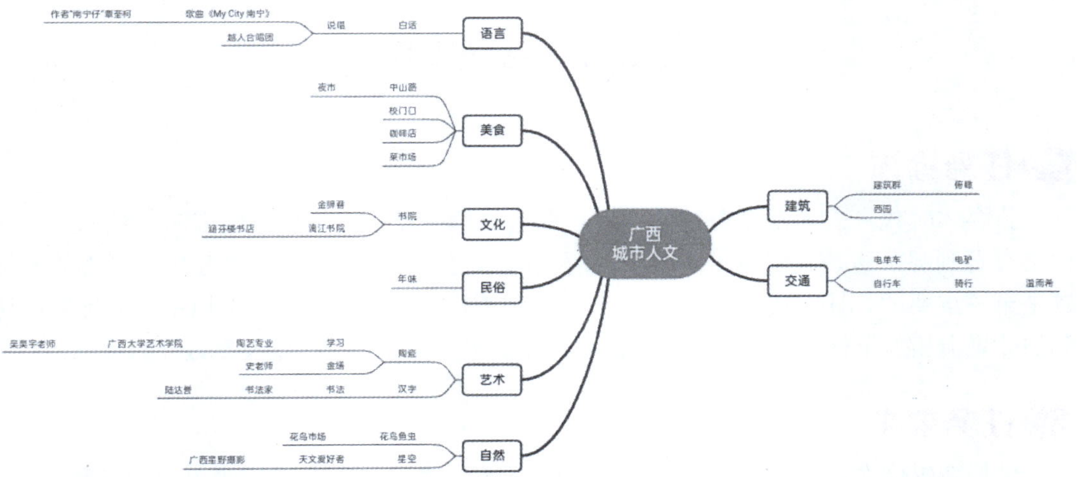

图 1-31　围绕“广西城市人文”开展头脑风暴

第三步：根据头脑风暴结果，选择一个选题进行细分，开展具体选题的创意构思。这里我们以“中山路人文”为选题进行细分，利用多维度发散创意法开展推文构思，如图 1-32 所示。

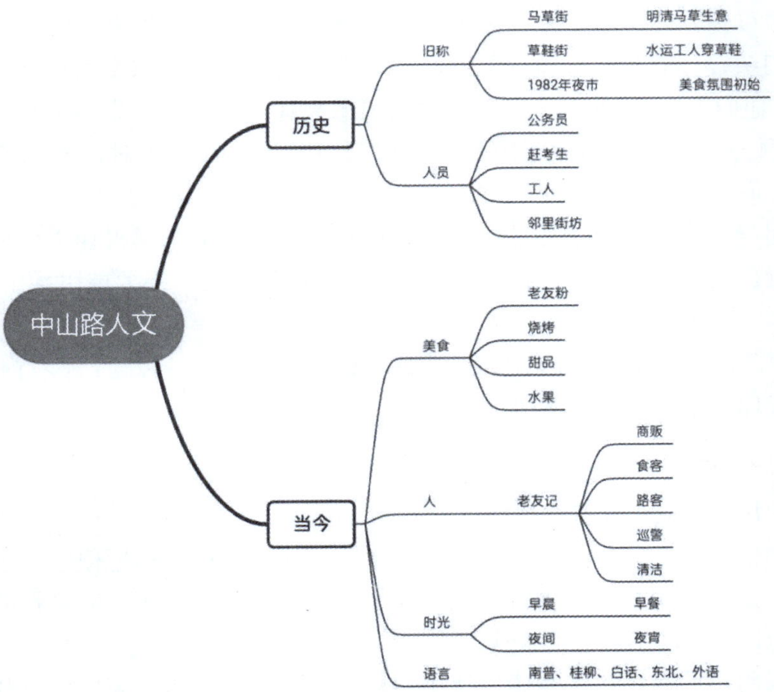

图 1-32　以“中山路人文”为选题进行创意构思

最后完成推文《那些割舍不掉的南宁味，也在清晨的中山路上》（推文来自回南天公众号），大家可以根据头脑风暴的结果，撰写一篇富有本土特色的推文并提交。

任务 5　标题写作

任务描述

新媒体时代，人人都是内容创作者。在这个信息轰炸的时代，创作的内容怎么才能被用户看到呢？这是我们第一步就需要解决的问题。因此，一个能引起用户兴趣的好标题是至关重要的。标题决定了一篇文章 80% 的流量，同样的正文，采用不同的标题所达到的效果会相差十倍以上。每一篇爆款新媒体文案，都需要对标题反复设计与优化。

任务要求

掌握新媒体文案标题的特点、写作技巧，能够根据要求写出具有吸引力的标题。

知识链接

新媒体浏览主动权已经转移到用户，普通用户面临大量信息推送，浏览时间有限，只能选择感兴趣的话题阅读，因此吸引人眼球的标题越来越重要。

新媒体文案标题拟定，可以从吸引力、引导力、表达力三个维度思考。

首先是吸引力。线上看文章与线下逛商店类似，当在商业街漫步时，让人感兴趣的店铺通常是门头设计有趣、橱窗内的商品一目了然或门口迎宾态度亲切的。线上用户阅读也是这样，他们不会逢文便读，只会关注自己感兴趣的内容。因此，标题需要吸引眼球，当创作的标题与其他作者的标题同时出现在微博或微信订阅号时，要能够引起网友的关注。

其次是引导力。吸引注意力的标题能让用户感兴趣，但是感兴趣之后还要激发用户点击进入阅读。实际上，好的标题不只是吸引用户的注意力，还要能引导用户点击标题、浏览正文。

最后是表达力。大卫•奥格威曾表示，80% 的读者只看广告标题、不看内文。实际上，这句话对新媒体文案标题依然适用。

1. 标题的作用

一个好的标题，应该具备以下特点：

（1）传递信息。标题应该含有一定的信息量，让用户通过标题便能大致了解文章是关于什么的，这会使用户更方便确认文案对于自己来说是否有用。若是标题一味地故弄玄虚，反而会让用户产生反感的情绪。

（2）引起用户的注意。这是确定让用户能够看到的第一步。新媒体时代，如何让用户能够在第一眼看到时就被吸引，是一件至关重要的事情，若是标题无法吸引用户的注意，那无论正文部分有多精彩，用户可能都将会错过。

（3）引起用户好奇心。每个人内心中都有一种根深蒂固的需求，面对未知的时候，想去寻找答案，这就是好奇心。在提炼标题时要注意激发用户的好奇心，提升用户的阅读兴趣。

（4）引发用户共鸣。如何引发共鸣呢？就是替用户说出他最想说的话，表达出他最想表达的观点、展示出他最想展示的态度。塑造一个情景，引导用户的情感，可以使用强烈的能够让用户感受到的情感类的关键词或者强调语气的符号。例如标题《我们光是活着就拼尽全力了》，用户看到的一瞬间会是什么感受呢？他会觉得“太对了，说的太好了，我正是这么想的，真是说到我心坎里去了。”

（5）戳中用户痛点。痛点是指用户最痛的需求点，也是用户最想解决的需求点。简单来说，就是用户一看到这个标题，就会感觉到扎心、感觉到痛。例如十点读书的《你凭什么穷得心安理得》，许多年轻人都觉得自己怀才不遇，不受老板重视，本该拿更多的薪水等，当其看到这个标题时就会觉得很扎心。

（6）表达直接清晰。在新媒体行业中曾流行着这样一句话：“不能在一秒钟看明白的标题都不是好标题。”并不是说标题写的稍微有点难度用户就看不懂了，而是在信息流中，用户留给每篇文章的时间很短，如果第一眼没注意到，就会直接跳过。因而我们在写标题时，表达要直接清晰，简单易懂。总体来说，可用以下标准：

第一，控制字数，多用短句，少用复杂的长句。

第二，尽可能地降低理解门槛，核心词不能有生僻字。

第三，逻辑要清楚，语句要通顺。

2. 新媒体文案标题的写作技巧

（1）巧用亮点词。如推荐、妙、震惊、当心、神奇、天啊等，通过使用这些词汇对用户进行直觉性刺激，可以让用户眼前一亮，快速吸引用户注意力。

（2）借力借势。直白地说就是蹭热点，目的是通过热点，提高曝光度。在曝光度增加的情况下，结合热点，展现文案的观点想法、风格调性，从而增加阅读量和粉丝。热点包括热点事件、热点人物、热点节日、热点赛事等。例如：《一组回忆杀，那些年莎拉波娃上过的时尚杂志封面》。

（3）添加流行语。新媒体用户以年轻人为主，善用网络用语，符合年轻人的个性化喜好。比如伤害性不大侮辱性极强、小丑竟是我自己、入股不亏、内卷、躺平等，都是这些年经常使用的网络流行语，将这些词汇添加到标题里，能吸引到用户的注意力，从而提升阅读的兴趣。例如：《今天你被“内卷”了吗》。

（4）巧用谐音。在标题里面加入谐音来表达隐含意思，贴近用户的日常生活，具有很强的生活气息，生动有趣，让人耳目一新。例如：《“酱”出名门，传统好滋味》《不要把集体婚礼变成集体分礼》。

（5）巧用修辞。在新媒体标题中运用修辞技巧，可使标题与众不同、生动形象、趣味横生、都能提升标题的吸引力。例如：《中、美、印“三国演义”》巧用引用；《20元买到超好用的洗面奶，CPB都要靠边站》巧用对比；《你的头发在生气》巧用拟人。

3. 新媒体文案标题写作雷区

新媒体文案标题写作雷区

（1）标题空洞无物。为了吸引用户，许多新媒体工作者会去模仿一些爆款文案的标题。如果这种标题与文案要表达的主题是契合的，则新媒体工作者可以在模仿的基础上进行创新，得到符合文章内容特性的新标题。但也出现了许多用户点击阅读后发现题文不符的情况。标题党现象在短期内可能会带来一定的流量，但不会为运营平台带来正向效果，反而会破坏形象。被欺骗的用户可能因被愚弄而对文章、作者、运营平台产生厌恶之情，进而取消关注，甚至举报。

（2）低俗与恶趣味。当新媒体文案内容同质化严重，创新越来越难的时候，许多平台为了获取流量及商业利益，枉顾伦理道德，主动迎合人性的黑暗面如审丑、窥视、轻色情、艳俗、暴力等，在新媒体上制作贩卖低俗劣质的内容。被低俗与恶趣味内容吸引的用户，其人格可能会被影像粗鄙化，提供低俗服务的平台的生命力难以长久，可能会被管理部门叫停，也可能因为脱离主流文化价值观而被用户抛弃。

（3）主题指向模糊。在快节奏的现代生活中，人们筛选信息十分迅速，标题一过目，就会做出是否继续阅读正文的决定，如果标题涵盖的信息过多或者表述过于隐晦模糊，不能让用户在第一时间理解文章主题、诉求，就难以打动用户。

（4）沉溺于文字游戏。新媒体文案的标题固然要讲究文采，但新媒体文案标题不应单纯地强调辞藻华丽、文采飞扬，陷入文字游戏的怪圈，而应结合用户特点，选择符合环境特点、用户文化水平的语句来创作标题，保证标题简洁明了，易读、好记。

（5）违反法律法规。新媒体文案的标题必须遵守法律法规，尊重民族文化习惯，避免出现歧视性或带有偏见的言论，严禁利用新媒体文案攻击党和人民、煽动群众情绪、制造社会动乱。

任务实施

请结合本地的文旅资源，自拟主题创作推文标题，至少为该推文创作三个不同类型的标题，也可以为回南天公众号创作三个以“民宿”为主题的推文标题。请结合工卡 A-05（新媒体文案标题写作）完成以下任务。

常见的新媒体文案标题拟定方法

新媒体文案标题写作方法

（1）数字化标题。也可称为盘点式标题。即将正文的重要数据或本篇文章的思路架构整合到标题。数字化标题一方面可以利用吸引眼球的数据引起读者注意，另一方面可以有效提升阅读标题的效率。需要注意的是，出现在标题里的数字应用阿拉伯数字，会在汉字中更醒目，让人一眼就能看到。

例如，在回南天公众号中，一篇介绍广西最早的极限运动玩家的推文，标题为《玩着潜水飞伞游遍近 50 个国家，70 后的他归来仍是少年》，就将这位极限运动玩家经历中最吸引用户眼球的数据提炼了出来，增强了吸引力。

（2）故事性标题。将人物典型故事用一句话的形式凝练在标题中的写作方法。故事性标题可以给用户带来更多的信息量，让用户在看标题的时候就大致了解人物经历，能更有效地吸引用户的注意力。

故事性标题的写作适用范畴：首先，该文案是人物类文案，以人物访谈或人物传记写作为主；其次，人物的事迹要具有典型性或稀缺性，不能是日常普遍发生、随处可见的事迹；最后，人物事迹要能唤起读者的情感共鸣。

例如，《泪目！为了曾祖母的承诺，26 岁姑娘与 800 红军英魂为伴！》就是故事性标题。

（3）悬念式标题。设置悬念，让用户去一点点地挖掘答案，充分利用用户的好奇心。

每个人都有一定的猎奇心理，制造悬念式标题通过引发用户的好奇心，促使用户进一步阅读下去。最直接的方式是用疑问句、反问句。另外一种方式是用词语引导，比如“真相是……”“秘密是……”。

这类标题的通常做法是针对大家比较关心的一些问题来提问，吊足用户的胃口。标题中通常会包含“秘密”“内幕”“真相”“揭秘”等词汇，用于激发用户的窥探心理。例如，《1 小时读完一本书的秘籍竟然是……》就是这类标题。

回南天公众号里一篇名为《南宁市一天的生活垃圾究竟有多少，它们又将何去何从？》就通过提问的方式来增加悬念，激发用户的好奇心。

（4）热点式标题。热点，就是短时间内流量最大的入口。所以若是能在标题中加入热点关键词，便能很好地吸引用户的注意力。

热点包括热点事件、热点人物等。热点事件一般指近期发生的时事热点事件；热点人物包括有人气的明星、名人，并不限于某一个热点事件中的人物。

例如在新世相公众号里，一篇名为《敢生三胎吗？敢不结婚吗？这 26 个孩子全有答案》的推文，标题就是用到了近期国家放开三胎政策的热点事件，来吸引用户的关注。

（5）稀缺式标题。稀缺式标题运用的是“物以稀为贵”的心理，在标题中提供给读者一个看似稀缺的机会，通过对时间、数量、地点、人群或职业等进行限制，如“最后 1 次”“仅限今天”“最后 100 个名额”等，让读者感受到“物以稀为贵”和产生“绝不能错过”的心理，从而促进点击，刺激读者购买转化。一般在销售类文案的标题写作中使用较多。

例如，《仅限前 50 名！来就送小米手机一台！》就通过对于名额的限制，刺激用户尽快参与活动。

（6）新闻式标题。这种标题较正式且具有权威性，主要以报道事实为主，多用来告知用户新近的某些事实变化。适用于官方新闻和宣布比较正式、严肃的事情。新闻式标题重在准确地传达信息，主要组成要素为：“时间 + 地点 + 事件”或“人物 + 时间（地点）+ 事件”。

例如，《神舟十二号 6 月搭载 3 名宇航员升空》就是最典型的新闻式标题，用简短的一句话将文案内容进行汇总，告诉用户我国载人航天工程的新发展。

（7）干货式标题。这种标题的特点是将用户的需求直接在标题里表达出来，不藏着掖着，不卖关子。信息量爆炸的今天，用户一看标题觉得没有实质的内容，就很难点击浏览。文章如果是针对用户所需而写，就直接说自己文章能满足用户什么。特别适合于可以给用户带来好处、福利的文案使用。

例如，回南天公众号在一篇介绍广西民宿文旅大会会议内容的推文里，就用了《广西民俗文旅大会 & 论坛，你想知道的民宿干货都在这里》这样的标题。

（8）恐吓式标题。通过恐吓的手法来吸引受众的关注，特别是对心里有某种担忧的用户来说，利用恐吓式标题，能引起他们的危机感。

恐吓式标题最早见于保健品软文中，通过恐吓的手法吸引读者对软文的关注，特别是有某种疾病的患者，看到相关软文后更能引发共鸣。后期，这种恐吓手法也开始转变，转为陈述某一事实，而这个提供的事实，能让别人意识到他从前的认识是错误的，或者产生一种危机感。

例如，《如果你不在乎钙和维生素，请继续喝这种豆浆》就是利用了对健康、养生特别关注的这类人们的心理，用恐吓的方法吸引他们点开文案去一探究竟。

任务 6　内容写作

任务描述

随着智能手机移动端普及率的不断提升，越来越多的消费者已经把注意力放在移动手机阅读上了。新媒体文案成为商家营销的重要方式，加多宝在与王老吉争夺品牌使用权败诉后，其在微博上以“对不起”文案，占据了新媒体民意的上风，赢得了广大用户的同情，并为品牌更名做了一场最大化的传播。

文案人员如何写出一篇吸引力强、转化率高的新媒体文案呢？受众一般是按照开头、正文、结尾的顺序进行文案的阅读，因此，新媒体文案常以此结构进行设计，用开头勾起受众的好奇心，正文减低受众的跳出率，结尾引导受众产生相应的行动。

任务要求

掌握新媒体文案的开头、正文、结尾的写作技巧，完成吸引力强、转化率高的新媒体文案。

知识链接

什么样的文案吸引力强、转化率高？

文案本身没有特殊的意义，是信息的载体，通过文字（品牌）与受众进行沟通，从而产生联系，并达到消费和持续消费的目的。沟通是双向的，有发出方和接收方，即使发出方口若悬河、妙语连珠，如果接收方不知所云、听而不闻，那这并不是一次有效的沟通。

因此，吸引力强、转化率高的文案必然是能实现有效沟通的文案。

1. 文案表述通俗、具体

文案表达准确是最基本的要求，但是这样远远不够，现在的手机阅读主要是碎片化的阅读，在文案表达上要去书面化，降低受众的阅读难度，不要用太多专业化或艰涩的专业语句，否则会增加沟通的负担。例如：

原句：全气候电池革命性突破锂电池在低温下性能的局限。

修改后：我们发明了“不怕冷”的锂电池。

原句是个长句，比较拗口，受众理解起来也需要花更多的时间，修改后，用“不怕冷”拟人化的表达，通俗易懂地向受众传达了锂电池功能信息。

原句：每100克鱿鱼干含胆固醇871毫克。

修改后：吃一口鱿鱼等于吃20口肥肉。

原句非常准确，精确到毫克，但是让受众缺少量化的概念，“871毫克”到底有多少呢？修改后用大家都很熟悉的、具体的“肥肉”，这样理解起来就很容易了。

2. 与“我”相关

人们总是会关注与自身相关的信息，对与自己没有直接利益关系的事情则不太关注。与“我”相关的情况大致可以概括为与“我”的生活和“我”可获得的利益相关。健康、安全等是受众永恒关注的话题，文案人员更需要去洞察受众的更深层次的需求，为对方带来更需要的利益。

我用驾驶奥斯汀轿车省下的钱送儿子到格罗顿学校念书。

——来自一位外交官的匿名信

这个汽车文案想表达的信息是奥斯汀轿车经济实惠，特别是比较省油，一般的文案习惯性表达可能是“一公里可以省多少油，一年下来就能省多少钱了”。但是其文案人员大卫·奥格威就多想了一步：省下的钱用来干嘛呢？这就结合产品的功能强调了产品能给受众带来利益——可以送孩子去学校读书。在新媒体文案创作的过程中，文案人员要着重把握人们的这种心理来构思文案内容。

如果你没有失业，可能你的BOSS正在做这些事（“回南天”公众号）

为什么有趣的你，把生活过得那么无聊（“回南天”公众号）

青听·我说 | 曾经的梦想，你还在坚持吗？（“巴中V青年”公众号）

3. 学会讲故事

“要想造艘船，不是先去搜集木头，而是要激起民众对海洋的渴望。”这就是故事的魔力。人们为什么喜欢听故事呢？因为故事里面不仅有冲突的矛盾，丰满的人物，更有能够让受众产生共情的情感，如爱情、亲情、友情、梦想等。

新媒体文案，就要学会讲故事，讲产品的故事、讲品牌的故事、讲用户的故事。以下为支付宝故事型文案：

今年的账单上，90%的付款记录是为了我。爱别人前，我想先学会爱自己。（为悦己支付，每一笔都是在乎。）

坐过55小时的火车，睡过68元的沙发，我要一步步丈量这个世界。（为梦想付出，每一笔都是在乎。）

我曾与很多姑娘说过情话，但让我习惯为她买早餐的只有你。（为真爱付出，每一笔都是在乎。）

任务实施

请结合工卡 A-06（新媒体文案内容写作），完成以下任务。

结合本地旅游资源，以“民宿”为主题写作一篇新媒体文案

民宿主要是利用当地民居等相关闲置资源，融入房东个人特点或当地特色改造而成的，帮助房客体验当地文化、自然、生活方式的住宿产品。近年来，民宿产业进入转型升级通道，前景广阔。移动互联技术大大提高了民宿用户预订体验，2018 年民宿住宿用户中，通过在线平台预定的用户已经达到 84%，用户通过预订平台以图片、短视频、VR 等多元形式匹配房屋；民宿也获得 APP、小程序等多渠道展示机会。

如何利用新媒体给民宿引流？新媒体达人也是绞尽脑汁，在《“这年头做民宿，都少不了文化”，你认可吗？》（“回南天”公众号）推文中，从“民宿 + 文化”、打造“有血有肉有灵魂”民宿的角度，给受众呈现不一样的视野。这篇推文获得了 1 万 + 的阅读量。

微信公众号作为一个巨大的引流渠道，其微信日活量达到 10.1 亿人，74.2% 的人还是用微信公众号获取资讯。因此，新媒体文案写作是必备技能。

下面结合文案的开头、正文以及结尾的写作技巧进行任务实施。

新媒体文案开头设计

（1）文案开头设计。好的开头是成功的一半，它能起到统领全文的作用。如果开头抓不住受众，那么再好的文案也发挥不出作用。开头要有足够的吸引力，才能激发受众的兴趣，降低受众跳出率。以下介绍几种开头的设计方法。

1）故事开头。采用故事的方式开头，可以创设一个故事情境，可以是富有哲理的小故事，也可以是唯美的情感故事，或者是紧扣文案主旨的小故事。用一句话概括就是“故事的开头总是极具温柔，故事的结尾总是蓄谋已久”，无论用什么故事开头，结尾时要进行商业植入。例如：

三年前，张勇跟女朋友的爸爸说，“三年以后，我带 100 万来娶她。”

昨天，他收到了前女友的喜帖。

他觉得也没什么可惜的，他一点也不想去。

这篇文案以“新娘结婚了，新郎不是我”的情感故事开头，让受众有所期待，觉得这就是小说的发展情节，后来男主掏出手机，用 41 秒买了一张飞去婚礼的机票，最后文末引出“航班管家，负责机票，以及飞行的一路”，带出所要推介的产品。

2）热点开头。热点一般都能受到受众的普遍关注，具有实时性强，并能在短时间内引起广泛关注的特点，因此，文案借助热点开头，也是吸引受众的一个技巧。例如，在推介美食时，可以从美食节目、热门吃播博主等入手；推介旅游景点时，可以从热门影视剧取景地、网红打卡地等入手；推介服饰时，可以从走红毯活动、影视剧、艺人穿搭等入手。通过观察，这样创作的文案的阅读量和转发量都比较高。

曾经在微博上网友们热议过这样一个话题：“_______ 是对一个人最高的评价。”

有不少人说是“有趣”“双商高”“可爱”，还有人说是“温柔”“靠谱”，但稍微总结一下网友们的回答后不难发现，这几类都是能够令人产生“舒适感”的人群。

这个文案借助了微博的一个热搜话题，引出“舒适感”在于人与人的相处，也在于外出游玩、酒店入住时，酒店给游客带来的“舒适感”的体验，从而完成一篇酒店推文。

3）悬念开头。悬念开头就是在文案的开头部分设置一个疑问或矛盾冲突，从而使受众对文案产生急切期待和关切的心理。悬念的创设可以利用讲故事、制造反差等方式，伴有刺激、恐惧的情感，通常是把吸引受众放在第一位。

她讨厌那花。她讨厌那酒吧。她讨厌拥挤，讨厌鸡尾酒，讨厌我说的笑话，

讨厌剧场、座椅、桌子、演出、服务生、红酒、食物、音乐……

她讨厌自己的高跟鞋。她讨厌那冰激凌。

“她”到底是讨厌什么？为什么讨厌这些？“她”的讨厌反衬出文案末尾的“喜欢”,“回家的路上她一直紧紧抱着我，VESPA SCOOTER 摩托车，我们的旅程。”原来这是一个摩托车的文案。

（2）文案正文结构。新媒体文案正文是对文案的总体创意、写作结构的整理和规划。相较于文采而言，新媒体文案更重视的是文案思路，即有清晰的结构脉络，能够有条理地表述观点。常见的结构有以下几种：

新媒体文案正文结构

1）总分结构。总分结构是文案中比较常见的一种结构方式。“总”是文案的总起或是下文分述内容的起因，一般起到点明中心的作用。“分”是分层叙述，大致有两种情况：一是并列式，即推广对象的几个方面特征彼此之间互相并列，不分先后和主次，并列平行地叙述、说明；二是递进式，即采用层层深入、步步推进的方式介绍、分析推广对象。有的文案末尾部分有个“总”，总结全文，首尾呼应，有的文案则没有“总”，受众看到自己需要的信息就可以了。

例如，在“回南天”微信公众号发布的“关于桂林，我们这次聊点（biě）的（dī）”文案采用了这个结构。第一段用儿时游戏引出全文要介绍的内容“拓印”，接下来采用层层递进的方式介绍了拓印的起源，传承人王继胜对拓印的学习、痴迷以及坚持的情感，最后文案指出对于非遗传承，不仅是喜欢，更是尊重。

再例如，在“盘点 2020 最火的十大旅行地，热门景点持续火，小众旅行地也逆袭成黑马”文案中，第一段总说人民旅游网发布了十大旅行地榜单，接着就是“盘点”这十大旅游地分别是哪些景点，这个排名就不是简单的“并列式”，而是有先后的排名顺序了，文案末尾用提问的方式“以上景点你去过哪些”进行结尾。

2）三段式结构。三段式结构比较常见于产品介绍或产品营销类文案，是从新闻“倒三角”结构演变而来，其特点就是“头重脚轻”。第一段，一般是用凝练的话语表达产品的核心卖点；第二段，则是解释核心卖点或者对核心卖点进行描述；第三段，号召受众开始行动。“三段式”并不是三个自然段，而是三个部分的意思，把最重要的信息放在最前面，让受众用最短的时间对产品进行价值判断。

（3）文案结尾设计。结尾可以说是一篇文案的点睛之笔，能让受众看完文案后，由“受众”转变为“消费者”，才真正达到了文案的目标。掌握好文案结尾的设计技巧，有助于提升转化率和传播效果。

新媒体文案结尾设计

1）神转折型结尾。神转折型结尾以出其不意的逻辑思维、与前文内容较大的差异化

为特征，通过内容的反转，打破受众的固有认知，从而引发受众的讨论，让其在阅读过程中得到新奇的体验。

方太油烟机文案：一名美丽的女演员正在拍洗发水广告，同时背景音响起，“带给你魅力和自信的秀发，就像一块海绵，它吸附空中各种脏东西，导致分叉、油腻，全球权威美发专家共同推荐，拥有 87 种益发因子的泡沫精华……”忽然，女演员对着镜头大喊：“导演，我演不下去了。”导演愣住了，女演员继续说，“你知道女人做饭的时候，油烟里含有多少有害物质吗？三百多种！”

看到这，受众以为是洗发水文案，后面或许开始介绍某款洗发水的功用，文案的结尾却话锋一转：

“想要一头真正美丽的秀发，不如换一台不跑烟的油烟机”，最后，方太油烟机的广告语“方太油烟机，四面八方不跑烟”。

这就是一则典型的“神转折”型结尾，通过剧情的反转，不仅为受众带来了新颖刺激的审美体验，还为受众科普了油烟的危害性，捕获了爱美女性的心。

2）引导行动式结尾。引导行动有几种方式，或者以情感人，让产品有温度、有情感；或者以利动人，“转发抽奖”“送打折券”“免费试用”等，让受众从中获利。总而言之，引导行动式结尾，可以将利益最大化，引发受众立即行动。如图 1-33 所示。

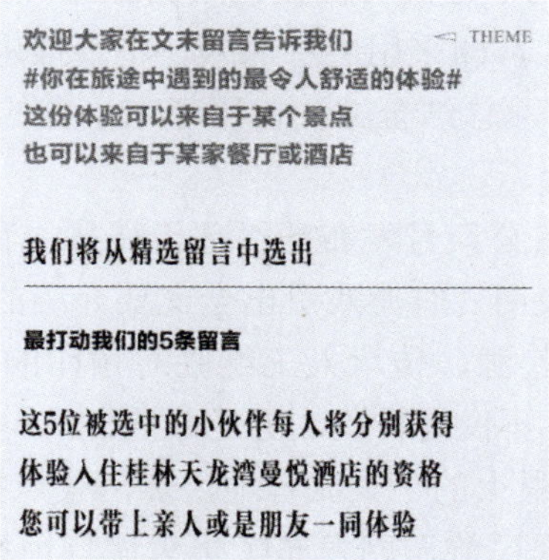

图 1-33　引导行动式结尾

这个是《细无声的除了春雨，还有曼悦带来的舒适感》（“回南天”公众号）推文中的结尾，以“体验入住酒店”之利相诱，引导受众参与话题讨论，提高文案阅读量，提升酒店知名度和美誉度。

3）金句结尾。金句或名言警句一般都蕴含哲理，能给人启迪或警示，用金句结尾的文案可以帮助受众更凝练或更深刻地领悟文案的内涵，提升文案的转发率。

要么读书、要么旅行，身体和灵魂，必须有一个在路上。

一直渴望，迷失在地图上的道道风和日丽。

保持年轻，最简单的方式是：背起行囊。

这是旅游类微信公众号的文案，其结尾凝练，富含人生道理。

任务 7 编辑排版

任务描述

微信公众号图文编辑排版易于给第一次阅读该文的用户留下美好的第一感觉，提高受众转化率和留存率。长期稳定一种写文和排版风格，有助于用户养成良好的阅读习惯，提高用户黏度，有助于其他数据的转化和公众号品牌的建立。

任务要求

掌握微信公众号推文中标题、正文以及图片三个方面的编辑排版技巧，熟练使用编辑器完成排版任务。

知识链接

1. 标题的编辑排版

（1）标题应简洁、清晰地表达文章的中心思想，在手机上进行文章预览时，最好不要超过一行。

（2）当标题字数一行满足不了时，可将标题延长至两行，但不要超过 64 字节（1 个汉字 =2 字节），不然转发朋友圈及好友时，标题不能完全显示。

（3）标题中的标点符号建议不要超过 2 种，否则容易给读者视觉造成混乱。

2. 正文的编辑排版

（1）字号大小。字号最好在 14pt ～ 18pt（数值越大，字体越大）。面对年轻群体，字号推荐使用 14pt，因年轻群体视力佳，且喜欢小巧字号带来的视觉感受；面对大众群体，字号推荐使用 16pt，因大众群体含有年长用户，要考虑年长用户的视力问题。

（2）文章色调。一篇文章中，主要颜色建议不要超过三种，颜色过多，会造成读者视觉混乱。

字体颜色应优先设置为公众号常用的主题颜色（符合用户阅读习惯），若无主题颜色，则可使用常用的黑、灰色系。

（3）行间距。文字过于密集或过于稀疏，都不适于阅读，所以也要控制行间距，根据行业内的经验，行间距的大小为字号的 1.5 倍最佳，14pt ～ 16pt 的字号，推荐 1.5 ～ 1.75 的行间距。

（4）对齐方式。

左对齐：适用于干货类文章，属于中度阅读型。左对齐型排版，在公众号文章中，可以设置段间距，所以段落首行不需要缩进。

居中对齐：适用于娱乐和泛娱乐类文章，属于轻度阅读型。居中对齐型排版，每行字数要少，每行尽量不要出现标点符号，将读者视觉锁定在中部。

两端对齐：当段落文字较多时，虽然文章左侧跟垂直线一样平齐，但右侧容易出现凹凸不平的边缘，看起来极其不美观。

（5）图片 / 视频注释。注释文字前面空一格加上符号，或者注释文字加全角括号，放在图片 / 视频下方，图片 / 视频与注释间不用空行。字号则与正文字号相同或者小 1 ～ 2 号。

3. 图片的规格

（1）封面图。头条封面图的选用，要注意与公众号的风格搭配，可加入自己的品牌标签，加深品牌意识。头条封面图尺寸比例为 2.35:1，建议 900 像素 ×383 像素；次条封面图尺寸比例为 1:1，建议 200 像素 ×200 像素。

（2）文章插图。设计图片时，需要考虑文章风格、调性和颜色，图片一般大于 50KB，小于 2MB；图片尺寸比例建议使用 16:9 或 4:3。

任务实施

请结合工卡 A-07（微信公众号推文的编辑排版），完成以下任务。

使用编辑器完成一篇微信公众号推文的编辑排版

市面上的编辑器琳琅满目，从 135 到 365，从秀米到小蚂蚁，各有千秋，难分伯仲。下面以秀米为例，介绍使用编辑器的工作流程。

（1）注册账号。

1）在浏览器上输入“秀米”进行搜索，找到秀米官网，单击进入。

2）单击右上角的“注册”按钮进行注册。

3）需要使用微博、QQ 或者微信其中一个账号绑定。

4）绑定了一个上述账号，还需要绑定手机号码。

5）注册完成，如图 1-34 所示。

图 1-34　注册秀米账号

（2）开始编辑。

1）新建一个图文。

2）选择模板。在编辑器中，有标题、图片、卡片等模板，可以根据文章的内容形式选择不同的模板类型。

3）标题排版。选择一个标题样式，在编辑的时候，可以根据文字的整体内容来修改模板的颜色、字体大小、文字间距、模板的定位等信息。

4）正文排版。同样是先选择一个样式，之后再进行图文的编辑排版。文字较多的可以运用卡片的形式排版；若选择的模板不好想换掉，可以用鼠标选中模板，选择删除；若需要在模板的前面或者后面插入一行，可选择后插空行或者前插空行。

5）插入图片。选择左边“我的图库”|“上传图片”，上传完成后，需要在何处使用图片，则单击空行处，然后单击相应的图片即可。

6）完成排版编辑，如图 1-35 所示。

图 1-35　编辑页面

（3）预览发布。内容全部排版好之后，单击“保存”按钮，也可单击“预览”按钮，查看效果。最后粘贴到微信公众号的后台，即同步到公众号。

项目拓展

根据所学知识，参考全国大学生广告艺术大赛和中国大学生广告艺术节学院奖命题要求，选择其中一款企业产品，为其写一篇销售文案。

全国大学生广告艺术大赛官网：http://www.sun-ada.net/indexs.html。

中国大学生广告艺术节学院奖官网：http://www.5iidea.com/xyj。

重要提示：

可以从五大要素入手，优化转化页的内容并提高转化率。

（1）开头导入部分要有吸引力和代入感，呈现能打动用户的场景设计。

（2）正文部分将产品的具体参数列出来进行详细描述，增强用户对产品的了解。

（3）中间放入其他用户的好评或晒单，加强用户的信任感。

（4）在引导用户付费的过程中，需要增加刺激点，给用户付费的理由。

（5）结尾“放心售后”，给用户吃一颗定心丸，减少用户的后顾之忧。

思考与练习

一、理论题

1. 企业对新媒体文案的岗位职责有哪些要求？
2. 新媒体文案团队成员应具备哪些职业能力？
3. 什么是用户画像？怎么做用户画像？
4. Photoshop 的主要功能和应用领域有哪些？
5. 简要概述 Photoshop 动图制作的流程。
6. 一个好的标题需要具备哪些元素？
7. 标题写作需要避开哪些误区？
8. 新媒体文案标题的创作手法有哪些？
9. 新媒体销售文案的作用是什么？
10. 新媒体销售文案的写作要素有哪些？

二、实训题

1. 请同学们以 4 ～ 5 人为单位进行自由分组，创建本小组的新媒体文案团队，并说出团队成员分别具备哪些能力，在团队中充当何种角色。

2. 请同学们根据所讲案例，进行“城市人文”“风物广西”“漫游记”系列的设计和制作。

3. 使用头脑风暴和多维度发散创意法，任选一个角度，完成一篇文旅类推文的创意构思。

要求：4 ～ 5 个同学一组，团队合作完成内容策划和创意构思。

4. 如果要写一篇宣传本地旅游资源的文案，该文案将在地方旅游推广的微信公众号上发布，请为其取一个合适的、有吸引力的标题。

5. 以“民宿”为主题，完成一篇新媒体文案写作。

要求：每个同学独立完成，注意把握开头、正文、结尾的写作技巧。

6. 根据所学知识，参考全国大学生广告艺术大赛和中国大学生广告艺术节学院奖命题要求，选择一款企业产品，为其写一篇产品详情页文案。

项目 2 新媒体短视频创作项目

项目导读

2013 年 12 月，伴随我国电信产业正式进入 4G 时代，短视频实现了即时传播，信息的传播速度大大提升，短视频行业迅速发展。随着网红经济的出现，视频行业中一批优质 UGC 内容制作者逐渐崛起，微博、秒拍、快手、今日头条纷纷入局短视频行业。2017 年，短视频行业竞争进入白热化阶段，内容制作者 UGC 转向 PGC 化专业运作。2020 年 3 月，中国互联网络信息中心发布了第 45 次《中国互联网络发展状况统计报告》，我国短视频用户规模为 7.73 亿，占网民整体的 85.6%。在带动乡村旅游、推动农产品销售等方面，短视频发挥了重要的积极作用。抖音 APP 是字节跳动旗下的一款音乐创意短视频社交软件，用户可以通过这款软件观看短视频，拍摄短视频。抖音会根据用户的爱好来更新用户喜爱的视频并进行推送，是一个专注年轻人的音乐短视频社区。本项目将以抖音平台为例，对短视频的平台分析、账号定位、内容策划、脚本制作、视频拍摄、后期剪辑、发布运营等进行分析讲解。同时在教学过程中，秉承“让职业教育服务三农”的理念，鼓励师生寻找本土的“三农”品牌开展真实项目实训，旨在通过短视频平台对“三农”信息进行传播，对涉农中小微企业开展新媒介运营技术服务，助力产业振兴。

教学目标

- 掌握短视频的数据分析及运营技巧。
- 掌握短视频的账号定位、内容策划的方法与技巧。
- 运用所学知识能够在实际项目中完成各类短视频的拍摄与制作。

任务 1 平台分析

任务描述

有没有遇到过这样的情况？当我们拍完一条视频分发到抖音、快手、微信视频号等各个短视频平台后，本以为能快速积累粉丝，但结果却不尽如人意，这是为什么呢？原因在于每个平台是不一样的，不同平台之间的算法设计、用户画像、推荐机制和标签系统有着很大的区别。因此，对于要创建短视频账号的视频拍摄者来说，平台分析是我们要做的第一步。

任务要求

了解主流短视频平台的流量推荐机制和用户画像，掌握抖音平台的优势和劣势，掌握选择平台和用户画像的方法。

短视频平台分析及用户画像

知识链接

1. 平台分析

（1）平台流量推荐机制。什么是流量推荐机制？平台通过大数据抓取用户的浏览、点赞、收藏、评论等轨迹，计算出用户的喜好，并根据用户喜好进行内容推荐的算法机制。不同的短视频平台有着不同的算法推荐模型，平台结合自身特点，通过用户的使用习惯，了解用户喜好，进而根据用户的喜好进行内容推荐，从而保证视频的分发效率和用户体验。因此，我们在做短视频账号之前，首先要了解各大平台的流量推荐机制。

（2）抖音的推荐逻辑。

1）去中心化的内容分发机制。抖音平台的内容分发机制采用的是去中心化的分发机制。所谓去中心化的内容分发机制是指内容不是由某一个机构或平台进行统一的分发传播，而是根据社交分享和兴趣推荐进行分发。抖音平台提供了一个流量池，在这个流量池中每个作品都有机会曝光，而作品在流量池里的表现，如点赞、评论、转发、关注等互动数据，会直接影响到作品的传播效果，如图 2-1 所示。

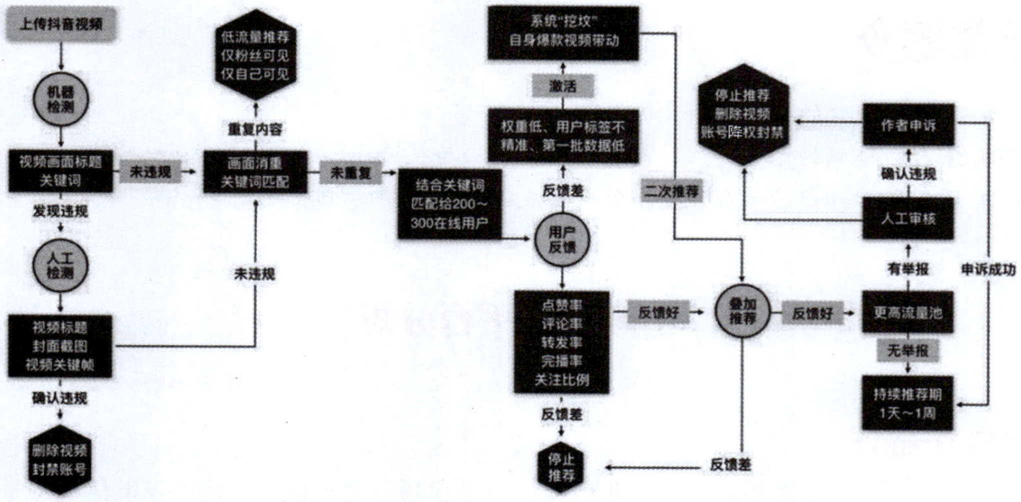

图 2-1　抖音算法推荐流程图

2）抖音流量池推荐机制的 8 次曝光。通过图 2-2 可以看出，抖音的算法是一个漏斗机制，它分为三个步骤：

第一，冷启动流量池曝光。假设每天在抖音上有 100 万人上传短视频，抖音会随机给每个短视频分配一个平均曝光量的冷启动流量池。比如，每个短视频通过审核发出后，平均曝光次数僵尸号 100 左右，低权重号 180 左右，正常权重 500 左右。

第二，数据挑选。抖音会从这 100万个短视频的曝光次数，分析点赞、关注、评论、转发、完播率等各个维度的数据，从中再挑出各项指标超过 10% 的视频，每条再平均分配 10 万次曝光。然后看哪些点赞、关注、转发、评论是超过 10% 的，滚进下一轮更大的流量池进行推荐。

第三，精品推荐池。通过一轮又一轮验证，筛选出来点赞率、播放完成率、评论互动率等指标都极高的短视频进入精品推荐池，用户打开时，看到的那些动辄几十上百万点赞量的视频就是这么来的。

值得注意的是，抖音的流量池推荐，基本上每升一级都要审核一次，如果出现用户反馈，审核会更加严格，甚至会立马停止推荐，所以有很多用户感觉自己的视频明明播放得好好的，但突然就没有播放量了，这就是原因所在。不过，抖音的系统偶尔也会出现推荐以往视频的情况。有时候发了很久的视频突然就火了，那是因为该视频被系统关注到并推荐了。

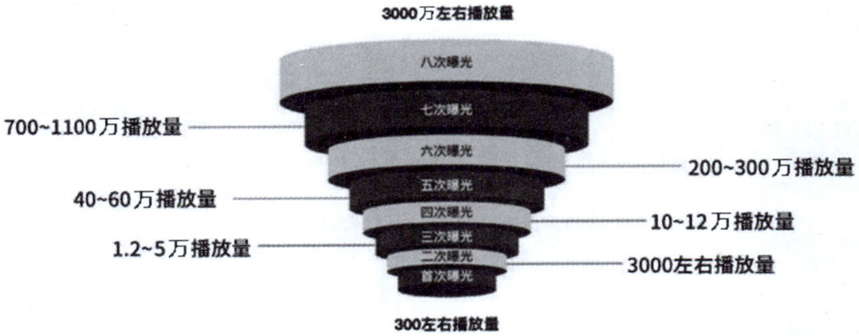

图 2-2　抖音算法流量池

3）标签设置明确需求。抖音平台通过对用户操作行为的抓取和计算来构建标签，当用户有比较明确的内容需求的时候，就会进行更加精准的内容推送。比如，用户刷了 10 条视频，其中有 4 条视频只看了几秒钟，那么平台就会判断该用户并不喜欢这一类型的内容；而用户看完的 6 条视频里有 4 条是萌宠类的，那么抖音就会判断该用户更倾向于宠物类的视频；经过一段时间操作行为的获取，抖音就能比较精准地知道用户对内容的需求，从而增加用户喜欢的内容，减少不喜欢的内容。

4）抖音的 2 种关系链接。抖音用户和账号之间的关系主要有两种，一种是关注产生的链接关系，一种是手机通讯录产生的链接关系。如果抖音用户关注了某个账号，那么用户在使用过程中会很容易刷到这个账号的视频；如果刷到一条视频上显示的是通讯录好友，这就是关系导向推送的视频。

2. 用户画像

在开通短视频账号前，除了要掌握平台的推荐机制外，还需要了解用户。关注用户需求，关注用户想法、喜好，可以让自己发布的视频不仅仅是自己想要发布的内容，更是用户想要看的内容。

（1）什么是用户画像？用户画像又称用户角色，作为一种勾画目标用户、联系用户诉求与设计方向的有效工具，用户画像在各领域得到了广泛的应用。我们在实际操作的过程中往往会以最为浅显和贴近生活的话语将用户的属性、行为与期待的数据转化联结起来。作为实际用户的虚拟代表，用户画像所形成的用户角色并不是脱离产品和市场之外所构建出来的，形成的用户角色需要有代表性，能代表产品的主要受众和目标群体。

（2）抖音的用户画像特征。下面主要从性别、年龄、城市分布、用户日活、活跃时间、内容喜好 6 个方面分析抖音的用户定位，帮助运营者了解抖音的用户画像和人气特征，以更好地做出针对性的运营策略和精准营销。

1）性别。如图 2-3 所示，根据 2020 年 1 月巨量算数抖音用户画像报告显示，在性别上，抖音平台男女用户几乎持平，男性用户偏多。要注意的是，虽然在平台的环境上男女用户基本持平，但如果在运营短视频的过程中，更多的要考虑的是目标用户的画像，比如要做的是美妆类的账号，那么女性用户肯定是绝大多数，而如果要做的是一个游戏类的账号，那么男性就是主要的用户群体，也就是说要根据所做的短视频类型来判断具体的用户性别化。

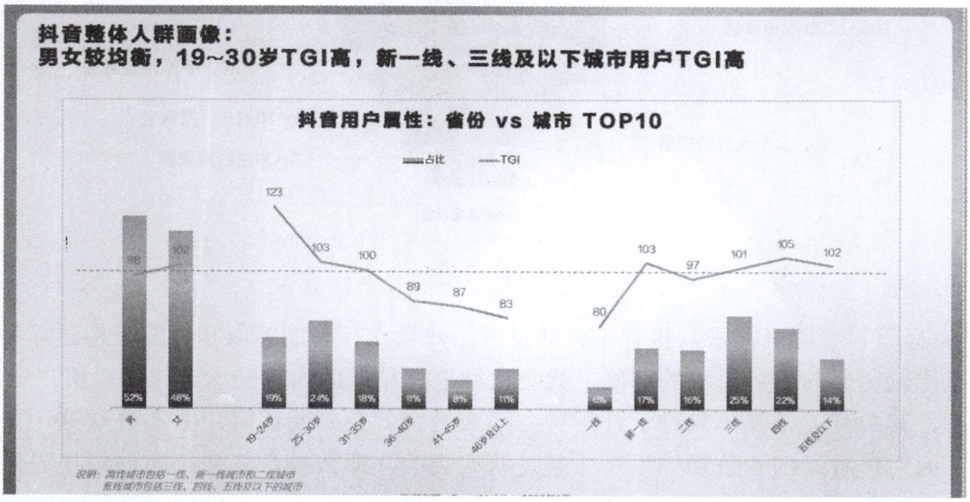

图 2-3　抖音整体人群画像

2）年龄。如图 2-3 所示，年龄在 30 岁以下的人群是短视频的主力军。需要注意的是，短视频的用户人群呈现明显的年轻化，以 95 后、00 后为主要群体，如果我们想要获得这些用户的喜欢，那么输出的内容风格就需要更多地匹配和迎合这类年轻用户的喜好。

3）城市分布。抖音一开始的目标用户群体主要分布在一二线城市，随着抖音的火热发展，用户逐渐开始向三四线城市蔓延。如图 2-3 所示，根据 2020 年数据显示，一线城市和二线城市的用户差不多保持在 17% 左右，用户相对来说更聚集在三四线城市，分别占据了 25%、22% 的市场份额。

4）用户日活。如图 2-4 所示，在用户日活上，最新的数据显示抖音的日活用户已经突破了 4 个亿，平均每个用户日均使用时长为 98 分钟。

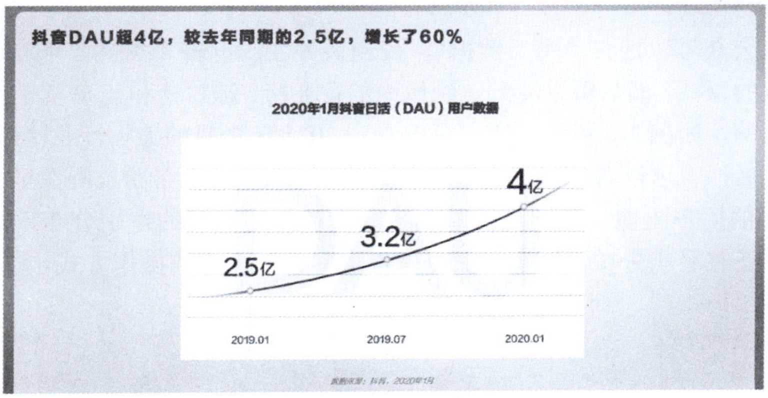

图 2-4　抖音日活用户数据

5）活跃时间。根据图 2-5 显示，在活跃时间上，用户会在 3 个时间段较为活跃，分别是早上的 8:00 ～ 10:00 的早高峰，12:00 ～ 13:00 的午休时间，19:00 ～ 21:00 的晚高峰，其中 20 点是全天最活跃的时间点。用户的活跃时间看起来只是一个简简单单的时间段，但其实它包含了非常重要的细节，决定着什么时间发视频最合适。视频的发布时间一直都是很重要的，运营者可以结合用户的活跃时间去发布内容，这样就可以尽可能地获得用户的流量。

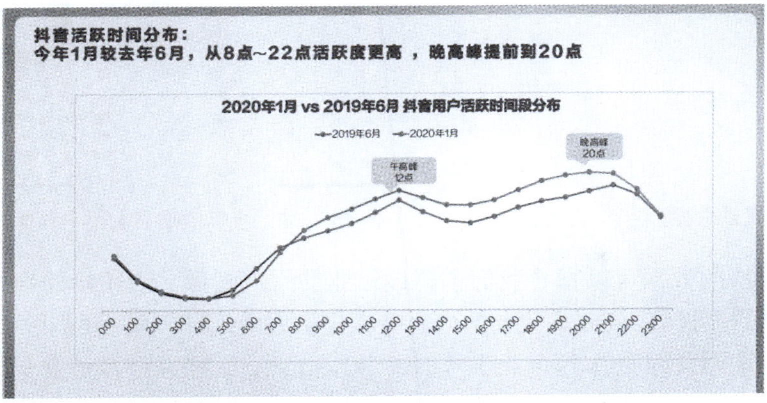

图 2-5　抖音用户活跃时段分布

6）内容喜好。根据 2020 年 1 月巨量算数发布的数据显示，抖音用户对演绎、生活、美食类视频更加青睐，观看情感、文化、影视类视频增长较快，男性用户对军事、游戏、汽车偏好度较高，女性用户对美妆、母婴、穿搭偏好度高。垂直细分领域在抖音平台上开始快速发展，不同的细分领域在平台上得到发展取决于用户对内容的主动筛选。

任务实施

请结合工卡 B-01（短视频平台分析），完成以下任务。

利用飞瓜数据分析平台，对短视频平台上热门内容进行分析

打开微信公众号，搜索“飞瓜数据”，找到后关注，点击“找抖音号”，进入排行榜，找到自己定位的领域，然后可以看到该领域内的行业榜、涨粉榜和蓝 V 榜前 30 名。比如，还是以美妆为例，如图 2-6 所示，我们可以看到 2021 年 7 月的美妆行业榜第一名的账号，点进这个账号后，就可以看到其账号数据，如图 2-7 所示，这个粉丝画像里面的数据就是我们需要学习的用户画像，我们可以看到美妆行业的用户群的性别分布、年龄分布、地域分布占比，还有星座分布占比等，涨粉榜和蓝 V 榜是同样的操作方式。

图 2-6　飞瓜数据播主排行

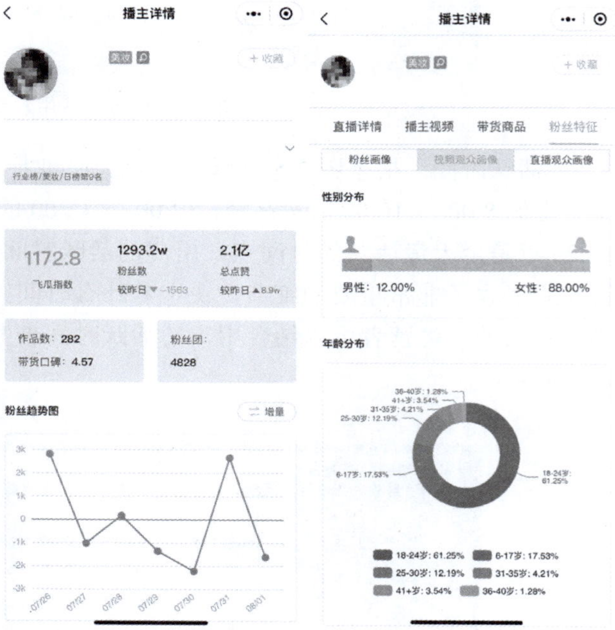

图 2-7　飞瓜数据播主用户画像

借助行业榜的数据可以指导我们了解该行业的用户画像；涨粉榜的数据可以指导我们研究该主播的短视频内容，为我们的内容吸粉提供方向；蓝 V 榜主要是做了企业认证的，大部分是企业账号，可以作为企业账号的参考。当然，最好进行多角度全方面的数据整合分析，可以帮助我们更加接近真实用户。最终我们可以分析得出，美妆行业吸引的是 18 ～ 24 岁的广东、江苏、浙江、上海等地区的女性群体，那么接下来，我们就可以主要研究 18 ～ 30 岁的女性群体的特点，根据她们的喜好创作内容。另外，地域分布可以作

为消费水平的参考，用户的消费水平将直接影响内容的垂直细分和后期的直播带货变现。

任务 2　账号定位

任务描述

抖音账号相当于一个个人品牌，而且本身就具备极强的互动性，所以抖音账号的人格化具有其他大多数品牌没有的优势。

能否建立好人格化标签，关系到账号运营的成败，每一位新人进入短视频领域要面对的第一个问题就是：如何建立人格化定位？

任务要求

请同学们在平台分析和用户画像的基础上掌握短视频账号的定位技巧。

知识链接

1. 什么是定位

定位就是我们的品牌或产品在用户的心目中相对于其他同类型产品而言占据的一个位置。定位这个概念是全球顶尖的营销专家艾・里斯（图 2-8）和杰克・特劳特（图 2-9）提出来的，被称为有史以来对美国营销影响最大的观念。

图 2-8　艾・里斯

图 2-9　杰克・特劳特

当用户需要用到某一个产品时，第一时间想到的是某个品牌，这就是一个成功的定位。例如，怕上火的时候喝红罐凉茶王老吉，“白天服白片，晚上服黑片”的分时感冒药——白加黑等。短视频领域也是如此，比如用户想要了解中国古建筑的时候，可能会首选“杨爸图说”，想学习简单又美味的美食做法的时候，可能会去看“日食记”。因此，我们做短视频账号定位，就是要想方设法地占领用户的心智，让我们的账号成为他们的不二选择。

2. 账号定位

俗话说“先谋而后动”，只有前期做好了详细的规划，后期才会事半功倍。账号定位的主要目的就是确定账号的主攻领域。定位越明确，领域越垂直，粉丝就会越精准，商业变现也就越轻松。

短视频账号专注于一个垂直领域有三个好处。一是让用户关注到该领域时，第一时间想到我们，占据粉丝心智。二是有助于抖音给我们的账号打上垂直标签，帮助内容的精准推荐和搜索。例如，用户如果想看美妆种草类的内容，那么专注于美妆种草的视频账号匹配度要高于多种产品测评的账号。三是有利于商业变现。定位越垂直，粉丝越精准，粉丝黏性和粉丝价值就越高。

3. 打造高黏度人设 IP

心理学中有一个理论叫作投射效应，指个体依据其需要、情绪的主观指向，将自己的特征转移到他人身上的现象。同样，我们总是想把事物拟人化，把我们的情感和信仰投射到其他事物上。通过将人类的行为特点赋予给事物的方法，可以生动形象地表达出作者的情感，让受众体验到更活泼、亲近的感觉，使文章能有更加生动形象的效果。

这里所提到的 IP，是英文“Intellectual Property”的缩写，直译为“知识产权”，原指权利人对其创作的智力劳动成果所享有的财产权利。目前，IP 经济已成为中国文娱产业发展的新形态。人设 IP，人设指人物设定，赋予人物性格形象角色定位，其实就是让品牌具有一些“拟人”的功能和元素，通过打造个人品牌，将人物和品牌、产品之间产生关联。例如耳熟能详的江小白，在赋予它人格化特征后，它除了是酒以外，还是懂你的“好兄弟”，如图 2-10 所示。通常来讲，人设 IP 的主要呈现形式有 4 种，分别是人物、动物、动漫形象、虚拟人物。

图 2-10　江小白广告海报

任务实施

请结合工卡 B-02（短视频账号定位），完成以下任务，打造自己的账号人设 IP。

1. 运用“五步定位法”给账号做初步定位

五步定位法是指在做账号定位前，我们要给自己提出 5 个问题，分别是：

（1）你是谁？

（2）你有什么优势？

（3）你需要哪些用户？

（4）那些用户需要什么？

（5）你能给用户带来什么样的价值？

请同学们运用五步定位法，如图 2-11 所示，给自己即将建立的短视频账号做一个初步定位，明确自己擅长的领域和发展方向。

你是谁	你有什么优势	你需要哪些用户	那些用户需要什么	你能给用户带来什么样的价值
农业科技特派员、高级农艺师	从事农业优良新品种的选育、种植和推广工作8年	想要通过农业技术增产增收的农民或农场主	需要优良的种植技术	能给到用户种植技巧、提升产量和质量
房地产销售	10年的房产销售经验	想买房或租房的人	需要买房或租房的技巧	能给用户提供选房技巧，避开购房陷进

图 2-11　五步定位法

2. 赋予账号人格化特征

在利用五步定位法明确自己擅长的领域和发展方向后，开展账号定位的第二步，赋予账号人格化特征，如形象、个性、背景和价值观等。形象是指人设 IP 的外在形象，用户可以直接获取到的表面信息，比如说人设 IP 的样貌、发型、妆容、服饰、表情、动作等。个性是指人设 IP 从表面无法获取到的内在信息，需要通过内容才能获取，比如短视频账号主人公有的具备搞笑犀利的个性，有的则是带给人温暖美好的感觉，这些个性都能通过视频作品中的内容感受到，这些内容可以是人物的台词、字幕、标题，甚至是配乐。背景是指人设 IP 的家庭背景、职业背景等信息，可以给到人设 IP 更多的信息补充让用户了解更加深入。价值观是指人设 IP 在内容输出的过程中呈现出来的价值观信息。

3. 运用“三原则”对人设 IP 进行检验

（1）价值原则。有价值的内容才会吸引用户去看，有价值的账号用户才会关注。我们要想想短视频的内容能为用户带来哪种价值，是技能的学习，是情感的慰藉，还是对产品的选择？因此要求我们在账号定位和确定选题时一定要做好价值的定位，为后续的账号运营奠定基础。

（2）差异原则。怎么才能让用户在众多同领域账号中记住我们的账号呢？账号定位必须要有差异性，我们可以从人物人格化特点、视频拍摄手法、拍摄场景、视觉特效等方面来提升账号的差异化。

（3）持续原则。持续原则是最重要的一个原则。即使以上几方面做得再好，如果不坚持稳定地输出内容，那么按照平台的规则和算法机制，账号的权重就会下降，用户也会因此流失。在方向、思路找对的前提下，坚持产出优质内容才能提升爆款视频出现的概率。

任务3 建立账号

任务描述

运营一个短视频账号如同经营一个品牌一样，需要对品牌进行设计与打造，形成个性化的风格，这样才足以在万千账号中吸引住受众眼球，产生更多的关注。本任务我们将从账号昵称、账号简介、账号头像、账号封面等方面入手，从零开始对账号进行搭建。

任务要求

掌握短视频账号建立的方法，通过采用相关技巧来建立自己的抖音账号。

知识链接

如何打造吸睛账号

1. 账号昵称

一个好的账号昵称的作用：第一，自带流量，容易识别；第二，能帮助受众快速锁定用户；第三，可以降低传播成本；第四，能传递信息，体现账号价值。如果我们的账号昵称能够满足好记忆、好传播、好搜索、有品类、可延展、统一性这几个原则，那么我们短视频账号的基础便打好了。

2. 账号简介

账号简介的作用：第一，体现创造价值，降低用户的操作成本；第二，对账号价值进行补充完善；第三，提高粉丝转化率；第四，进行粉丝引流；第五，可以加入内容预告。

3. 账号头像

账号头像具有加深印象、强化品牌、体现价值的作用。我们在进行头像设置的时候要注意避开三个误区：一是头像模糊不清；二是用风景做头像；三是用一群人的合照做头像。

4. 账号封面

一个好的账号封面有以下几个作用：

（1）可以吸引用户眼球，让用户看到封面的瞬间产生想要点开视频去观看的欲望。

（2）可以体现视频主题，让用户看到封面就能了解视频的主要内容，然后再根据自己的需要选择观看，降低用户的操作成本，给用户带来更好的体验。例如一个电影推荐的账号，如图 2-12（a）所示，封面把每一个视频讲解的电影名称写出来，用户就可以根据标题来选择观看，而不需要把其他视频都看一遍。

（3）可以增加用户预期。有时候一个主题的内容太长，我们就可以把它分割成上中下三集，然后在封面上体现出来。比如图 2-12（b）中的旅游推文主题，当用户看到封面的时候，就可以快速知道哪些视频是同一主题的。

（4）可以引导用户互动。如图 2-12（c）所示，像这些知识科普类账号的视频封面标题经常会运用疑问句式，如“牙不好的危害都有哪些？”这样的提问很容易引起用户的好奇，想点开视频一探究竟。

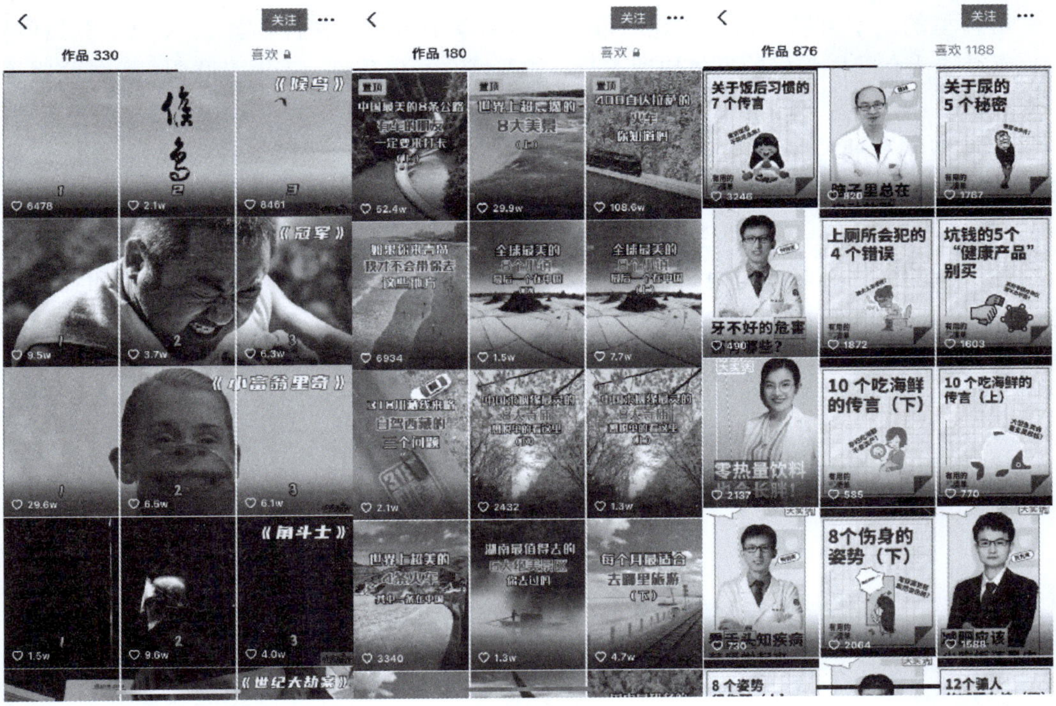

（a）　　　　（b）　　　　（c）

图 2-12　抖音短视频封面

任务实施

请结合工卡 B-03（建立短视频账号），完成以下任务。

1. 运用账号起名的 6 个公式，给账号起个名字

如何起一个自带流量的好名字？通过以下 6 个公式掌握短视频账号起名技巧。

公式 1：专业型 = 人物 + 专业领域名称

在账号名字中加入专业领域名称，可以让受众快速地获取账号的价值输出，同时增

加账号的信任感，比如设计师阿爽、郭大力健身、简七理财、魔术师林剑伟等都是专业型的名字。

公式 2：描绘型 = 人物 + 特征

在账号名字中加入人设 IP 的特征，例如阿楠有趣有料、碎嘴许美达、扎心师郑实、辣妈艾小鑫、孕妈小美等，可以让账号的形象更加亲和，也可以让受众直观地感受到账号的内容特点。

公式 3：培训型 = 名字 + 教你学技能

培训型的名字带有明确的技能名称，例如大白陪你学英语、miki 教你拍照、莹月教你学唱歌等，用户很容易就能被自己感兴趣的技能所吸引。

公式 4：群体型 = 群体名称 + 组织名称

群体型的名字可以让账号快速获取行业或者从业人员的关注，如 FPX 电子竞技俱乐部，或者能让有同样爱好的群体快速聚集，如晋城吃货俱乐部、干饭者联盟、爱猫联盟等。

公式 5：清单型 = 品类 + 清单

清单型账号通常是对优质内容的精选和收集，如书单、电影精选、热门音乐库等，这类清单型账号需要注意对作品内容版权的保护，避免侵权。

公式 6：地域型 = 地名 + 特征

地域型的名称可以方便地域筛选，也可以让受众获取到地方特色，如小阿甜在广西，糯米吃长沙，阿朱玩转南京，云南小花等，用户一看到这些名字就能知晓账号内容的地理位置，并能对内容有一个初步的认知。

2. 请参考优质简介的 6 个标准，给账号写一句简介

优质简介的 6 个标准如图 2-13 所示。

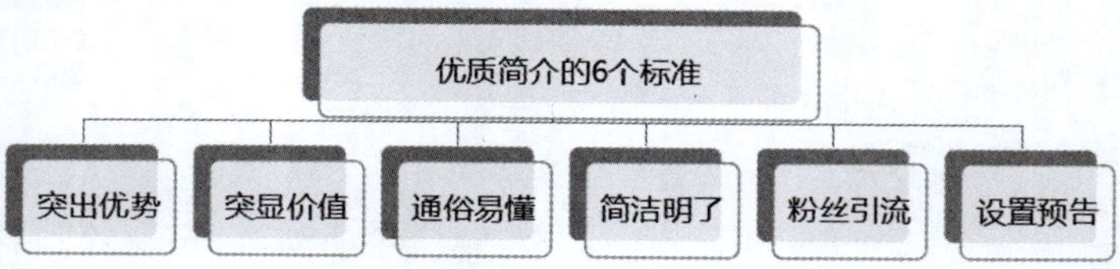

图 2-13　优质简介的 6 个标准

3. 请参考头像设置的 3 个标准，给账号设计一个头像

头像设置的 3 个标准如图 2-14 所示。

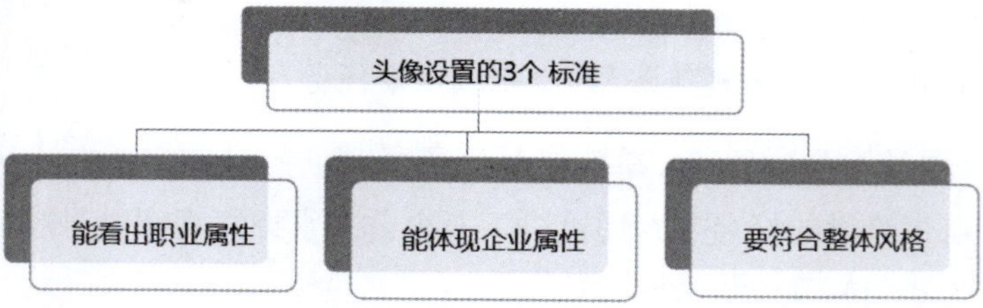

图 2-14　头像设置的 3 个标准

4. 请根据封面设置的 5 个要求，给视频加上封面

封面设置的 5 个要求如图 2-15 所示。

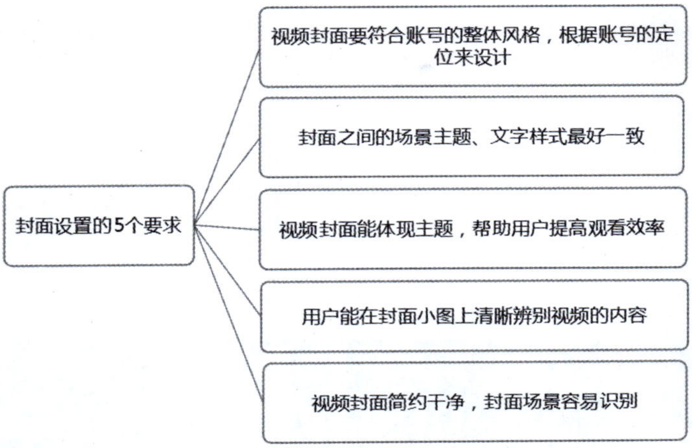

图 2-15　封面设置的 5 个要求

任务 4　内容策划

任务描述

短视频账号确定以后，我们在制作抖音视频内容时，最先要做的就是短视频内容策划。短视频内容的策划是对账号定位、人设 IP 的具体呈现。本任务通过对优质内容进行拆解和找寻选题，完成账号的内容策划。

任务要求

了解短视频平台用户最喜欢的 10 大类内容，掌握短视频内容策划的 4 大要素方法，并能根据自己账号特点找到内容选题。

知识链接

如何策划出爆款短视频

1. 2019 年涨粉最快的 10 大品类

在做内容策划之前，我们要对受众的喜好进行分析。表 2-1 为 2019 年涨粉最快的 10 大品类，这些品类能得到那么快速的涨粉，就证明这些内容是用户所需要且喜欢的。那么，我们在制作短视频内容的时候可以考虑投其所好，根据用户需求进行内容策划，或者结合自身的优势对内容进行搭配组合，这样呈现出来的作品才容易受到更多的关注。例如，图 2-16 中美食类短视频账号——日食记，该账号洞察到用户对美食菜谱以及用美食慰藉

心灵的需求，充分利用自身美食制作的特长，通过美食制作的过程演绎一个个治愈人心的温暖故事。

表 2-1　短视频平台用户最喜欢的 10 种内容

短视频平台用户最喜欢的 10 种内容	
剧情类	美妆类
颜值类	知识类
音乐类	游戏类
美食类	萌宠类
情感类	生活类

图 2-16　美食类短视频账号案例

（1）剧情类。移动互联网时代催生了碎片化时间，在这样的情况下，短视频平台上的剧情类的内容成为最受用户欢迎的短视频内容，尤其是搞笑剧情类短视频，深受用户喜爱和关注，大多数用户会利用短视频消磨无聊的碎片化时间。

（2）颜值类。古人云“爱美之心人皆有之”，在短视频平台上，高颜值的男生和女生通常自带吸粉属性，因此颜值类的短视频深受用户追捧，这类短视频通常依靠播主的外形特点和饱满的精神状态吸引受众的关注，如果播主还会唱歌跳舞等才艺，则更加容易受到用户的青睐。

（3）音乐类。音乐是短视频不可或缺的重要元素，抖音平台通过短视频的加持，催生了不少耳熟能详的音乐，例如《沙漠骆驼》《可能否》《隔壁泰山》等，音乐类短视频的表现形式主要有唱歌和跳舞两种，例如“冯提莫”“兔子牙”等，都是头部的唱歌账号，主要通过翻唱等方式呈现；如果你拥有舞蹈特长，也可以像“代古拉 k”一样，通过跳一些既简单又好学的舞蹈，打造舞蹈形式的音乐类账号。

（4）美食类。烹饪教学类是美食类短视频的主流内容，这类短视频主要是呈现一道菜的制作过程，视频内容时长短，画面简洁明快，让观众在短时间内快速掌握一道菜的烹饪方法，如“魔力美食”“日日煮”“曼食慢语”等。生活方式类美食短视频除了展示美食的制作过程外，通过环境和情感的融入，烘托出生活状态，让受众产生对理想生活的向往，如“李子柒”“日食记”等。创意娱乐类美食短视频借助充满创意的美食作品或者美食场景来吸引观众的注意力，如“黑猫厨房”等。明星类美食短视频以明星的私房菜为主，利用明星效应获得关注度，如“锋味”“黄小厨”等。体验类美食短视频可以分为吃播类与探店类两种形式，这类视频的重点不在于美食是如何烹饪，而是关注人在享用食物时的主观感受和体验，如“南宁美食圈”“小阿甜在广西”等。

（5）情感类。情感类短视频主要有深夜独白、情感分析、情感故事几种形式，受众可以通过观看这类视频缓解压力、寄托或者宣泄情感，容易让用户产生情感共鸣，如“一禅小和尚”等。

（6）美妆类。美妆类账号一直深受用户喜爱，我们所熟知的美妆类账号很多，美妆类短视频在一定程度上契合了人们日常生活中内在审美与外在审美需求，因此一直深受用户喜爱。美妆类账号主要有开箱、测评、教学几种内容形式，通过这些形式展示化妆技巧、讲解化妆产品的特点和使用方法、进行化妆教学等。

（7）知识类。知识类短视频的出现使短视频平台兼具娱乐性和知识性，用户通过知识类短视频得到技能的提升，能让用户产生获得感和成就感。“樊登读书”就是知识类账号最典型的例子。

（8）游戏类。随着电子竞技而越来越受到用户的欢迎，游戏类短视频也成为短视频平台上深受用户喜爱的类型。游戏类短视频通常以游戏精彩镜头解说为主，除此之外有些播主还会在视频中增加风趣幽默的段子，以此来吸引用户的关注。

（9）萌宠类。萌宠类短视频主要通过拟人化的形式来呈现，这类短视频擅长捕捉宠物可爱、有趣的瞬间，同时通过配音让萌宠们会说话交流，配上相应的动作和表情，能吸引用户带来超乎预期的流量。如“会说话的刘二豆”“在下铁头阿彪”等。

（10）生活类。生活类短视频主要是科普一些生活的小技巧、小常识，通常围绕生活中的各类话题展开，把严肃枯燥的专业理论，与观众实际生活中遇到的场景相结合，并转换为更容易让人接受的知识；或者把原来大家习以为常的技巧换另一种方式表达出来，能满足观众对内容实用性的需求，如“老爸评测”等。

2. 爆款短视频内容策划的 4 大要素

（1）精准满足用户需求。随着抖音短视频成为流量高地，大量的短视频作者和自媒体人涌入，导致短视频的竞争越来越激烈，而用户对视频内容的要求也逐渐增高。想要在众多视频作品中脱颖而出，就需要找准用户需求，重视粉丝观看视频的体验感并提升粉丝互动性，提供给用户有价值的内容，戳中用户的痛点和痒点，引发用户共鸣。这就要求我们站在用户的角度去思考，策划出的内容能精准满足用户需求。

（2）内容导向积极向上。互联网平台的整体风向是倡导积极向上、充满正能量的内容。因此在内容策划的时候，一定要注意内容的导向，远离违反法律法规、低俗和暴力的内容，要推荐正能量的积极向上的内容。

（3）具备互动性。短视频平台带有一定的社交性质，因此做短视频内容策划时，要注意和粉丝用户之间的互动。选择一些比较新颖、能产生较好的互动效果的话题，往往更容易获得用户的认可和推荐。比如生活小妙招，教大家怎么快速消除衣服上的污渍，或者是全民关注的健身减肥话题，可以考虑教大家如何在没有器械的情况下健身减肥等，这些话题的互动性都比较强，容易成为爆款选题。

（4）紧跟社会热门话题。热门话题永远是大众最为关注的，借助热门话题的热度是常用且有非常有效的方法，将短视频内容与热点相结合是最吸引用户眼球的。不过热点也只是我们创作内容的一个切入点，不相关的热点不要随便乱用，低俗、敏感、有不良社会影响的热点一定不能使用。

任务实施

请结合工卡 B-04（短视频内容策划），完成以下任务。

根据内容策划的实施要点为短视频策划内容选题

（1）内容定位。在选择内容领域的时候，要尽量选择自己擅长的领域，因为自己擅长的领域能保证有较多的资源输出并提高专业度，让用户产生信任。短视频内容创作是一个长期的过程，对内容领域的擅长能保证内容持续稳定的输出，而不至于三天打鱼两天晒网，影响账号权重的提升。所以在做内容定位时，不要想着去满足所有人的需求，因为这样做的结果往往是会失去所有人。作为一名合格的抖音短视频创作者，一定要专注于某一个细分领域，深挖打磨到极致，才能制作更精准、更优质的视频内容。

（2）内容产量。内容产量是指在确定时间范围内发布短视频的数量。很多人都存在这样的疑惑，不知道发视频的频率。对于新注册的账号，保持一定频率的更新以获取更大的曝光量是一件必不可少的事情，但这个过程不是牺牲内容质量为基础的。因此，短视频的产量并不是越多越好。在互联网时代，信息泛滥，内容的质量往往比数量更重要。如果细心观察就会发现，那些热度高、人气旺的抖音达人推送视频的频次并不是很频繁，数量也没有很多，但是他们发布的视频，基本上每个都能获得大量曝光和较高的评价。当然，抖音短视频内容在产量虽然没有绝对的要求，但是保证一定的推送节奏也很重要。保证一定的更新频率，让账号持续稳定有一定的曝光，账号才不会被用户遗忘。

（3）内容稳定性。前面讲过，选择自己擅长的领域，能保证在发布内容时有持续稳定的精准内容输出。所以，除了要固定推送内容的节奏，还要保持内容在方向上的垂直性和创造性。这里强调创造性的原因在于，它是短视频能够坐拥最广阔的市场的重要原因。根据实操经验也发现，没有哪个抖音号是单纯依靠一条或者两条爆款短视频而持续火热的，需要随时保持着创造力的挖掘和输出，从而增强粉丝黏性。没有持续的创新能力，抖音视频内容会失去鲜活的生命力，粉丝的期待值也会被迫降低并导致脱粉，直到抖音账号被市场淘汰。

（4）内容调性。内容调性是什么意思？内容调性就是内容的个性，是自己的短视频区别于其他同行的独特属性。所以在对抖音短视频内容进行规划时，一定要挖掘出与众不同的亮点，并将它列为短视频内容的核心标签，在后期创作过程中不断强化，并与抖音短视频内容融为一体，互相支撑，让别人一提到这个标签就会想到自己的视频。例如，提到萌宠短视频达人，基本上都会想到“会说话的刘二豆”，提到美食类达人，最先想到的会是“老饭骨”等，这些就是个性化标签的作用。抖音短视频内容如果被赋予了某个鲜明的标签，在后续内容创作和商业挖掘过程中都能以此为中心进行扩展、强化，提升内容辨识度，加深用户印象。

任务5　脚本制作

任务描述

在任务4中，我们完成了拍摄内容的选题策划，那么有了好的内容选题后，怎么把内容通过视觉表达呈现出来呢？在拍摄短视频前如何做好前期准备让后期拍摄更加顺利并且减少重复拍摄的次数呢？那么本任务就是要针对拍摄内容选题，撰写故事提纲，完成拍摄脚本的制作，这是短视频拍摄之前必须要做的案头工作。

任务要求

掌握短视频脚本的拍摄提纲、文学脚本和分镜头脚本的撰写方法，请同学们根据任务4中确定的内容选题，完成15秒短视频的故事脚本制作。

知识链接

短视频拍摄脚本的分类

短视频脚本的分类，大致可分为拍摄大纲、文学脚本和分镜头脚本三类，这三类脚本特点各异，适用场景也不一样。下面就结合例子来讲解这三类脚本的运用。

（1）拍摄大纲。如果短视频内容是做新闻纪实短片或者纪录片，摄影师在去往拍摄现场前，可以根据摄录事件的意义，将预期拍摄的要点撰写成拍摄大纲。在故事片拍摄时若出现某些场景难以预先分镜头的问题，导演与摄影师抓住拍摄要点就会共同制定拍摄大纲，在拍摄现场做灵活处理。由此可以看出，拍摄大纲这类脚本的作用是在大部分拍摄内容不确定的情况下，对拍摄内容进行提示。拍摄大纲这类脚本的优点是限制较少，允许摄影师自由发挥的空间较大，缺点是对于视频拍摄的指导和后期的指导是有限的，对摄影师的拍摄经验丰富程度要求比较高。例：

北漂女青年广西支教

梨视频 X 蔡司

北漂女青年广西支教

——从年薪四十万到月入两千

拍摄大纲

拍摄地点：广西南宁上林县横岭村小学

拍摄人物：张香燕

拍摄时间：暂定

一、故事梗概

片头：支教女青年

早晨，天蒙蒙亮，张香燕和往常一样早起，快节奏地洗漱，没有化妆。学校的宿舍十分简陋，张香燕尽管时不时会想起北京舒适的公寓，但她已经习惯了在这个夏天满是蚊虫的房间里生活，也开始享受窗外叽叽喳喳的鸟儿带来的天然和声……

小朋友们早早来到教室放下书包，她一声哨响，小朋友们和她一起晨跑，太阳照常升起，阳光洒向田野，洒向操场，洒向张香燕和小朋友的脸庞，他们一起快乐地奔跑。

片名：《北漂女青年广西支教——从年薪四十万到月入两千》

第一部分：选择

张香燕在北京读的本科和研究生，后在北京的一个培训机构工作了 4 年，工资一个月几万元。

2020 年初，张香燕选择来广西山村支教，因为自己生活、学习、工作都在北方，没到过南方，想一边支教一边丰富自己的人生，也希望通过自己积累的培训知识帮助乡村的孩子。

刚开始来支教的时候，父母极力反对，因为出生于河北农村的一个普通家庭，好不容易把她培养成研究生，在北京大城市工作工资有好几万元，而且比较稳定，需要放弃大城市，放弃高薪来到广西的穷乡村，拿一个月 2000 元的工资，父母很难接受，在她出发前一直劝她，也经常会说一个女孩子去那么远，也不是很安全。但是她没想这么多，也不顾父母反对，毅然来到广西。

第二部分：蝶变

刚来的时候，学生们对于学习热情不高，不遵守课堂纪律的很多，讲课必须得带扩音器后面的学生才能听见，另外家长也不太重视他们的学习……

学校生活环境简陋，刚来时她吃住都不大习惯，生活节奏也慢了下来。面对难管理的学生，让她很有挫败感。

印象最深刻的是有个学生，她从一开始去支教就觉得那个学生很可爱，那个学生也对她笑脸相待，她就认为他们关系很好。但是有一次那个学生犯了一点错误，她就用脚轻轻碰了一下他的屁股，然后让他到后面站着，那个学生就在背后骂她。

她当时觉得很委屈，感觉自己放弃了北京的高薪，来到这个小乡村，是找气受。她跑出教室，眼睛里包着眼泪，差一点掉下来，调整一下又回到教室，正准备说什么的时候，眼泪就掉下来了，她又跑出教室，就这样三进三出以后，第四次她回到教室，教育了那个学生，那个学生也道歉了；后来同学们为了安慰她，给她写信，送弹珠等，然后那个学生的家长，也给她打电话道歉安慰。

同学们的做法和家长的做法让她很感动，她知道村里的留守儿童不少，很多孩子都缺失父母的关爱，她也就理解了孩子们的处境，而且时不时收到孩子们的礼物和关爱，她感觉孩子们可能都没这样对自己的父母，却对她这么真诚和关爱，她感觉收获比屈辱更多。

她逐渐适应这里的工作生活，虽然皮肤被晒黑了，化妆少了，收入少了……但她收获了快乐，收获了孩子们和自己的蝶变。

第三部分：烦恼

村里大多数孩子的父母常年在外打工，随着互联网的逐渐普及，手机成为了孩子们与家长之间的唯一纽带。许多由爷爷奶奶照顾的孩子缺乏监管，逐渐沉浸在手机的世界无法自拔，久而久之，班里的孩子开始出现上课眯眼的状况。起初张香燕并没有在意，但随着更多同学出现上课眯眼的情况，她发现，许多孩子平时都会过度用眼，并且没有良好的用眼习惯，不注意眼睛的保护，逐渐出现视力问题。“其实近视这个问题在我们这里也会有，但他们似乎对于近视这个问题没有那么重视，所以导致现在越来越多的孩子出现近视，他们也不会带孩子去检查”。

第四部分：行动

“我们有想过去帮助孩子们解决近视问题，但是条件有限，首先是我们这里离城市比较远，其次就是大家的观念都比较落后，也不愿意花太多的钱去干这些无所谓的事情……很多孩子也不会告诉家人自己看不清……”（蔡司帮助孩子检查视力的画面）。

随着越来越多的孩子出现近视的现象，张香燕开始试图通过各种途径帮助孩子们，但并没有太过明显的效果，一次偶然的机会，和村里扶贫书记聊到这个事儿，扶贫书记说在网上看到一个蔡司的公益活动，就抱着试一试的心态去联系了一下，结果在蔡司听完情况后，决定前来帮助这里的孩子解决视力问题。随后蔡司的公益行活动来到了横岭村，从未见过眼镜是什么的孩子们，对这些充满好奇。蔡司为他们进行了视力检查、配备眼镜，并科普了正确的爱眼知识。

结尾：

孩子们戴着新配的眼镜在校园内笑着，校园内一时充满孩子们的欢声笑语。

文字落版：

在中国农村大约有3000万的孩子面临着未矫正的视力问题，针对这一现象，自2014年起，蔡司光学已连续六年举行“蔡司光学助童公益活动”，与合作伙伴前往山区学校，开展视力健康检查、科普爱眼护眼知识等爱心行动，让更多贫困地区学生尽情探索“视界”的美好！

二、产品植入

1．扶贫干部或者张香燕通过上网浏览“蔡司光学助童公益活动”并联系蔡司寻求帮助。（网页露出＋口播）

2．蔡司公益团队前往横岭村村小展助学活动，现场对孩子们进行视力检查、眼镜配备、

科普爱眼知识等。（产品露出＋品牌 Logo 露出）

3．结尾落版。

三、拍摄场景

1．村子空镜。

2．学校空镜。

3．采访相关镜头。

4．孩子们在电子阅览室上课。

5．张香燕走在崎岖的山路上。

6．张香燕和孩子们打成一片，体育课、数学课，各种互动。

7．张香燕在寝室生活场景。

8．张香燕早起带学生晨练，可以选择田间晨练。

9．张香燕和学生坐在田间说北京的点点滴滴，学生问她北京的点点滴滴。

10．张香燕与老师们开会探讨。

11．张香燕和父母视频，父母又爱又恨。

12．张香燕网上联络蔡司。

13．蔡司来到学校。

14．蔡司给孩子们检查视力的相关镜头。

15．孩子们戴着眼镜相互嬉闹。

16．张香燕看着孩子们欣慰地笑。

17．张香燕去镇上买东西很不方便的感觉。

18．如有必要，模拟张香燕在北京的场景，在南宁拍摄和城市结合的镜头。

19．拍摄张香燕坐班车场景。

（案例来源：一颗橙视频）

（2）文学脚本。文学脚本，是通过将小说或者故事改版以后，以镜头语言来呈现的一种台本，它基本上能将视频的拍摄思路呈现出来，由于文学脚本不需要呈现很多细节，因此在时间效率上也比较适宜。作为一个短视频脚本来说，文学脚本有一个不足，即文学脚本不会明确指出每一个镜头的演员表现以及在每个镜头中演出者究竟该说什么话，只是将人物需要做的事情安排下去。这种脚本的重点在于镜头拍摄的要求上，对于一些直接就是画面加表演的，而不需要剧情的视频，如下面的案例——“奥美洗脸巾”广告视频，就可以直接运用这种方式。例：

影棚（内　日）

一个小女孩坐在椅子上哭，哭得十分厉害。

这时候一只拿着棒棒糖的手伸出来，小女孩摇摇头继续哭；

接着拿着布娃娃的手伸出来，小女孩还是摇摇头继续哭；

过了一会儿，一只手伸过来摸了摸小女孩的脸，小女孩抬起头，立马止住了哭声；

另外一只手拿着洗脸巾帮她擦拭泪水，小女孩脸上露出了微笑。

这时候镜头缓缓拉大，画面呈现出给小女孩擦拭泪水的人，小女孩叫了一声“妈妈”。

广告语出现："奥美洗脸巾，妈妈的爱，一巾相伴"。

（3）分镜头脚本。分镜头脚本对于拍摄细节的要求较高，通常包括故事发生的时间、地点；故事中有哪些人物，每个人物有哪些台词、动作及情绪的变化；每个画面拍摄的景别分别是什么，用哪些拍摄手法来突出特定场景的环境、情绪等。它是摄影师的拍摄和剪辑师的后期制作的基础，也能帮助演员和所有创作人员领会导演意图；但是它创作起来比较耗时耗力，因此这种方式不适合一般的短视频拍摄，但是对于画面要求较高，故事性较强，近似于微电影的短视频，如果没有更期限制，可以使用分镜头脚本。例如表 2-2 中的分镜头脚本。

表 2-2　分镜头脚本

爱华仕——爱的承担

镜号	景别	人物	内容	时间	拍摄方式	对白	音效	备注
场景一　房间（内 夜）								
1	中景	儿子	收拾行李准备出发去远方上学	3s	俯拍		翻东西	
2	近景	母亲 儿子	母亲走进儿子房间指责儿子收拾得杂乱无章	3s	跟拍	妈妈："准备开学了哦，记得多带点衣服去学校。"	走路	
3	特写	母亲	从衣柜拿出儿子的衣服	2s	固定	"嗯？跟你说怎么就不听呢？还没到夏天呢不能穿短袖，多带几件外套过去。"		
4	特写	母亲	帮儿子折衣服	2s	固定			
5	特写	母亲	帮儿子折衣服	2s	固定			
6	中景	儿子	没搭话继续收他自己的衣服	3s	固定			
7	全景	母亲 儿子	母亲从儿子手中抢过没折整齐的衣物	4	固定	妈妈："你看看你，多大的人了，收拾个行李都乱七八糟的。"		
8	特写	儿子	儿子被母亲说到很烦躁的表情	2s	固定	儿子："妈，烦不烦啊？别啰唆了。"		
9	近景	儿子	不再收拾行李生气地走出房间	3s	跟拍	说完之后把所有衣服都塞进箱子关上，气急败坏走了		
10	近景	母亲	呆在原地，望着他的背影叹气	3s	中景			
11	全景	儿子 母亲	母亲将儿子送到家楼下	2s	固定		人群嘈杂	
12	中景	母亲 儿子	在家楼下母亲给儿子最后的嘱托	3s	呼吸镜头		人群嘈杂	
13	近景	儿子	听完母亲的嘱咐后转身走人不耐烦地摆了摆手	3s	跟拍			

续表

镜号	景别	人物	内容	时间	拍摄方式	对白	音效	备注
14	中景	母亲	看着儿子远去的背影不舍地摆了摆手，转身抹去眼泪	3s	拉远			
场景二　宿舍（内 日）								
15	近景	儿子	拉着沉重的行李箱回到宿舍	3s	跟拍		人群寒暄	
16	近景	儿子	在宿舍里满怀疑惑地一边向舍友吐槽家里人一边打开沉重的行李箱	5s	仰拍		聊天打开箱子	
17	近景	儿子	打开行李箱之后，看到行李箱中塞满了自己整齐的衣服和一堆不是自己收拾却是自己喜欢吃的土特产和各种生活用品	3s	俯拍拉近			
场景三　房间（内 夜）								
18	中景	母亲	儿子回忆母亲在房间中为自己耐心叠好衣服整齐地放进行李箱，又将自己喜欢吃的特产严丝合缝地塞进行李箱中	5s	中景拉近景	（边收拾边碎碎念）这孩子，就是不听话，这夏天还没完全到呢也不知道多带几件衣服保暖	收拾物品	
场景四　宿舍阳台（内 日）								
19	近景	儿子	在室友羡慕的目光里思念家乡感动涕零	3s	固定			
20	近景	儿子 母亲	儿子和母亲视频通话报平安，和母亲聊家常	3s	拉远景			
广告语：爱的沉担，爱华仕帮你承担								

总结来说，短视频的脚本到底怎么写？首先，要根据短视频的内容而定，比如新闻类的短视频适合用故事大纲，不需要剧情的短视频适合用文学脚本，故事性强的短视频适合用分镜头脚本；其次，对于短视频拍摄脚本的撰写不要过于死板，要针对短视频的特性对脚本进行一些改良，确保短视频的脚本能为后面的拍摄提供帮助，同时又能保证时间上的效率。总之对于短视频脚本，我们要遵循的规则就是形式上化繁为简，内容上尽量丰富、完整，要根据短视频的特性，创造出适合自己节目的短视频脚本。

任务实施

请结合工卡 B-05（短视频脚本制作），完成以下任务。

1. 拍摄内容形式定位

在制作拍摄脚本的时候，第一步要根据自身账号定位和人设 IP 的特点，来确定内容的表达形式，比如要做的短视频，是美食制作的步骤介绍，是服装穿搭分享，是日常生活技巧，还是搞笑剧情类短视频等，在这一步都需要明确。需要注意的是，在前面的 4 个任务中确定的账号风格和 IP 人设，相当于为账号确定了基本调性，我们拍摄的视频内容风格最好与账号的定位统一，否则会让受众产生疑惑，不容易吸引受众关注。

2. 确定拍摄主题

主题是赋予内容定义的。如果我们的账号是服饰穿搭的分享账号，目标受众为年轻女性群体，我们想策划一个职场服饰穿搭系列的视频，那么“面试服装搭配小技巧”就是具体的拍摄主题。

3. 确定拍摄时间

拍摄时间确定下来有两个目的：一是提前和摄影师约定时间，不然会影响拍摄进度；二是确定好拍摄时间，可以做成可落地的拍摄方案，不会产生拖拉的问题，影响拍摄效率。

4. 确定拍摄地点

在制作脚本时，确定拍摄地点非常重要，要拍的是室内场景还是室外场景。比如野生美食就要选择在青山绿水的地方，室内场景要选择普通的家庭厨房还是选择开放式的厨房，这些都是需要提前确定好的。确定好了拍摄地点，可以为拍摄时的灯光设备的准备提供一定的参考。

5. 找到拍摄参照

有时候想要的拍摄效果和最终出来的效果是存在差异的，我们可以找到同类的样品和摄影师进行沟通，哪些场景和镜头的表达是想要的；摄影师才能根据我们的需求进行内容制作。

6. 确定背景音乐和音响

背景音乐是一个短视频拍摄必要的构成部分，配合场景选择合适的音乐非常关键。比如拍摄帅哥美女的网红就要选择流行和嘻哈快节奏的音乐，拍摄中国风则要选择节奏偏慢的唯美的音乐。拍摄运动风格的视频就要选择节奏鼓点清晰的音乐，拍摄育儿和家庭剧，可以选择轻音乐暖音乐。音响是对音乐、人声、混响的处理，在剧情类短视频中，通过对多种音声的综合缩混，营造不同的场景氛围，如雷声、雨声、市场上人群的嘈杂声、街道上汽车的鸣笛声、上楼梯的脚步声等。

7. 镜头景别的设计

在撰写分镜头脚本的时候，需要对每一个镜头的景别进行细致的设计，要确定是用远景、全景、中景、近景、特写中的哪一种，或是做何种组合。这些都要在脚本里面呈现出来，为视频的拍摄提供基础，如图 2-17 所示。

就拿拍摄人物来说，远景就是把整个人和环境拍摄在画面里，常用来展示事件发生的时间、环境、规模和气氛，比如一些战争的场景。

全景就是比远景更近一点，把人物的身体整个展示在画面里，用来表现人物的全身动作，或者是人物之间的关系。

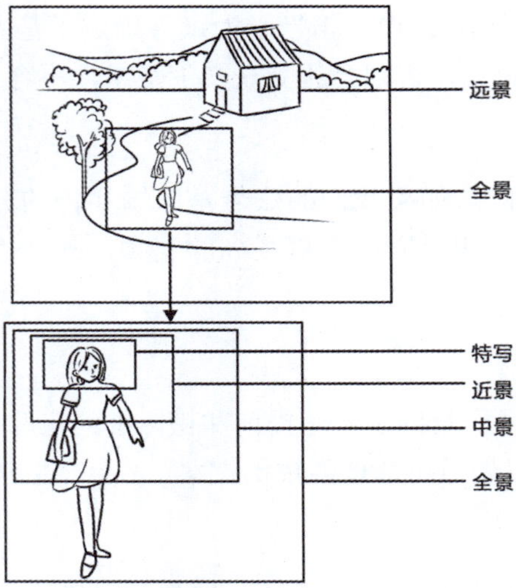

图 2-17　景别

中景就是拍摄人物膝盖至头顶的部分，不仅使观众能够看清人物的表情，而且有利于显示人物的形体动作。

近景就是拍摄人物胸部以上至头部的部位，非常有利于表现人物的面部或者是其他部位的表情、神态，甚至是人物的细微动作。

特写就是对人物的眼睛、鼻子、嘴、手指、脚趾等细节进行拍摄，适合用来表现需要突出的细节。

8. 拆分拍摄内容

内容就是把想要表达的东西通过各种场景方式进行呈现。具体来讲就是拆分剧本，把内容拆分在每一个镜头里面。

9. 设计台词

台词是为镜头表达准备的，起画龙点睛的作用。需要注意的是，60 秒的短视频台词不能超过 180 个字，不然听起来会特别累。

10. 把握时长

时长是指单个镜头的时长，提前标注清楚，方便在剪辑的时候找到重点，增加剪辑的工作效率。

11. 设计运镜

运镜就是镜头的运动方式。从近到远、平移推进、旋转推进都是可以的。短视频拍摄中经常用到的一些运镜技巧有：推、拉、摇、移、跟、升降、甩。

任务6 视频拍摄

任务描述

在上一个任务中，我们完成了短视频拍摄脚本的撰写，有了拍摄脚本的提示，可以使拍摄工作更加顺利。那么本任务我们要将拍摄脚本中设计的每一个镜头，用手机或摄影机拍摄成画面，完成短视频画面素材的拍摄工作。

任务要求

掌握短视频的场景拍摄技巧，根据拍摄脚本完成短视频的拍摄。

知识链接

1. 拍摄设备准备

（1）摄影设备。早期的短视频基本全部都是手机拍摄，现在越来越多的拍摄者使用专业的设备进行拍摄，对短视频质量的要求也越来越高了。当然，现在抖音上大部分的热门作品还是手机拍摄的。手机方便，而且手机拍摄出来的画质也足以满足短视频的需求。我们可以根据自己的条件和需求，选择适当的拍摄设备，如图 2-18 所示。

图 2-18　摄影设备（手机、单反相机、摄像机）

一般来说，选择手机拍摄时，要考虑手机所支持的画面质量，视频画面质量好坏很大程度上是由手机的摄影参数配置决定的，同时选择带有光学防抖功能的手机，能给拍摄视频的稳定性带来很大的帮助。

在专业摄影设备的选择上，一般比较推荐单反相机或业务级摄像机。单反相机是一种中高端摄像设备，用它拍摄出来的视频画质比手机的效果好很多。它的主要优点在于能够通过镜头更加精确地取景，同时具备卓越的手控调节能力，摄影师可以根据个人需求来调整光圈、快门速度、感光度等。它的缺点在于没有电动变焦功能，这就使得拍摄过程中会出现变焦不流畅，尤其是它的拍摄时间限制在 30 分钟，会造成拍摄时间过短，视频录制不全等问题。业务级摄像机比较常见于新闻采访或者参加会议活动。它的电池蓄电量大，可以长时间使用，并且自身散热能力强。业务级摄像机具有独立的光圈、快门以及白平衡等设置，拍摄起来很方便，但是它的缺点是体型较大，拍摄者很难长时间手持或者肩扛，再加上价格比较昂贵，因此业务级摄像机通常不是短视频拍摄初学者的最佳选择。

（2）其他辅助设备。

稳定设备：视频拍摄对画面稳定性的要求较高，而视频拍摄并不能一直保持手持拍摄，因此需要借助于独脚架、三脚架或者手持稳定器来辅助拍摄，如图 2-19 所示。

图 2-19　稳定设备（独脚架、三脚架、手持稳定器）

收声设备：收声设备是最容易被忽略的视频设备，但是视频拍摄是图像和声音兼具，因此收声设备非常重要。收声依靠机内麦克风是远远不够的，因此需要外置麦克风。最常用的麦克风包括无线麦克风，又称“小蜜蜂”，指向性麦克风，也就是一般常见的机头麦，如图 2-20 所示。

图 2-20　收声设备（无线麦克风、指向性麦克风）

灯光设备：灯光设备对于短视频拍摄同样非常重要，如果想要获得更好的视频画质，灯光是必不可少的，但是灯光设备并不算日常短视频录制的必备器材，比如在户外拍摄，光线充足时，就不一定需要使用到灯光设备。因此我们在拍摄短视频时，使用一些小型的 LED 补光灯就足够用了，如图 2-21 所示。

航拍设备：如果视频内容需要拍摄户外风景或者从宏观的视角展现活动的场面，给受众带来前所未有的视觉冲击，这时就需要用到航拍设备。通常推荐采用无人机来进行短视频航拍摄影，其具有高清晰、大比例尺、小面积、快捷方便的优点，如图 2-22 所示。

图 2-21 灯光设备（LED 补光灯）

图 2-22 航拍设备（无人机）

2. 拍摄构图技巧

（1）九宫格构图。九宫格构图是所有摄影入门基础。不太会拍照的人，利用好九宫格就能拍出比以前更好的照片。如图 2-23 所示，第一步是对相机进行“打开构图线”设置，现在的大部分手机都自带“构图线”或叫“网络线”的设置，我们可以打开手机设置，找到相机，打开构图线或网络线即可。

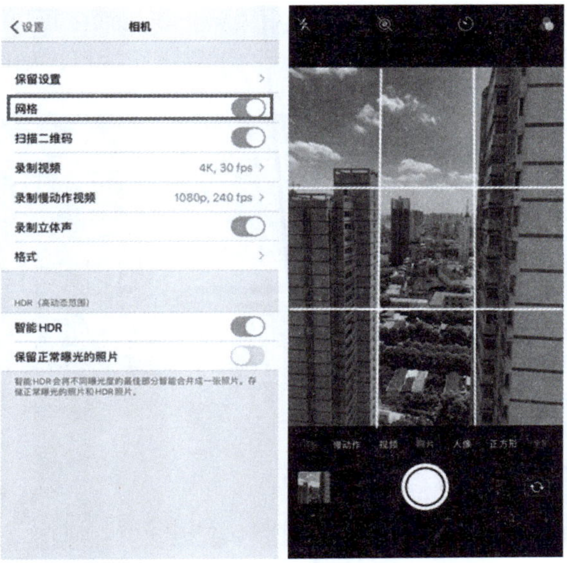

图 2-23 设置网格线

设置网格线后开始拍照，图片会自带四条交叉线，四条线相交汇的地方形成 4 个点，在拍摄时想突出哪个主体，就将其重心点放置在四条分割线任何一个交叉点位置，这样能突出主体，且使主体更具有灵动性，如图 2-24 所示。

图 2-24　九宫格构图

（2）对称构图。对称图形本来就很有规矩美感，在生活中可以利用景物或建筑本身，或者水面、镜子等一切可以辅助拍出对称照片的事物进行拍摄，如图 2-25 所示。

图 2-25　对称构图

（3）水平线构图。通常来说，水平线构图会给人带来平静、安宁、舒适、稳定的感觉，使用水平线构图的画面，一般主导线形是水平方向的，主要用于表现宏阔、宽敞的大场面。如拍摄平静如镜的湖面、微波荡漾的水面、一望无际的平川、广阔平坦的原野、辽阔无垠的草原、层峦叠嶂的远山等，如图 2-26 所示。

图 2-26　水平线构图

（4）斜线构图。有时候我们看惯了正规正矩的照片，试着换个角度拍摄，将手机倾斜，或是相片中主体倾斜，采用斜线构图（一般是近似对角线）的画面往往会充满活力，摆脱传统拍摄中严肃而又呆板的感觉，让人耳目一新，如图 2-27 所示。

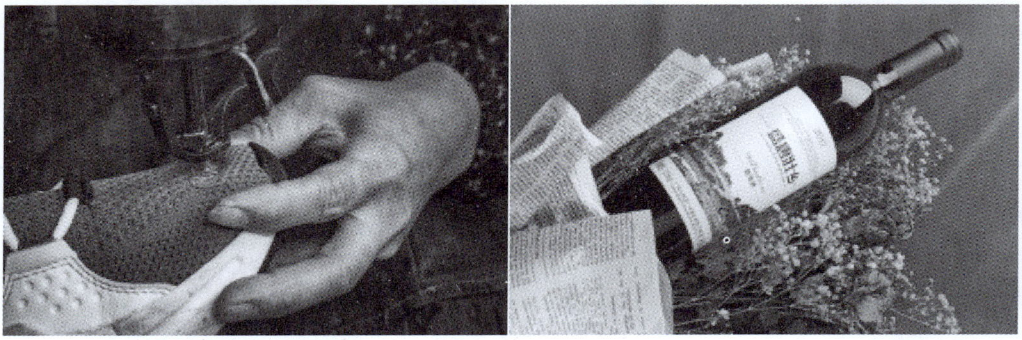

图 2-27　斜线构图

3. 拍摄运镜技巧

短视频不同于照片，短视频的画面是动态的。在拍摄短视频时，如果所有的镜头都使用固定机位，那么拍出来的画面相对来说就会比较单调，缺少动感，对观众的吸引力便会降低。所以我们在拍短视频的时候，需要借助前面所介绍的稳定设备，使用一些运镜技巧，让视频动起来，增加画面的动感，同时也能增加视频的代入感。运镜指镜头的运动，让观众的视线突破镜头画框的限制，比较常用的运镜技巧有推、拉、摇、移、跟等。

短视频拍摄的运镜技巧

“推”是最常见的一种运镜技巧。在拍摄的时候，镜头缓慢向前移动，不断地推进，靠近拍摄主体，拍摄主体在画面中的比例逐渐变大。这种运镜技巧能够起到聚焦、突出拍摄主体的作用。比如要拍摄一个人物，镜头向前推进的过程中，人物在画面中的比例逐渐变大，让人物更加突出。即使是拍摄没有主体的场景，“推”的运镜方式也会让视频更有代入感，如图 2-28 所示。

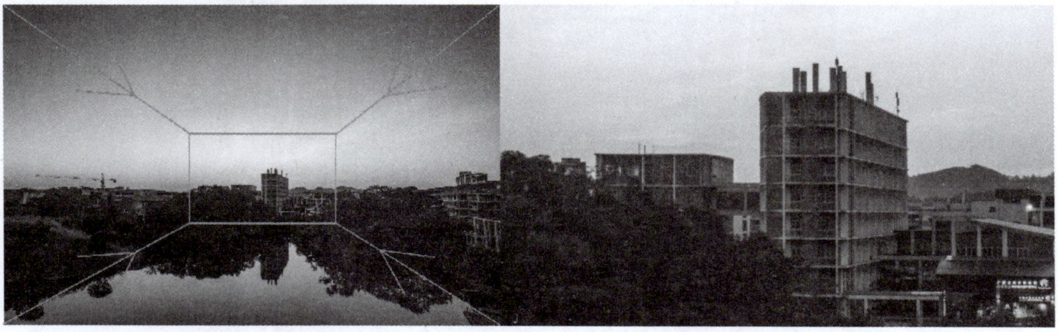

图 2-28 “推”的运镜方式

“拉”与“推”的运镜方式刚好相反。在拍摄的过程中，镜头逐渐向后拉远，让镜头远离拍摄主体，成片的视觉效果也与“推”相反。“拉”的运镜技巧能够起到交代环境、突出现场的作用，让看视频的人了解拍摄主体所在的环境特点，增加画面的氛围，如图 2-29 所示。

图 2-29 “拉”的运镜方式

“摇”镜头指当摄像机机位不动，借助于三脚架上的活动底盘（云台）或拍摄者自身的人体，变动摄像机光学镜头轴线的拍摄方法。用摇摄的方式拍摄的电视画面叫“摇”镜头。“摇”镜头可以用于跟踪人物的运动轨迹，揭示某些信息，缓慢的“摇”镜头会构建期待，快速的“摇”镜头会强调镜头的动感，如图 2-30 所示。

“移”镜头指将摄像机架在活动物体上随之运动而进行的拍摄，“移”镜头的拍摄要注意移动的轨迹要以直线为主，不要无规则地移动。

“跟”镜头指摄像机始终跟随运动的被摄主体一起运动而进行的拍摄。用这种方式拍摄的电视画面称为“跟”镜头。长镜头经常使用“跟”镜头，目的是为了使观众沉浸到电影中，会将其注意力导向特定的运动。

图 2-30 “摇”的运镜方式

任务实施

通过前面任务的学习，我们知道短视频的种类繁多，有些短视频的拍摄比较简单，只需要一个机位即可完成，但像剧情类的短视频比较复杂，涉及的拍摄场景可能比较多。那么，我们以剧情类的短视频拍摄为例，介绍场景的拍摄技巧。拍摄一个场景的方法多种多样，下面我们概括了一些最基础、最常使用的场景拍摄技巧。请结合工卡 B-06（短视频拍摄），完成以下任务。

1. 运用主场景法进行拍摄

主场景法是使用最频繁的方法，特别是在对话场景中。具体方法为：首先，需要从头至尾将整个场景拍摄下来，这就是主镜头；当拍好主镜头后，其他所有的镜头都必须服从主镜头的内容，然后再开始拍摄备选镜头，如果不先拍摄主镜头，会经常出现不接戏的问题；主镜头不必一定是远景镜头，也不必一定是静态镜头，对于复杂的场景，我们有时会把它分解为几个迷你主镜头，按照拍摄顺序，保证大场景叙事完整。

（1）备选镜头。备选镜头包括过肩镜头、中景镜头和近景镜头。将主镜头当作整个场景的框架，备选镜头将细节填补到框架中，令场景镜头丰富。主镜头能建立起场景的连续性，备选镜头必须与主镜头保持叙事与动作的一致。

具体操作为：拍摄完主镜头之后，选择一个角度开始重新拍摄，注意轴线关系。需要注意的是，应该把一个演员的镜头全部拍完之后再转头拍另一个演员，因为摄影机机位从一侧换到另一侧，需要改变灯光和其他设备，而布光和搬动摄影器材是非常耗费时间的。

第二位演员的镜头叫作反应镜头，它必须和拍摄第一位演员镜头时保持同样的焦距，让人物在画面中的透视关系一致，不至于出现广角与长焦来回切的跳跃感。

（2）基本原则。

1）先拍摄主镜头，再拍备选。

2）需要人物入画时，先从无人画面开机，然后再让演员走进画面。

3）如果人物要走出画面，注意保证他们完全走出画面两秒后再关机。

4）中近景人物的拍摄都是需要单独布光的，因此要把某一演员全部拍完后，再换到另一边拍摄。

5）主镜头中的小错误是可以容忍的，因为可以用备用镜头替换。

2. 运用三拍法与重叠法进行拍摄

（1）三拍法。如果不希望整个短视频呈现出来的都是从同一个角度拍摄，那么就需要把摄影机换到另一个角度重新拍一遍，比如重复拍摄过肩镜头、特写镜头、反应镜头等，视角丰富的镜头能更吸引观众的注意力。

（2）重叠法。对于不易重复的拍摄，可以首先拍摄整个场景的远景镜头来定场，然后要求演员表演完一个动作后暂停不动，摄影机改变机位拍摄近景镜头，并让演员退后几步，再重新开始表演，要注意演员的动作需要后退一步开始，为剪辑时动作连贯作准备。

重叠法对于拍摄无法重复的表演是很有用的，如昂贵的、一次性的道具使用等。这里最重要的原则是：所有的演员动作都必须重叠拍摄。每一个镜头的开始都需要重复上一个动作的结束点，这才能有效防止剪辑动作不连贯的问题。

3. 运用单镜头法进行拍摄

单镜头法又被叫作展开主镜头或段落镜头，是将整个场景拍摄到一个连续的镜头中。这个场景可能很简单，例如“她拿起电话开始说话”，这种情况下单人镜头就足以胜任。而有些单镜头可以非常复杂，如图 2-31 所示，电影《盗亦有道》（31:00）中，男主角与女主角穿过马路从后厨进入餐厅。

图 2-31　电影《盗亦有道》

另外，通过技术手段将画面模拟成单镜头也属于单镜头。如图2-32所示，电影《诺丁山》（1:25:00）中男主角走过四季的镜头就是很好的例子。

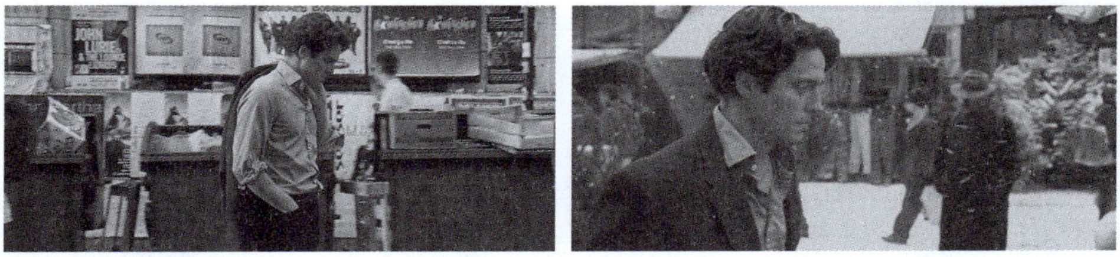

图2-32　电影《诺丁山》

当能够正确运用这些单镜头时，效果可能非常好。但如果使用不恰当，例如在剪辑时发现场景的节奏推进太慢，而手上只有从头到尾拍摄了几遍的单镜头，那么这时就没有其他选择余地。所以，初学者还是稳妥些，拍摄一点备选镜头和旁跳镜头以防万一。

4. 运用蒙太奇法进行拍摄

有一种不讲究连续性的特殊表现手法，叫作蒙太奇。蒙太奇是一系列拥有同一主题的镜头，比如说主题是“城市中的春意”，这时就会看到很多镜头表现鲜花开放、春雨、阳光穿透云层等，多元素服务“春意”这一主题，如图2-33所示。

图2-33　蒙太奇手法表现“春意”

而蒙太奇用法还有提炼内容的作用，例如，主角在准备一次重要的比赛，我们会看到他在健身、打沙袋、跑步，最终站上了冠军的领奖台。短短一分钟，实际可能经过了几个月，但我们能看到故事的发展。它们不是线性连续的镜头，但镜头的连接产生了1+1＞2的效果。

任务 7　后期剪辑

任务描述

短视频的拍摄工作从某种意义来说是为了剪辑而做准备，拍摄的终极目标并非只拍好“镜头”，还要为故事的叙事服务。本任务我们在完成任务 6 中的短视频内容拍摄的基础上，通过剪辑将镜头拼接在一起形成整个场景和情节，完成一部逻辑连贯、触动人心的短视频成品。

任务要求

掌握短视频剪辑的一般流程，利用手机剪辑软件完成短视频的剪辑。

知识链接

1. 短视频后期剪辑一般流程

（1）整理素材，编号列序。把前期拍摄的所有素材整理好，并编号归类成原始视频资料。

（2）研究分析脚本。仔细深入研究视频文字脚本和分镜头脚本，熟悉并吃透主题内容和画面效果，为具体的编辑制作设计工作流程。

（3）甄选合适镜头。审看全部视频素材，从中挑选内容合适、画质优良的镜头画面，并按脚本的结构顺序编辑方案，将挑选出来的镜头组接起来，构成一部完整的片子，也就是影片的第一稿，我们把这一过程叫作粗剪。

（4）精心调整画面。在第一稿的基础上，进一步仔细分析、反复比较，然后精心调整有关画面，再按调整好的结构和画面组合成新的影片，这就是片子的第二稿，我们把这个过程叫作精剪。

（5）配音字幕合成。反复调整，优化完善之后，就可以添加字幕、配音解说、背景音乐、片头片尾，并全部合成在影片上，成为最终完成的影片，我们把它叫作成片。

（6）输出作品。储存并按照各平台上短视频规格的要求输出成片。

2. 常用的后期剪辑软件介绍

在短视频的后期剪辑中使用到的视频剪辑软件通常分为两种，一种是电脑版，一种是手机版。电脑版的视频剪辑软件相对来说比较复杂，比较常用的有 Adobe Premiere（简称 PR），Adobe Premiere 是一款剪辑画面质量比较好的软件，有较好的兼容性，且可以与 Adobe 公司推出的其他软件相互协作。除此之外还有会声会影、爱剪辑等简单快捷的视频剪辑软件，都可以帮助我们进行短视频的剪辑，如图 2-34 所示。

图 2-34　常用的电脑版视频剪辑软件

本任务中我们针对手机版的剪辑软件进行学习。下面介绍两款比较常用的 APP——剪映和快影，剪映是抖音官方推出的一款手机剪辑软件，可以在很多功能上和抖音实现无缝对接，而快影是快手官方推出的手机剪辑软件，能够和快手实现无缝对接，如图 2-35 所示。

图 2-35　手机版视频剪辑软件

接下来详细讲解剪映这款手机剪辑软件，教大家进行视频切割，添加背景、添加转场、添加字幕、添加音乐的操作。

任务实施

1. 界面介绍

如图 2-36 所示，打开剪映 APP（10.8.2 版本），可以看到界面呈现上、中、下三个区域，界面的上方有一个“开始创作”的按钮，按钮的上方写着“一键成片”“图文成片”“拍摄”“创作脚本”等，这是剪映新推出的快捷成片的功能。界面的中间呈现“剪辑草稿会自动保存在这里”的提示，也就是说中间空白的部分是剪映的草稿箱，方便我们整理编辑作品。界面的底部有 5 个选项，分别是“剪辑”“剪同款”“创作课堂”“消息”和“我的”。本任务中针对“剪辑”的功能进行讲解，需要提醒的是，如果大家已有抖音账号，那么在使用剪映时可以同步抖音账号登录，方便将制作好的短视频直接发布和分享。

点击“剪辑”，然后点击页面中间的“开始创作”按钮，进入到素材选取页面，在这里可以找到所有保存在手机本地的视频素材。选中想要进行剪辑的视频素材，点击“添加”，然后就会进入到剪映的视频编辑页面，页面上部区域是视频素材的预览页面，素材下方可以看到素材的时间长度，比如当前素材的时长是 1 分 21 秒，

如图 2-37 所示，界面的中下部是视频的时间轴，白线表示当前编辑的位置，白线上方可以看到很多时间节点，可以通过拖动时间轴来实现时间节点的选取，也可以实现拖动和缩放。

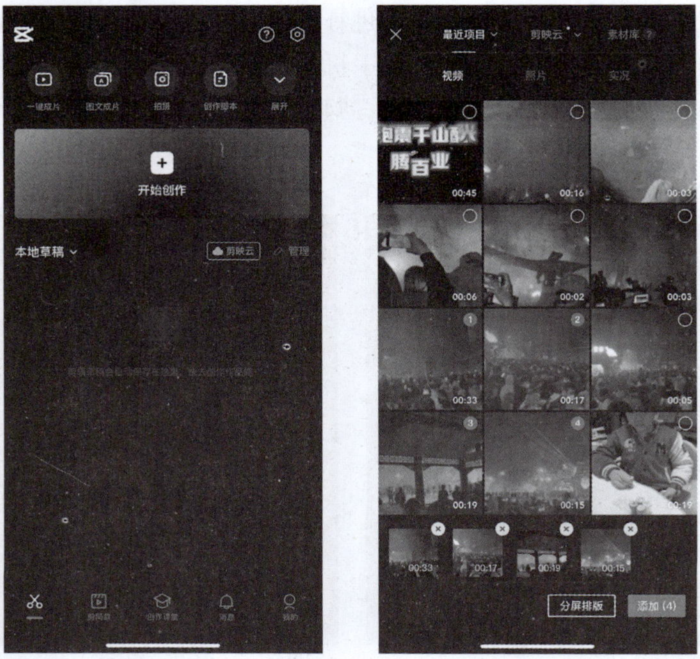

图 2-36　打开剪映，导入素材

图 2-37　视频剪辑时间轴

2. 视频分割与拼接

当拍摄的画面时间过长，或者画面中有一部分内容无法使用时，就需要用到视频剪辑的分割功能。点击“剪辑”，页面的底部出现了很多功能按钮，“分割、变速、音量、动画、删除”等选项。

如图 2-38 所示，现在假设想把这条视频里的第 11 秒到第 13 秒减掉，那么首先将白线对准 11 秒的位置，然后点击“分割”选项，可以发现在白线的位置多出了一条缝隙，这就代表已经把这条视频切割成了两段，然后选中 11 秒到 13 秒这段视频，点击“删除”，就可以得到修剪好的视频，同理可以对导入的其他段视频进行剪辑，这时视频的总时长从 1 分 21 秒变成了 1 分 19 秒左右，这就代表我们切割完成，点击右上角的“导出”按钮，剩下来的视频片段就会自动拼接成一条完整的视频。

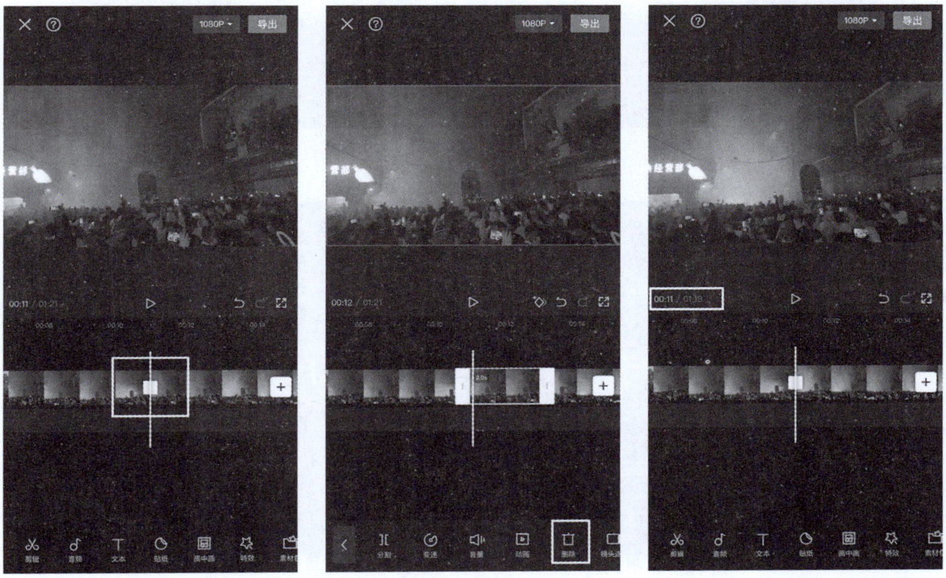

图 2-38　视频分割与拼接

3. 添加背景

短视频制作实训中经常会遇到这样的情况，前期拍摄的视频素材是横版的，即 16:9 的比例，如果直接上传到抖音上，就会出现很宽的黑边。这时可以通过给视频添加背景，在背景上添加标题或字幕简介，给受众带来更好的观看体验。接下来介绍如何给短视频添加背景。

如图 2-39 所示，打开剪映，导入一个横版的视频素材。第一步，改变视频的尺寸，让画面布满屏幕，点击下方菜单中的“比例”选项，可以看到有原始、9:16、16:9、3:4、1:1 等 10 种可选比例，我们选择 9:16，这是抖音视频要求的比例，点击后发现画面的上下部分自动填充了黑色。

第二步，如图 2-40 所示，点击下方菜单中的“背景”选项，便出现“画布颜色”“画布样式”“画布模糊”三个选项，点开“画布颜色”，可以在系统给出的几十种颜色中点击喜欢的任意一种颜色，就会发现视频原本的上下黑边被填充成了选择的颜色，如果对颜色不满意可以继续点选其他颜色，直到效果满意为止。

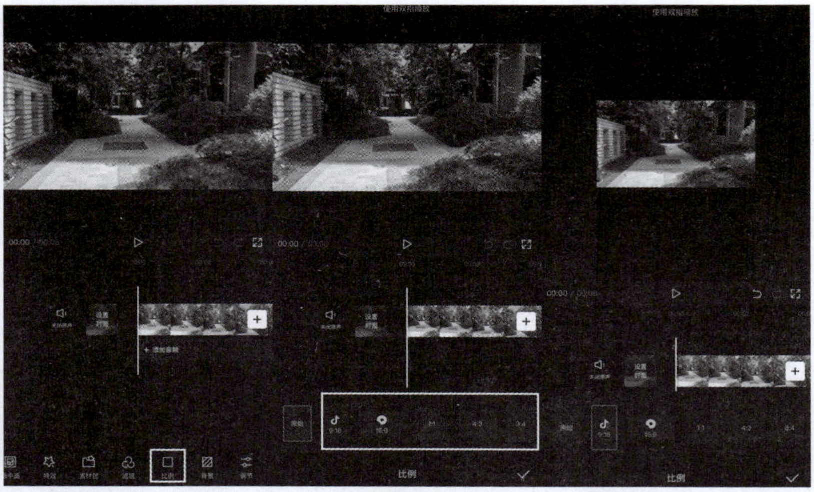

图 2-39 视频比例调整

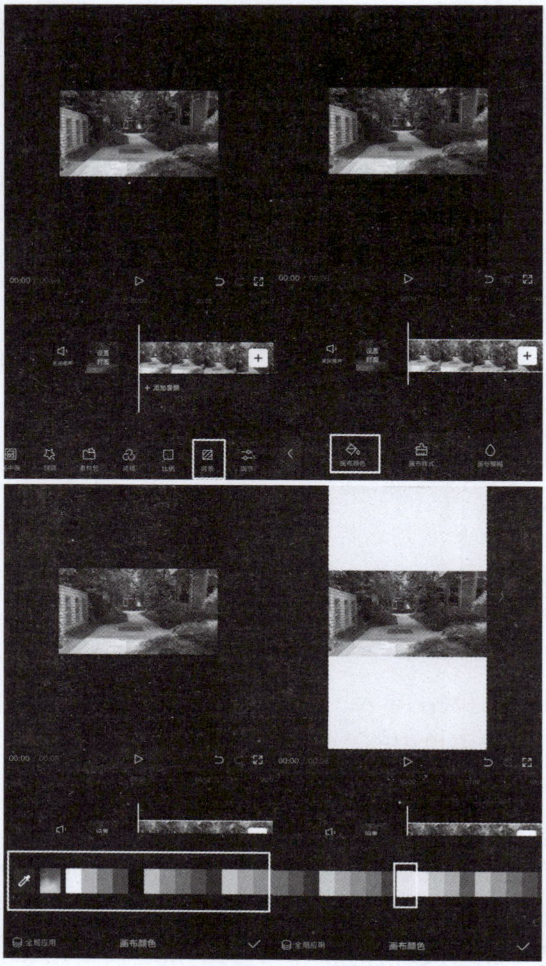

图 2-40 视频背景设置

如果觉得纯色背景太单调，我们还可以点击“画布样式”，如图 2-41 所示，既可以上传一张自己挑选的图片作为画布背景，也可以直接选择系统提供的各种样式和颜色，点击“选择”就能看到画布效果。除此之外，还可以利用画布模糊的方式进行背景填充，模糊一共有 4 个等级，会根据视频的播放内容实时进行动态模糊，选择好之后，点击右下角的“ √ ”即可完成模糊背景添加。

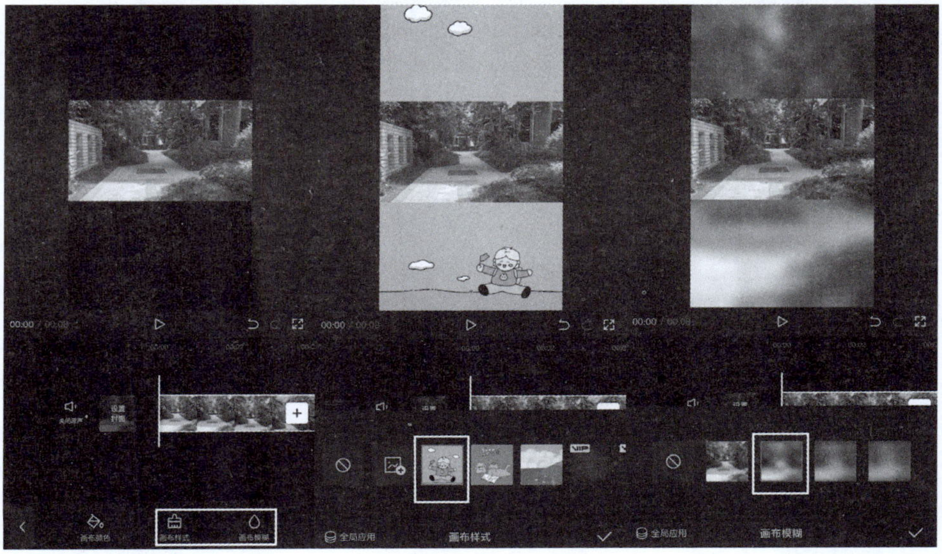

图 2-41　视频背景画布样式和画布模糊

4. 添加转场

如果想实现在不同的两段视频之间有创意的转场，除了可以利用手持稳定器进行拍摄以外，还可以运用剪辑软件中的“添加转场”功能。如图 2-42 所示，我们可以看到在导入的两段视频素材之间有白色的衔接按钮，点击就会弹出各种转场特效的选项，有热门转场、叠化转场、运镜转场等，每个大类下还有很多具体的转场特效可供选择。点击每种转场特效时，从上方的预览窗口能看到转场的展示效果，大家可以根据自己的需要，选择转场特效的时间长短，完成选择和设置之后，点击右下角的“ √ ”即可完成转场的添加。

5. 添加字幕

利用添加字幕的功能，可以给视频设置相应的标题，让受众能更加清楚地了解到视频内容；同时可以丰富画面信息，让画面更完整；还可以作为信息辅助，方便不能听声音的用户了解视频内容。

如图 2-43 所示，打开剪映，导入需要添加字幕的视频，点击下方菜单中的“文本”，出现“新建文本”“文字模板”“识别字幕”“识别歌词”“添加贴纸”这几个选项。点击“新建文本”后出现了很多选项，根据自己的需要选择相应的样式和颜色，在输入文字的地方打上需要显示的文字即可，比如输入“宾阳炮龙节”，然后选择喜欢的字体，在上方的预览中就能看到最终的呈现效果，点击文字左上方的“×”可以删除该字幕，按住字幕可以进行任意互动，拖到自己觉得合适的地方。

图 2-42　视频添加转场

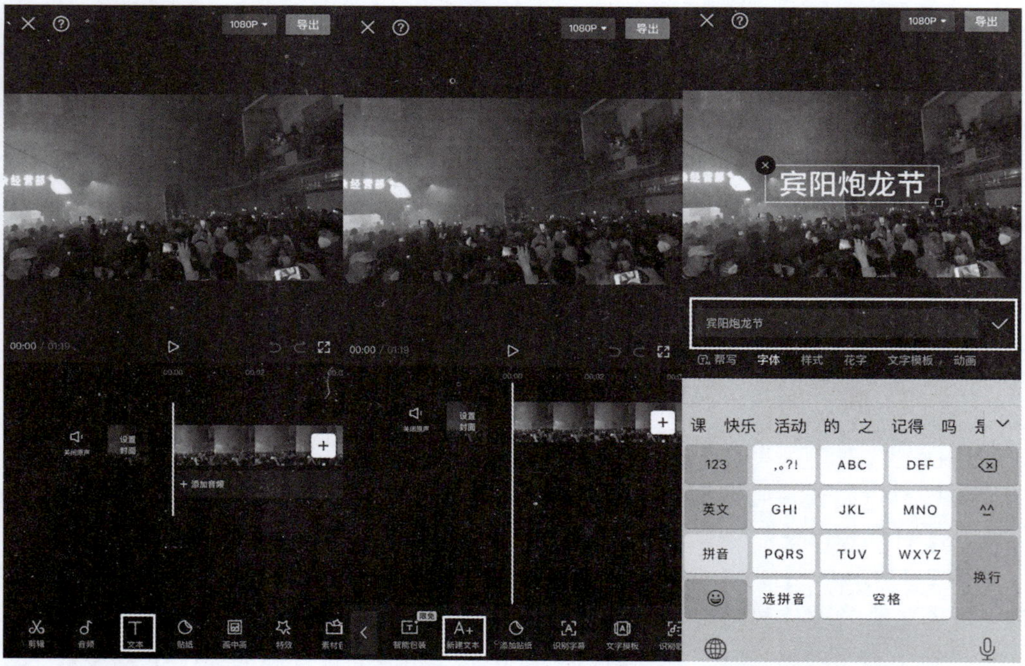

图 2-43　视频添加字幕

如果想更改字体的大小，只需要按住右下角的图标，就可以通过拖拉的方式对字体放大或缩小，同时可以根据需要旋转角度，编辑完字幕后点击“ √ ”即可进入视频编辑页面，这时时间轴的下方出现橙色的字幕条，这里可以调整字幕出现的时间、时长，点击字幕两端的调整按钮进行调整，如图 2-44 所示。除此之外，还可以使用识别字幕来自动生成字幕，不过要注意的是，系统生成的字幕会出现断句错误或者错别字的情况，大家要在生成字幕后对字幕进行排查修改。

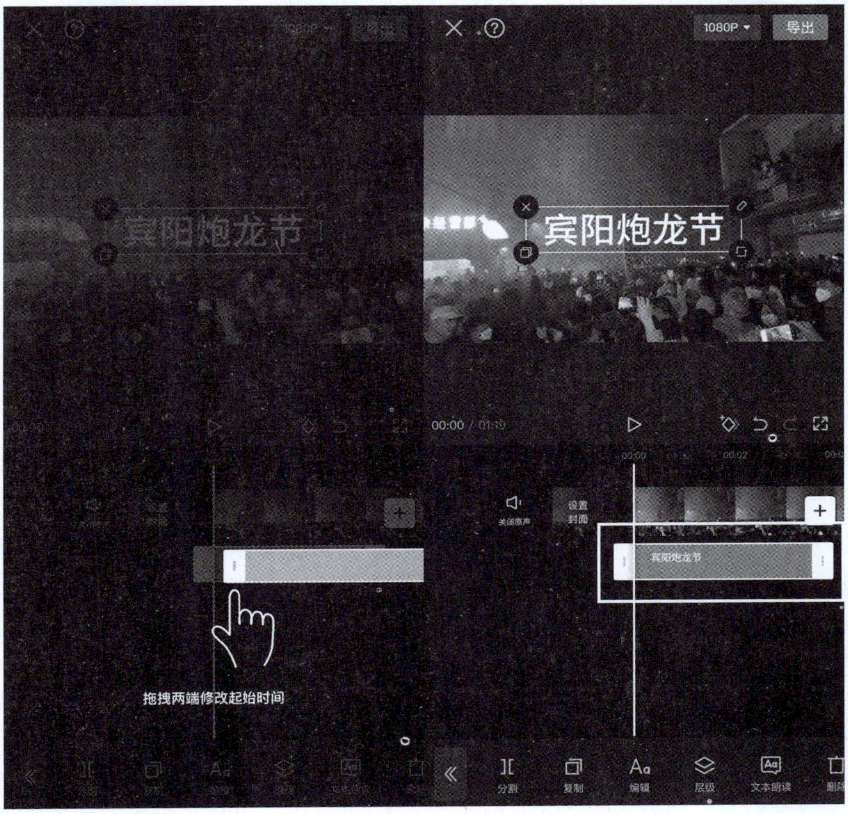

图 2-44　在时间轴上调整字幕出现的位置

6. 添加背景音乐

如图 2-45 所示，打开剪映导入需要添加音乐的视频素材，点击时间轴上的“添加音频”按钮，便出现“音乐”“音效”“提取音乐”“抖音收藏”“录音”这几个选项。点击“音乐”进入到抖音的音乐库中，点击列表里的任意一首歌都可以直接在线试听，试听完成后可点击右边的“使用”按钮，音乐就会直接添加到视频中，编辑页面中也会出现在时间轴上，选中音乐即可进行音量调整，淡化分割的音乐编辑操作。如果视频的原声不想保留，那么点击时间轴左侧的“关闭原声”即可。

图 2-45　给视频添加背景音乐

任务 8　视频发布

任务描述

短视频拍摄剪辑完成后，就可以发布和分享了。有很多人可能会存在疑问，为什么自己发布的短视频播放量不是很高？究其原因，除了和视频内容的质量呈现相关性以外，还在于是否掌握一些视频发布的技巧，因此，在保证视频质量的基础上掌握视频发布的技巧，能使我们的短视频获得更多的热度。

任务要求

掌握短视频的发布技巧，将制作好的视频发布到抖音平台上。

知识链接

抖音的发布技巧

抖音的发布技巧

（1）发布时间。在任务 1 中介绍过，抖音平台的活跃时段分别是 8:00 ～ 10:00 的早高峰，12:00 ～ 13:00 的午休时间，19:00 ～ 21:00 的晚高峰，视频的发布时间可以结合用户的活跃时间来定。如果是大众类型视频则可以选择 17:00 以后再发布，因为这个时间段大部分人已经下班。设想一下，在一天繁忙的工作之后，受众如果看到我们的视频使他感到开心，很可能就会随手给一个点赞或者留下一个评论。

不同的短视频类型的发布时间也不一样。例如，励志类型的视频建议早上 8:00 ～ 9:00 发布，美食主题或者是搞笑段子可以选择在中午 11:30 ～ 12:00 发布，情感类的作品建议在 21:00 以后再发更容易受到关注。

（2）发布频率。通常来说，发布频率最好保持在每天一条，这样既不会引起粉丝的反感又能够保证账号的热度。如果在一天内上传了很多条视频，这样不但不会增加视频热门的几率，反倒容易引起粉丝的审美疲劳。那什么情况下可以连续发布作品呢？例如，当我们的作品上热门了，那么这时可以快速地制作出下一条视频，以便通过热门视频进行引流，带火发布的第二条视频。此外，我们还需要在固定的时间点发布视频，例如在每天的早上 8:00 发布，这样可以让关注我们的粉丝养成习惯，在这个时段主动去观看发布的视频。

（3）发布文案。除了视频本身外，发布的文案也是吸引用户停留、互动的一个关键要素。发布文案的字数限定为 50 字，但一般来说，建议尽量简短，让人容易一眼获取信息。发布的文案可以采用悬念型与对话型，这样可以更好地引发用户的兴趣，从而得到一些评论互动。例：

悬念型：听说亮点在最后。

对话型：姐妹们都喜欢哪款？在线等，急！

（4）添加话题。发布视频时，记得带上相关的热门话题，有助于增加视频曝光率。还可以添加地点，吸引同城的受众，帮助视频传播。要注意的是，话题也算在 50 字以内，因此，大家要设计好文案的内容。

（5）用好 @ 功能。发布抖音视频时，用好 @ 功能。想让谁看到我们的视频就 @ 谁，让自己关注的人和关注自己的人第一时间看到，可以帮助提升视频播放量。发布视频时 @ 抖音小助手，抖音小助手是抖音短视频官方账号专门评选抖音精品内容的服务助手，是帮助用户发布视频时上热门和获取更多点赞的利器。在视频内容足够优质的情况下，抖音发布视频时 @ 抖音小助手，就有机会被“他”看到然后上精选。发布视频时，@ 好友一起观看，让好友一起转发点赞，也能够帮助提升视频的播放量。抖音发布视频时 @ 抖音红人能为我们的视频带来一部分流量，也可以蹭一波热度，获得更多曝光。如图 2-46 中，作者发布视频时就运用了 @ 功能。

图 2-46　发布视频时用好 @ 功能

任务实施

请结合工卡 B-07（短视频后期剪辑与视频发布），完成以下任务。

1. 抖音平台短视频发布步骤

如图 2-47 所示，打开软件，登录账号，点击中间的“+”号，点击相册，选择已经剪辑制作好的视频，在发布页面对文案、话题、@ 功能进行编辑，设置发布地点，选择封面，设置封面标题，完成这些后点击“发布”按钮即可，如果视频还需要修改，则可先保存在草稿箱。

图 2-47 短视频发布步骤

2. 发布视频时的内容编辑

短视频发布内容编辑，如图 2-48 所示。

3. 抖音设置封面的步骤

进入到视频发布前的最后一个页面，可以看到右上角有一个缩略图，上面有一个按钮，写着选封面，点击封面的缩略图可以进行当前封面的一个预览，如图 2-49 所示。封面默认是视频的第一帧画面，如果不满意系统默认的封面可以点击选封面的按钮，进入到封面选取页面，用手指滑动下方的时间轴，选取最喜欢的一张画面，还可以在选好的画面上直接添加文字，最后点击右上角的“√”就可以更改新的封面了。

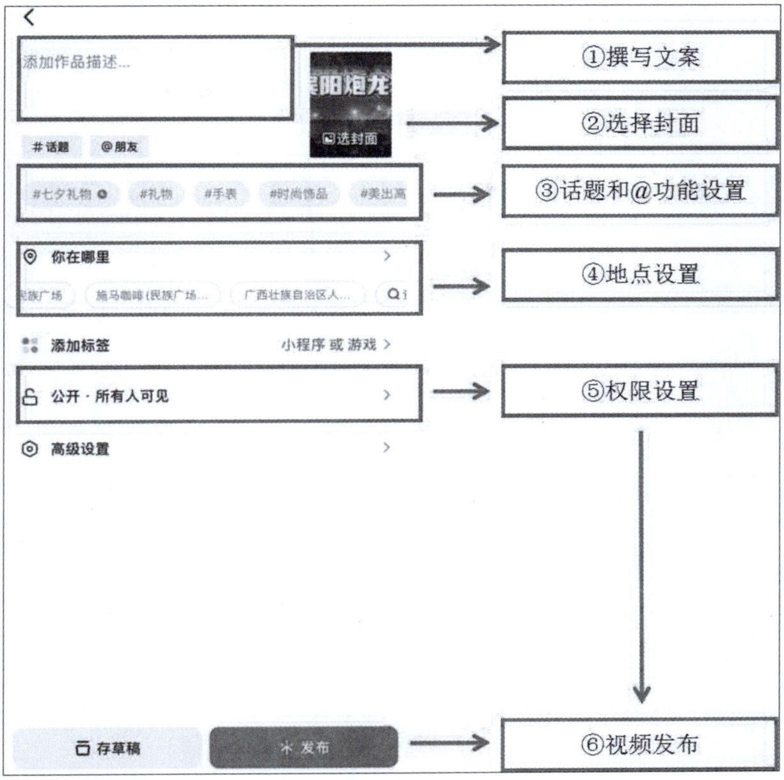

图 2-48　短视频发布内容编辑

图 2-49　短视频发布封面的设置

项目拓展

请同学们利用抖音平台自带的拍摄剪辑功能，制作一则特色美食制作短视频。

重要提示：

（1）利用抖音自带拍摄功能实现视频拼接。

（2）利用平台自带拍摄功能实现焦距变化。

（3）利用平台自带功能把照片做成相册。

（4）利用品牌自带的功能实现倒计时拍摄。

（5）利用平台自带功能实现变速拍摄。

（6）利用平台自带滤镜功能实现视觉风格的变化。

（7）利用平台自带美化功能实现人物美颜美妆。

（8）利用平台自带道具功能增加视频趣味。

思考与练习

一、理论题

1．请根据所学内容总结抖音平台的用户画像有哪些特征。

2．对账号定位进行检验的“三原则”是什么？

3．短视频账号起名的 6 个公式分别是什么？

4．短视频内容策划要满足哪些要素？

5．分镜头脚本通常包含了哪些要素？

6．什么是三拍法？

7．抖音短视频在发布时有哪些技巧？

二、实训题

请同学们关注本地的“三农”产业，选择一个品牌，了解其品牌理念，对其消费群体展开洞察，并以 4 ～ 5 人为单位进行自由分组，创建短视频拍摄与制作团队，选择一个短视频平台，为该“三农”品牌建立账号、打造人设 IP、拍摄系列短视频并发布。

1．选择品牌，对品牌进行市场分析、消费者洞察，了解该品牌的目标消费群体，并在短视频平台上关注该品牌的用户画像。

2．根据所学技巧，在短视频平台上为选择好的“三农”品牌建立账号，并拟定人设IP打造策略和计划。

3．参考优质简介的6个标准，给“三农”品牌的短视频账号写一句简介。

4．根据内容策划的实施要点，对“三农”品牌的短视频内容选题进行策划。

5．请根据确定好的选题，结合脚本撰写的要求，为该“三农”品牌撰写一则剧情类短视频文学脚本并做出分镜头脚本。

6．请同学们为“三农”品牌短视频账号拍摄系列短视频（3个以上）并进行发布。

项目3 新媒体直播内容创作项目

项目导读

2016年，“直播”一词成为了人们追捧议论的热词，被认为“中国网络直播元年”。随着4G、5G等移动网络的迅速铺开，智能手机的全面普及，直播这一新型传播形式经历了爆发式发展，逐渐成为人们的一种生活方式。形式上，由传统图文、录制音视频变为直播的实时视频；内容上，直播可以传递的信息类型更加多元；从商业模式来看，改变了商家与顾客、生产者与消费者之间的沟通方式。2020年随着新型冠状病毒肺炎疫情的爆发，线下传统销售行业纷纷停摆，直播带货迅速成为了人们关注的焦点，掀起了一股新的营销风潮。本项目将以腾讯看点直播中对三农产品的直播带货为例，对直播的市场分析、直播所需的设备及技术、直播的引流等内容进行分析讲解。

本项目选择广西新型电商联合会在腾讯看点直播上对三农产品的直播带货为案例进行分析讲述。广西新型电商联合会是由广西壮族自治区民政厅批准、广西壮族自治区商务厅主管的新型电商行业组织，是由广西区内各类新型电商机构、新型电商达人、高校科研院所、互联网企业自愿组成，为省级联合性非营利性社会组织。广西新型电商联合会目前已整合腾讯直播公会、拼多多直播公会、腾讯生态服务商、抖音公会、淘宝MCN等机构，并吸纳腾讯、抖音、快手、淘宝、拼多多等众多直播平台共同合作，是政府与企业、企业与平台、平台与主播之间联系的桥梁。广西新型电商联合会目前拥有蒋凤等知名头部主播及20多人组成的专业直播培训师资队伍，并在全区培训了1万多名的直播学员。

教学目标

- 掌握直播内容创作的方法与技巧。
- 运用所学知识能够在实际项目中完成直播并推广产品。
- 掌握直播内容创意、引流、直播间的打造、直播间的玩法和直播复盘等内容。

市场分析

任务1 市场分析

任务描述

市场分析指通过直播带货行业市场调查和供求预测，根据直播带货行业产品的市场环境、竞争力和竞争者，分析、判断直播带货行业的产品在限定时间内是否有市场，以及采取怎样的营销战略来实现销售目标或采用怎样的投资策略进入直播带货市场。

任务要求

了解电商直播中对于产品的市场分析的重要性，掌握市场分析的要素和方法，对于电商直播的产品能开展准确清晰的市场分析。

知识链接

据中国互联网络信息中心（CNNIC）发布第45次《中国互联网络发展状况统计报告》数据显示，截至2020年3月，我国网络直播用户规模达5.60亿，较2018年底增长1.63亿，占网民整体的62.0%。如此庞大的用户群体必然能为企业带来巨大的经济效益。市场分析是对市场供需变化的各种因素及其动态、趋势的分析。市场分析的目的很简单，就是销售这类产品是否能够盈利。那么如何销售这类产品，采用什么样的方式去销售，谁去销售，销售给谁就是需要在市场分析中关注的关键性的因素。

1. 市场分析的要求

（1）客观真实。市场分析往往要带很多数据，一定要保证真实。

（2）系统严密。逻辑不要出错，从几个维度，先哪一步，后哪一步，条理分明，逻辑严密，让阅读者快速获取信息。

（3）信息加工。信息即使要加工也要确保真实，要对搜集到的数据及相关信息开展再加工，加入市场分析者对于该信息的观点。

（4）决策导向。也就是市场分析的最终结果。

2. 市场分析的基本要素

（1）行业基本面分析。主要有三个方面，市场规模、盈利情况、增长态势。

（2）同行业下的细分市场分析。每一个大行业都可以进行细化切分，我们要做哪个方面的市场，我们的客户是谁，我们应该怎么做，这些都要具体而深入地进行细分分析。

（3）典型产品分析。针对已经有的市场，应该做什么样的产品，这是核心关键要素。

（4）客户分析。市场及产品面对的主要的客户是谁，我们为了谁服务，怎么提供我们的服务，在市场分析中解决了这些问题也就是把消费者的市场摆在了前面。

（5）风险分析。这个因素也是在市场分析中最需要我们提前做好考虑的，此类产品进入市场后有何风险，出现了这类风险应如何进行防范。

3. 市场分析的常用模型

（1）SWOT分析模型。SWOT由四个英文单词的首字母组成，分别代表：strengths（优势）、weaknesses（劣势）、opportunities（机会）、threats（威胁），这是将企业内外部条件各方面的内容、资源进行有机结合与概括，进而分析企业的优劣势、面临的机会和威胁的一种方法。SWOT 分析模型如图 3-1 所示。

<table>
<tr><td colspan="2" rowspan="2">内部
外部</td><td colspan="2">内部环境</td></tr>
<tr><td>内部优势（S）</td><td>内部劣势（W）</td></tr>
<tr><td rowspan="2">外部环境</td><td>外部机会（O）</td><td>SO 战略
依靠内部优势，利用外部机会</td><td>WO 战略
利用外部机会，改进内部劣势</td></tr>
<tr><td>外部威胁（T）</td><td>ST 战略
依靠内部优势，回避外部威胁</td><td>WT 战略
克服内部劣势，回避外部威胁</td></tr>
</table>

图 3-1　SWOT 分析模型

（2）5W2H 法。

1）WHAT。用户目标是什么？产品目标是什么？企业目标是什么？

2）WHO。谁是用户？谁是目标用户？他们有什么特征属性？

3）WHY。为什么？为什么要这么做？理由何在？原因是什么？

4）WHEN。用户在什么时候会用？使用的场景处于什么时间段？

5）WHERE。用户在哪里使用？使用的场景所处的位置，如公交地铁、办公室、户外等。

6）HOW。怎么做？如何提高效率？如何实施？方法怎样？用户会怎样使用？

7）HOW MUCH。做到什么程度？当成核心功能做深做透还是仅仅浅浅地做。

（3）波特的五种竞争力分析模型。如图 3-2 所示，波特认为在任何行业中，无论是国内还是国际，无论是提供产品还是提供服务，竞争的规则都包括在五种竞争力内。这五种竞争力就是企业间的竞争、潜在新竞争者的进入、潜在替代品的开发、供应商的议价能力、购买者的议价能力。这五种竞争力决定了企业的盈利能力和水平。

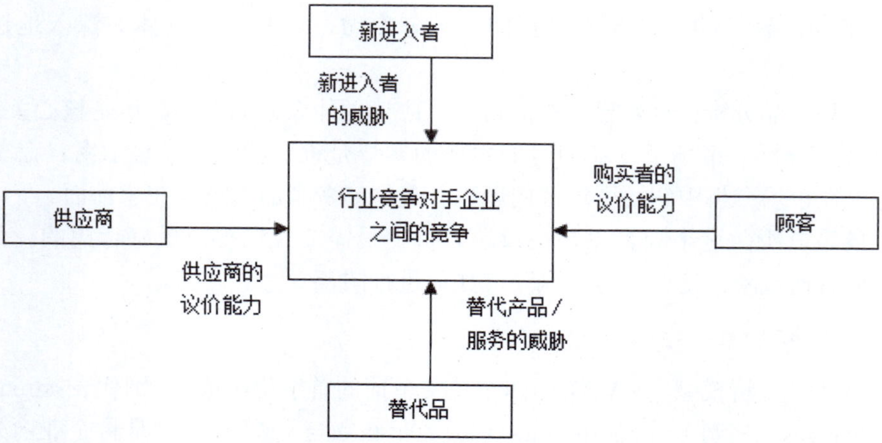

图 3-2　波特的五种竞争力分析模型

任务实施

作为从事电商直播行业的人员，需要具有一定的市场敏锐度，如何对电商直播进行分析，主要从以下几个方面来开展。请结合工卡 C-01（直播内容创作市场分析）完成任务。

1. 大数据分析

一场直播可以分成预热、引流、互动、转化、复盘 5 个部分。每个环节都有关键的数据可以提取。一般可以从引流维度（实时流量、自然流量、付费流量），互动维度（观看人次 / 人数、评论互动率、转粉率、平均停留时长），转化维度（平均单价、GMV、自然流量转化率、商品点击率、商品转化率）三个方面的大数据来看。从数据运营角度来看，不同的直播阶段有其特定的数据指标，在优化直播效果的时候，这些数据指标将指导我们优化的方向和策略。随着技术手段不断完善，直播运营愈加精细化，直播带货相关数据维度也越来越繁杂，但是在直播运营过程中，大家还是会侧重观察和衡量一些特定的数据指标。目前电商直播的大数据分析平台较多，比如有飞瓜数据、直播眼（图 3-3）、优大人（图 3-4）等大数据统计平台。有些大数据统计平台针对不同的直播平台进行了细分，比如有抖音、快手等短视频平台直播数据分析，淘宝店铺直播数据分析等，可根据实际情况选择不同的大数据平台。

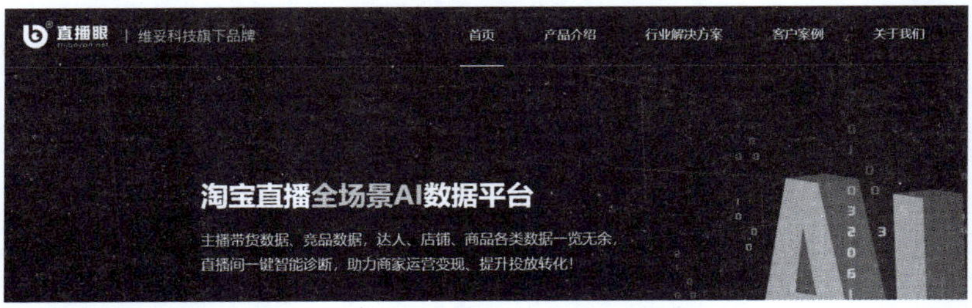

图 3-3 直播眼数据网站

图 3-4 优大人数据网站

2. 平台分析

目前，直播电商平台有三种类型：电商平台、短视频平台和社交平台。想要着手做直播，面临的第一个问题就是选择登录哪个平台播的问题，有哪些平台促成产品的转化率高，是公域流量平台还是私域直播平台？首先，当然推荐商家选择有粉丝基础的平台优先开播，毕竟有一定粉丝流量的店铺在直播流量转化上占据一定优势。如果商家是直播新手，没有粉丝基础的话，则要根据自己的实际情况结合平台属性和流量分发机制来选择。目前直播中较为普遍的是使用淘宝、抖音、快手、腾讯看点直播及视频号直播等平台。

在一众直播平台中，腾讯看点直播是较为特殊的一个，它扎根于微信小程序，可以在朋友圈、微信群进行裂变，本质是“社交电商”直播。如图 3-5 所示，广西新型电商联合会的“三农”产品带货直播主要就是在腾讯看点直播开展三农产品的带货直播，通过微信庞大的用户规模，形成一站式成交闭环，客户主要以沉淀在朋友圈的好友为主，客户的黏性强，对于后续的社群营销引流及提高转化率和复购率都有很大的优势。

图 3-5　广西新型电商联合会的明星主播在看点直播平台开展“三农”产品带货直播

此外，从 2020 年 10 月开始出现的微信视频号直播功能，因其背靠微信、手握私域命脉，已经初具商业变现的规模。通过视频号直播可以将用户引导到企业微信、个人号、微信社群也就是微信的私域流量，可以带来更多的、更长生命周期的浏览量。广西新型电商联合会的头部主播现已转战视频号直播带货，通过采用现场培训和线上培训结合的方式，让更多的现代职业农民掌握视频号直播的方法，从而培养出更多的新型村民主播，帮助村民售卖农副产品、带动村民增收创收，巩固脱贫攻坚成果。

3. 品牌商分析

受经济增速放缓影响，品牌商对品效合一的营销效果更为看重，对广告的预算结构也产生了相应变化，整体从对传统媒体广告的投入转向对短视频 / 直播等新兴营销形式的资源倾斜。直播形式能提高商家的用户黏性和潜在营收增量。通过直播实时互动，商家实现商品到消费者的高效触达，大大缩短了消费者的决策时间，刺激消费需求的产生。尤其受疫情影响，直播这种成本较低的获客渠道备受商家青睐，商家纷纷转战线上，以直播盘活库存、缓解现金流压力。

4. 用户分析

通过大数据显示，有近三成网民为电商直播受众，用户对直播电商接受度高。用户分析主要包含用户的基本属性和用户行为的具体分析。

用户的基本属性：用户的性别和年龄、用户的地域分布、用户的婚育情况、用户的学历水平、用户使用直播平台的频率和时长、用户的付费习惯等要素。

用户行为的具体分析主要有四个方面的维度：

（1）时间维度：用户的关注时间、首次购买时间、再次购买时间、最近一次购买时间。

（2）商品维度：用户购买的商品所属的栏目、名称。

（3）金额维度：平均单价、用户的总消费金额。

（4）活跃维度：用户的登录次数、浏览或收藏商品数、下单次数、分享次数。

5. MCN、主播分析

MCN 机构协助 KOL 进行内容持续输出，对接供应链和平台资源，推动直播电商发展。2017 年开始，国内 MCN 机构呈井喷式增长，截至 2020 年已有两万余家。随着网红经济高速发展，主播较低的准入门槛与不俗的平均薪酬吸引着大批入局者，2020 年 7 月“直播销售员”被国家人社局认证，主播成为当下非常火热的职位之一。直播电商风口下，主播群体日趋多样化，跨界特征明显。明星、KOL、企业高层、传统媒体、政府官员走入直播间，推动直播带货“出圈”，成为热议话题。

6. 政策分析

直播电商市场规模的迅速扩大与政府的扶持政策是分不开的。一方面，国家鼓励发展平台经济新业态并加大监管力度，引导直播电商市场健康规范化发展。另一方面，多地政府明确提出要打造“直播电商之都”“直播经济总部基地”，并出台了一系列直播电商人才培养的扶持政策，掀起一波发展直播电商经济的热潮。广西新型电商联合会的头部主播基本都以开展“三农”产品的带货直播为主，正是适应了目前国家对于乡村振兴工作政策发展和支持。2021 年 2 月，中央一号文件《中共中央国务院关于全面推进乡村振兴加快农业农村现代化的意见》发布，文件强调要坚持把解决好“三农”问题作为全党工作重中之重，把全面推进乡村振兴作为实现中华民族伟大复兴的一项重大任务，举全党全社会之力加快农业农村现代化，让广大农民过上更加美好的生活。因此，通过直播等新形式为农业实体经济塑造了便捷有效的护航“软件”，全方位为农民和农村经济赋能，助力乡村振兴。

直播内容创意

任务 2　直播内容创意

任务描述

随着直播平台的不断增加、主播数量的不断增长以及直播范畴的不断多样化，直播内容要如何才能吸引更多的观众，成为了许多主播和 MCN 机构需要着力解决的问题。本任务结合创意思维方法，通过六帽思考法、九宫格发散思维法及换位思考法等 3 种方法来激发直播内容创意策略，让更多从事直播行业的人员能有多维度、多层次和多方位的创意内容呈现。

任务要求

熟悉和了解激发直播内容创意的方法，通过采用相关方法来开展直播内容创意的策划。

知识链接

直播内容创意的本质其实是一种思维方法，创意思维对激发直播内容新颖性、灵活性和创造性具有一定的影响力，能带动更多直播内容新创意的产出。通过各种思维方法突破定式思维，对于直播内容的创造性思考具有深远的意义。下面介绍几种在引发创意中常用的方法，以供大家参考和练习。

1. 六帽思考法

六帽思考法又称六顶思考帽思维训练方法，是爱德华•德博诺（Edward de Bono）博士开发的一种思维训练模式，或者说是一个全面思考问题的模型，它提供了“平行思维”的工具。运用六顶思考帽，将会使混乱的思考变得更清晰，使团体中无意义的争论变成集思广益的创造，使每个人变得富有创造性。

（1）六帽思考法角色分类。

白色思考帽：代表中立客观。戴上白色思考帽，人们思考的是关注客观的事实和数据。白色思考帽只需要提出事实，即说出实际情况。

绿色思考帽：代表创造力。绿色思考帽是创新思维的象征，是产生新的想法，用新的视角看待事物的方式。

黄色思考帽：代表正面思想。戴上黄色思考帽，人们从正面考虑问题，表达乐观的、满怀希望的、建设性的观点。

黑色思考帽：代表负面因素。戴上黑色思考帽，人们可以运用否定、怀疑、质疑的看法，合乎逻辑地进行批判，尽情发表负面的意见，找出逻辑上的错误。

红色思考帽：代表感觉、直觉。戴上红色思考帽，人们可以表现自己的情绪，还可以表达直觉、感受、预感等方面的看法。

蓝色思考帽：代表控制、组织。蓝色思考帽负责控制各种思考帽的使用顺序，它规划和管理整个思考过程，并负责做出结论。

（2）六帽思考法使用原则。

1）问题是思维的转换器。

面对相同的问题，不同的人可能会产生截然不同的思路。而六帽思考法则为我们分析问题、解决问题提供了多元的思考模型。

2）不能同时戴两顶帽子。

在讨论的过程中，不能同时戴上两顶思考帽，也不能去引导别人同时戴上两顶思考帽，因为在某一阶段中，要得出最后的结论，问题不可能同时向两个方向发展。

3）提问的时候要灵活。

在讨论的过程中，如何有技巧性地提问，用一种友善、易于接受的方法去提问，这是至关重要的一环，不同的沟通方式和提问方式，带来的结果可能截然不同。

（3）六帽思考法提问示例。

白：如果想要解决这个问题，我们还需要哪些信息，还得了解哪些情况？

黄：如果这么做，有哪些好处？对我们而言有哪些价值？

黑：这么做会带来哪些不利影响？有什么害处？

绿：这个问题有什么解决方案吗？该怎么趋利避害？

红：当提到这个时，你的感受是什么？有什么情绪？

2. 九宫格发散思维法

“九宫格发散思维法”（又名曼陀罗思考法）是一种思考模式，其义为以九宫矩阵为基础，8 乘 8 辐射发散式，快速产生发散性思维的思维方法。九宫格思考法是强迫创意产生的简单练习法，通过一个主题内容的确定来进行发散思维。用九宫格思考法创作内容时，要把主题写在正中间的格子内，再把由主题所引发的各种想法或联想优点写在其余 8 个方格内，如图 3-6 所示。这是强迫创意产生的简单练习法。

概念	概念	概念
概念	核心主题	概念
概念	概念	概念

图 3-6　九宫格思维示意图

第一个九宫格：在第一个九宫格的中间 1 格写上你要想的主题，在周围 8 个格子内写上解决方案。比如想要对主播的 IP 形象进行重新塑造，那么用九宫格思维图来进行思维的拓展如图 3-7 所示。

职业	外表	性格
优势	核心地位	价值
粉丝画像	口头禅	标签

图 3-7　运用九宫格思维拓展示意图 1

第二个九宫格：有了第一个九宫格后，就可以对其另外 8 个九宫格再细分下去。挑选一个选项写在第二个九宫格的中间。比如依据上面的第一个九宫格中的粉丝画像的概念，将粉丝画像作为中间主题，可以延伸出第二个九宫格，如图 3-8 所示。

女　性	商品质量	价格优惠
20 ～ 40 岁	粉丝画像	减少操作
一二线城市	品　　牌	消费能力中等偏上

图 3-8　运用九宫格思维拓展示意图 2

接着可以进行第三个九宫格，然后再发散，依次类推，通过九宫格让创意无限细分。

需要注意的是，九宫格的填写方法一般分为两种：一种是按照顺时针方向把自己所想到的要点填进表格中；另一种则是将自己所想到的要点填进任意一格，不用想这些点之间有什么关系。

此外，在做直播内容创意九宫格思维寻找突破时，应紧紧围绕直播的内容、直播的主题以及主播的个人特质来开展，不能为了求新而偏离主题，导致直播的内容让固定的粉丝群体流失。比如主打服饰类的电商直播，如果经常开展零食带货直播，则会让想购买服装类产品的顾客离开直播间，流失用户黏性。

3. 换位思考法

在直播过程中，因为时间紧、带货任务重，通常很多时候都是在思考如何能快速成交，但是这样的结果往往会收效甚微。如果在直播过程中，主播能将心比心、设身处地地为粉丝着想，站在粉丝的立场为其挑选商品、分析商品的优势，帮助他们解决在商品使用中出现的问题，这样的换位思考才能促使消费者更快速地购买。

在进行换位思考法的时候，需要有两个技巧：一是提出一个明确的卖点。主播要为自己的产品提出一个明确的卖点，这个卖点将成为这个产品的标签，提出卖点是为了和目标客户进行精准对接，例如“儿童水果”对接刚刚开始吃水果的儿童。二是和目标客户站在同一个阵营。主播在和粉丝交流的过程中，要着力挖掘职业、学业和地缘关系，寻找共同的兴趣、志向和利益，还应该在沟通中强调双方观点的一致性。主播说的每一句话，都要为挖掘粉丝的需求而服务。只要“自己人效应”发挥作用，主播和目标客户自然就站在了同一个阵营。比如有些主播在针对贵价商品开展直播宣传时，通常会提醒消费者“这个商品价格太贵了，学生妹妹们就不要考虑了”，通过对学生群体的共情能力，拉近主播与用户之间的距离，提高其学生用户群体的黏性。

任务实施

要想成功完成一场直播活动，不亚于策划开展一次线下促销活动，相对而言，线上直播活动观看和参与的人数会更多，因此在每次直播前必须对直播内容进行创意策划。具体的直播内容策划应由以下几个部分组成。请结合工卡 C-02（直播内容创意），完成以下任务。

1. 直播主题活动策划

（1）关注热点。抓住热点做直播，不仅容易吸粉，商家或直播的品牌也能够通过热点的传播进行最大范围的扩散，如图 3-9 所示。

（2）跟住热风向。将热点作为直播主题的方向，只要抓住这个机会也许就迎来了收获的季节。直播作为走在时代前沿的群体，要时刻关注直播的大环境和发展趋势。随着 2021 年中央一号文件的发布，无疑为“乡村振兴”注入了一股新的力量，成为了当今发展的头等大事和要事。广西新型电商联合会正是抓住了这个热点方向，一直致力于公益助农的直播内容，如图 3-10 所示。

图 3-9　看点直播上采用“女神节”作为关键词的直播间

图 3-10　广西新型电商联合会主播用“直播助农”的主题开展直播

（3）网络热词的引入。在策划直播主题时，要学会利用关键词汇做噱头，因为热点词汇往往是最能吸引人们眼球的东西。热点词汇和事件往往能够带动用户的传播和分享。比如 2020 年的一个热词“打工人”的出现，在微博上有 7.3 亿的阅读量，可谓是真正意义上的网络热词。因此有很多商家的直播间介绍都直接改成“打工人福利来袭”“精致打工人用浅野毛”“打工人的日常生活”等内容，通过网络热词将观众带入到直播间中。同样，在 2020 年，“抗击新冠疫情”的话题量达到了 10 多亿人次，因此在广西新型电商联合会的 2020 年的直播中就加入了这一热词，如图 3-11 所示。

图 3-11　2020 年广西新型电商联合会在直播时加入了网络热词

2. 直播电商平台对比选择

做直播首先要选择直播平台，虽然目前直播 APP 市场竞争热火朝天，直播市场中有几百个直播平台，但并非每个直播平台都适合。较为主流的直播平台主要由知名电商平台和短视频平台占据，如淘宝、抖音、快手、拼多多、西瓜视频等平台。早期开始做直播的平台（如虎牙、花椒、斗鱼等）影响力不如前者。每种平台的带货模式都有所不同，淘宝主要是商家 + 主播带货，因为淘宝上的商家数量已经比其他平台多，具有天然的带货优势；抖音主要是网红主播娱乐 + 带货的模式，最初以短视频爆火的抖音平台，现在也成为了网红直播的首选，抖音上孵化的头部网红和腰部网红的带货能力不容小觑。无论是选择哪种平台开展直播，都要对平台的规则和玩法有充分细致的了解，包含直播限制的违禁品，否则就会被平台限流甚至封号，前期的努力也将付之东流。

3. 电商直播卖货流程

（1）开场预热。直播首先进行简单的自我介绍，自我介绍可以是段子，也可以是调侃，需提前准备。

（2）活动介绍。无论是发红包还是抢赠品或是其他活动，需要灵活调动粉丝参与热情，并且营造好直播间氛围。

（3）商品销售。电商直播的目的是卖货，所以商品销售尤为重要，商品上架、销售、下单都要做好引导，时刻不忘提醒用户下单。

4. 电商直播活动形式

（1）场景式直播。以产品使用为主导，主打组合产品，引导粉丝下单购买。

（2）事件式直播。结合产品，以事件话题炒作为导向的直播模式，引导粉丝下单购买。

（3）内容式直播。直播内容为主导，以新品发布会、上线为主，引导粉丝参与活动下单购买。

（4）网红 + 店播。邀请网红主播参与直播，利用网红效应形成流量池，转化销售。

5. 电商直播粉丝福利内容

（1）签到抽奖。每日定时开播，做到不早也不晚。设计签到环节，粉丝连续七天准时来直播间签到评论，保存好评论截图，并发给主播，核对无误后，即可获得一份产品。

（2）问答抽奖。当主播在秒一款产品的时候，依据产品详情页的内容，提出一个问题，让粉丝在宝贝详情页找答案，然后刷屏评论抽奖。

（3）现金红包。只要在直播间参与相关互动活动，就可以获取一定的现金红包奖励，这样可以营造直播间氛围，同时提升粉丝观看量和下单意愿。

（4）点赞抽奖。每增加两万点赞抽奖一次，操作比较简单，但要有控场能力，尤其是在主播秒衣服的同时，刚好到两万点赞，要和粉丝沟通秒完这件衣服之后立刻抽奖。

（5）秒杀抽奖。每款剧透（3 ～ 5 分钟）之后，秒杀开始之前抽奖，注意做好剧透期间的抽奖提示。

（6）优惠券发放。电商直播不可或缺的就是优惠券发放，有优惠券的商品价格一般会比直接去店铺购买便宜些，这也是直播间吸粉的重要手段，当然，优惠券发放和领取的过程不要太复杂，太过复杂容易让粉丝放弃。

任务3　直播引流

任务描述

随着电商直播如火如荼的发展，直播的粉丝是直播变现的主力，通过直播引流，则能将直播间深度激活。不仅如此，引流还能有效拉新，而新增粉丝对数据效果的影响比固有粉丝更大。此外，众多明星、企业家、商家纷纷入驻直播，使得行业痛点很快地凸显出来，如何为直播间获取流量，就成了众多直播间的一大难题。本任务将通过对直播引流模式的介绍，并模拟直播引流的具体流程，让直播间的人气暴涨，一旦粉丝基数变大，带货也变得相对容易。

任务要求

了解直播间引流模式，通过熟练运用引流模式来开展直播的引流。

直播引流的四种方式

知识链接

在直播间引流设计中，渠道引流、直播间预告引流、社群引流是主要引流方式。根据不同直播内容、规模设计引流方案。

1. 渠道引流

销售渠道是指“把产品从生产者向消费者转移所经过的途径，它是由一系列相互依赖的组织机构组成的商业机构。”这些组织机构包括制造商、中间商、银行、运输商、仓储商和广告商等。

在电商直播中，渠道即把直播间信息向消费者进行传递、吸引关注的途径。通常可以从商家角度和平台角度寻找。

商家渠道包括品牌面向其会员的信息发布渠道，如电子邮件、短信息、官方网站、官方新媒体平台账号等渠道对直播信息进行发布、推广。

企业官网作为商家对外展示、宣传自身的有效途径，具有树立品牌形象、产品展示、传播企业文化、品牌推广等功能。对于消费者官网是其获取相关信息和服务的权威渠道。且由于官网是企业自由渠道，推广成本低，有效性高。

企业官方公众号、微博号、抖音号等官方宣传平台也是一个有效的推广渠道。且其中微博、抖音等账号具有公域流量号召力，为活动背书的基础上可以有效吸引平台内非品牌用户的关注。

商家渠道推广能够有效送达用户，这种推广方式中，用户对于商家长期形成的信任感以及促销兴趣度，会引导用户进入直播间。

除商家渠道外，各种类型的分享平台或交流社区等营销平台也都是推广活动、品牌宣传的有效渠道。

具体操作方式：将直播信息做成短视频或文字分享至这类平台，或设计相关话题引导讨论为活动预热；与 KOL 合作借势推广，这种推广方式成本较高，根据预算合理安排或选择性安排即可；打榜推广，商家可以通过在营销平台上进行策略投放，对直播活动进行营销推广。

2. 直播间预告引流

（1）短视频预热引流。短视频预热引流是直播前期预热工作的最重要环节，告知用户什么时候开始直播，将信息传递出去。对于一支引流视频来说，我们的目的并不是将它打造成一支爆款视频，而要以向直播间引流为结果导向。所以，从这一点来看，如何利用一支视频调动起用户进入直播间的热情才是重中之重。

1）低价吸引。低价策略一直是吸引直播用户下单的主要因素，通过引流视频可以简单粗暴地发布产品预告，重点突出价格优势吸引用户。此外，还可以丰富口播话术以及拍摄技巧，再次强化产品的优惠力度。这类视频不仅能将优惠的产品价格表达出来，还在一定程度上增加了视频的趣味性，提升了用户的观看意愿。比如广西新型电商联合会主播在京东和腾讯联合举办的看点直播超值年货节的预告中，就主打了“1 元秒杀，1 元爆品”的价格优势预热，如图 3-12 所示。

图 3-12　广西新型电商联合会主播预告加入了低价秒杀的内容

2）截取直播片段。通过发布直播中的精彩片段或花絮，以激发用户观看正片的好奇心。同理，直播时可以将直播期间主播情绪最高涨的片段，或者最有噱头的看点截取出来，激发用户进入直播间一探究竟，这些直播片断还可以形成二次传播，成为爆款视频，引起用户关注。

由于这类视频的制作门槛比较低，可以在直播期间多发几个视频以提升用户进入直播间的几率。除此以外，截取的直播片段如果能与账号风格吻合，不仅能起到更高效的引流效果，还能收割一波长尾流量。

3）剧情类引流视频。与前两种相比，虽然剧情类引流视频的拍摄成本更高，但利用内容激发用户进入直播间的概率会相对更高。通过剧情视频预热的好处在于，整体的账号调性与预热视频相契合，不仅可以长久留存，还有上热门的可能性。此类引流视频更建议有一定粉丝基数或已找准定位的账号来做，才能起到事半功倍的效果。

（2）文案预热。

1）个人简介文案预热引流。在直播前，将个人简介信息更新，包括昵称和简介。个人简介中也可以以文案的形式提醒用户直播的时间。通过简介中的文案告诉观众和粉丝要开直播，提前知道开播时间，才能定点进入直播间。如图 3-13 所示，广西新型电商联合会主播张老师在其微信号的介绍中，就明确写道“周 2、周 4、周 6 晚上 9 点开播”，这样就能让更多的粉丝能定时关注和观看直播。

2）站外文案直播宣传预热引流。除了站内个人简介之外，还可以利用第三方平台，例如微博、微信、小红书、今日头条等站外平台，为自己的直播间尽心预热宣传。比如在微博平台，专门为淘宝直播做直播预告的账号就有几百个，并且这些账号的粉丝数为几万、几十万、上百万不等，最多的一个账号粉丝数突破了 3000 万，成为淘宝直播引流的重要来源。在发布直播预热文案时，也可以将我们的亮点展现出来，吸引更多用户进入直播间。

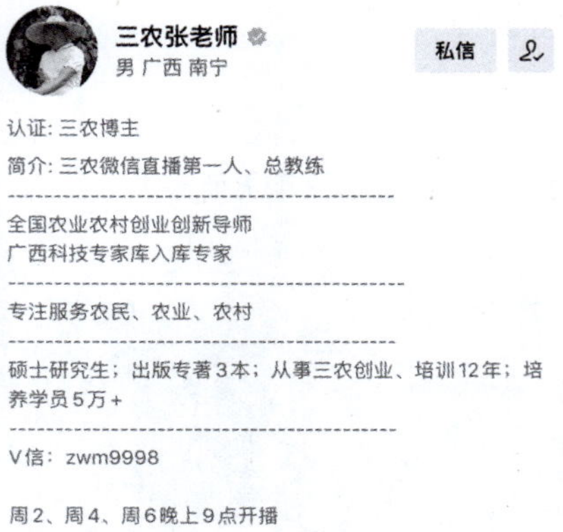

图 3-13　广西新型电商联合会主播在微信号中的个人简介

3）私域文案预热引流。针对有私域流量的商家，利用私信、朋友圈、视频号、企业微信、公众号等渠道做主题专场预热，能够达到事半功倍的效果。

（3）其他直播引流推广方式。

1）开启同城定位。开启同城定位能够吸引更多同城粉丝进入直播间。

2）定期直播。就算前期直播时观看人数不多，也尽量坚持每天直播或者每周直播 3 ～ 4 次，这样做的目的在于提升直播权重，获得平台对直播间的流量推荐。

3）设计好看的封面和标题。好看的直播封面和有吸引力的标题能够吸引更多人进入直播间。

3. 社群引流

直播电商的运营通常以“公域引流 + 私域变现”的模式进行。主播在公域直播中吸引流量进入社群，并在社群中进行维系，在社群中进行直播预告以及直播互动预告，吸引流量关注直播。这种引流方式主要依靠主播个人魅力和粉丝维系转换，精准、有效且成交率高，但也与社群本身运营质量息息相关。在直播开启后，商家依然可以分享直播链接到社交网络中，将各渠道流量打通，相互引流，为直播间吸引更多流量。

4. 短信、邮件渠道

短信可以在短时间内触及大量用户，且成本较低。短信营销方式也层出不穷，霸屏短信是广大地产商最爱使用的短信营销手段。电商商家可以在直播开始前 1 ～ 2 天通过短信向其目标用户发送开播提醒，具体内容包括主播账号、直播间链接、直播时间、直播亮点；且最好在短信中插入店铺链接，引导用户关注店铺。

电子邮件推广是较为传统的推广方式，点对点传播、无二次传播，但是精准度相对较高，且成本较低。推广人员写一封活动推广邮件或制作一个 H5 将其发送给会员，进行直播活动告知，在告知中可以通过预设营销活动的方式吸引感兴趣的用户关注。

任务实施

流量是衡量直播间是否具有人气的重要指标，因此直播引流应贯穿于直播的整个过程中，在直播的每个环节都应嵌入引流的模式，从而让直播间维持较高人气。本任务将从直播前、直播中和直播后三大环节对直播引流的任务实施进行讲解。请结合工卡C-03（直播引流），完成以下任务。

1. 直播前：万事俱备、只欠东风

（1）直播策划。

1）直播主题设计。除日常开播，我们需要参与或自己策划各种“主题专场直播活动”。例如淘宝，经常官推直播活动：助农扶贫直播活动、517吃货节活动、618狂欢购、招财猫双十一直播盛典等，此类平台主题活动直接报名参加即可。此外，商家可根据自身情况，围绕节日、上新、尾货等策划主题专场。

2）营销手段设计。做直播仅靠官方加推流量肯定不够，一般做法是导入老客户，用抽奖、秒杀、抢购等营销手段进行裂变，营销活动必须在开播前策划好，每次直播前针对粉丝会提到的问题，写好互动话术，引导粉丝互动评论，激活粉丝，设置点赞频率，营造直播间热度，获得更多的官方流量，设置前往购买频率，采用限时秒杀、1元秒杀方式引导粉丝抢购下单。目前，比较高效的抽奖方式是“口令+手机尾号”。

3）直播脚本。直播SOP流程规划：直播脚本包含两份文件，一份是「直播SOP流程图」EXCEL，一份是「产品卖点/优惠措施/口播话术」PPT。如广西新型电商联合会在2020年曾开展过容县沙田柚的一次带货直播，以下为直播脚本案例。

消费扶贫·科技富民
“柚乡”庆丰收，直播“欢乐购”
广西容县扶贫特产（沙田柚）直播带货活动
（脚本）

流程：

暖场、容县产地环境、历史渊源、荣誉、产品特色、感谢政府、谈吃柚子的好处、曾会长讲解（老表采访）、容县沙田柚产业核心示范区简介

容县沙田柚科技小院揭牌仪式（灵活穿插）

摄像机移位1：暖场看主会场背景、背景部分活动

摄像机移位2：容县沙田柚科技小院揭牌仪式

摄像机移位3：曾会长切柚子、讲解问答环节

摄像机移位4：采访群众演员（提前沟通台词）

提示：所有活动过程中，主播会不间断带货，提示大家下单

暖场

9:45工作人员及主播打开所有现场直播间，张文明进行简单主持，引导大家转发直播到群和朋友圈。

开始播放暖场视频。

暖场主持词：各位宝宝大家早上好，我现在是在广西玉林市容县，也是全国沙田柚最大生产基地，我现在所在的地方就是沙田柚王国。这里正在举办“2020容县沙田柚丰

收节暨容县沙田柚科技小院揭牌仪式”活动，同时也是腾讯看点直播第二期红人争霸赛。所以希望大家帮忙多多转发到朋友圈和社群。今天将给大家带来超多的福利：

福利一：红包满天飞。不定时抽红包！

福利二：助力榜：第1名价值148元6个装沙田柚一件，第2名价值98元4个装沙田柚1件，第3名价值68元2个装沙田柚1件。

福利三：不间断抽奖送出沙田柚大礼包。

最大福利：所有沙田柚全场秒杀优惠。

消费扶贫 · 科技富民

“柚乡”庆丰收，直播“欢乐购”

各位宝宝大家早上好，我现在是在广西玉林容县，也是全国沙田柚最大生产基地，我现在所在的地方就是沙田柚王国。这里正在举办“2020容县沙田柚丰收节暨容县沙田柚科技小院揭牌仪式”活动，我们这里是广西容县扶贫特产沙田柚直播带货活动现场！本次活动是由广西科协主办，广西农技协 广西科普传播中心、玉林市科协 广西科技创业致富协会等单位承办，容县自良镇人民政府、容县科协、玉林市农技协、容县农村信用社自良信用社、容县自良镇沙田柚协会协办。在此表示衷心的感谢。

容县产地环境

容县地处广西东南部，县境西北面有大容山，西南面有天堂山，境内岭谷相间，丘陵广布。容县多年平均气温为21.3℃，是玉林地区气温最低的县。容县地处桂东南，属南亚热带季风气候、赤红壤为主的丘陵山区县，极适宜沙田柚的生长。早在2000多年前，容县的松山镇沙田村就开始种植沙田柚。举例绣江两岸、藤县交界处柚子品质差异巨大。

历史渊源

沙田柚，原产于中国广西容县松山镇沙田村，在明朝末年由农民以接枝法发明，后来广泛种植，成为容县的特产。

容县种植沙田柚的历史已有两千多年，原称“羊额籽”。清朝乾隆四十二年（1777年），乾隆皇帝巡游江南，官人夏纪纲把家乡容县出产的蜜柚献给皇帝，乾隆吃了连声赞好，随赐名“沙田柚”。

荣誉

容县沙田柚，广西壮族自治区玉林市容县特产，中国国家地理标志产品。

容县沙田柚是柚类中的佳品，有“柚中之王”的美誉。其果呈梨形，色泽橙黄，外皮细薄，果肉脆嫩，味清香甜蜜，品尝之后满嘴留香。沙田柚名称是清朝乾隆皇帝赐名“沙田柚”（1777年）所得。

容县沙田柚因其曾为进贡朝廷的珍果，名扬四海，各地广泛引种，已远销港澳、东南亚和欧美各国。1995年，容县被命名为“中国沙田柚之乡”。

2004年7月20日，原国家质监总局批准对“容县沙田柚”实施原产地域产品保护（即地理标志产品保护）。在容县沙田柚原产地域范围内的生产者，如使用容县沙田柚“原产地域产品专用标志”，须向当地质量技术监督局设立的申报机构申请并经初审合格，由国家质检总局公告批准后，方可使用容县沙田柚“原产地域产品专用标志”。

产品特色——邀请老表（广西科普传播中心三农老表）直播间互动

容县沙田柚果大形美、味甜蜜、耐贮藏，果实为葫芦形和梨形，果蒂部呈短颈状；果底常有古铜钱大的环状印圈，内有放射沟纹，常称为菊花底或金钱底；单果重 1000 ~ 1500 克，果面金黄色；果肉虾肉色，汁胞脆嫩、蜜味清甜；10 月下旬成熟，果实可贮藏 150 ~ 180 天，贮后风味尤佳，有水果珍品“天然罐头”之美称。

容县沙田柚营养丰富，直接食用果肉占 51.8% ~ 58.8%，可溶性固形物 12% ~ 16%，粗蛋白质 6.4%（干物计），含糖分 12% 左右，含酸量 0.29%，维生素 C 含量 100 ~ 150 毫克 /100 克，居各种柑桔之冠，此外还含有维生素 B1、维生素 B2、维生素 B6、烟酸和磷、钙、铁等，有消食、化痰、止咳、润肺、醒酒等功效。

感谢政府

我们玉林容县沙田柚和蜜柚之所以这么有名，取得这么多的荣誉，这么被大家喜欢是因为玉林容县沙田柚和蜜柚的品质被大家认可。大家知道，一个好的农产品必须具备两个最基本的条件：一是合适的生长条件，比如气候、土壤等；二是科学的种植管理技术，俗话说科学技术是第一生产力。这二者缺一不可。科学的种植管理技术和我们各级政府的支持帮助是密不可分的，比如今天活动的主办方广西科学技术协会、承办方之一的广西农村专业技术协会对于我们容县柚子产业的发展可以说是功不可没的。

广西科学技术协会是广西科学技术工作者的群众组织，是广西推动科学技术事业发展的重要社会力量，是中国科学技术协会的地方组织。

广西农村专业技术协会是党和政府联系科技工作者和农民的桥梁和纽带。

广西农村专业技术协会经过三十多年来的探索和实践，取得显著发展，涵盖现代农业产前、产中、产后各个环节。对我们农业科技发展、精准脱贫、乡村振兴都起到了非常重要的作用。广西农村专业技术协会能取得今天的成绩当然和我们上级领导部门的关心和指导分不开，例如，中国农村专业技术协会一直以来对我们广西农村专业技术的发展和广西农村专业技术协会的发展提供了长期的指导和帮助。在此表示感谢。

今天我们很荣幸地邀请到原中国农业大学副校长、中国农村专业技术协会张建华副理事长来到我们本次活动的现场。下面有请张建华副理事长进直播间和我们一起为“消费扶贫•科技富民”活动助力。（备用）

谈吃柚子的好处

中医名著《本草纲目》之中就有记载，吃柚子能够有效地去除肠胃恶气，同时还能止咳化痰。除了直接服用之外，也可以将柚子制作成柚子茶服用，是一种非常好的养生水果。

1. 沙田柚果肉清甜可口，性质寒凉，清热去火、健胃消食是它的主要功效。另外，平时人们多吃沙田柚，还能起到降低血糖、减肥瘦身以及美容养颜等多种作用，它对维持人体健康和延缓身体衰老都有明显好处。

2. 沙田柚中含有大量的维生素存在，特别是维生素 C 的含量比较高，可以提高人体细胞的活性，提高抗病能力，减少癌变的发生，对胃癌和肠癌的预防作用最为明显。

3. 沙田柚含有生理活性物质皮甙，所以可降低血液的黏滞度，减少血栓的形成，故而对脑血管疾病，如脑血栓、中风等也有较好的预防作用。

4．沙田柚中有多种营养成分可以加快组织细胞的再生，对人类的外伤有很好的促进恢复功效，对人类的败血症也有一定的缓解作用，可以提高身体血液中血红蛋白的含量。

5．沙田柚中还有一些酸性成分，能促进消化液的分泌，对消化不良和食欲不振有很好的缓解功效。

6．果皮：沙田柚的果皮有理气化痰宽中、健脾消食、散寒燥湿的作用，并可烹调成菜或制作蜜饯，独具风味。

7．柚叶：沙田柚的柚叶含挥发油，有消炎、镇痛、利湿、提神醒脑等功效，治乳腺炎、关节疼痛和头风病等病症。

曾会长讲解（老表采访）——展示柚子丰收，打包柚子，现场切柚子，我和表哥品尝柚子；种植技术（套袋、水肥一体化、自动喷淋系统、自动轨道车）；柚子打包（个数、重量）；吃柚子（柚子皮的油弄到手上一定要洗，不然会麻、会苦）和储存柚子（收到放7天左右糖化）；真假鉴别。

4）产品卖点 / 优惠措施 / 口播话术制定。光有 SOP 不够，商家要让主播清晰知晓营销目标、重点销售的产品、必要的产品知识、促销利益点等信息，通常做成 PPT，在直播过程中作为提醒之用。

（2）直播预热推广。可以采用知识链接中的四种方法开展直播预热。

2. 直播中：积极互动，增强黏性

虽然业界对直播营销的探索还处于初级阶段，但有一点已经形成共识：直播最大的优势在于让用户参与进来，形成一种交互关系，甚至可以做到零距离互动。这是其他平台无法比拟的。

（1）刚开始直播的半个小时，可以做一些预热活动，通过一些优惠活动来吸引粉丝，让粉丝把直播活动信息分享出去，这样可以带来更多的粉丝观看直播。

（2）直播活动时要做好引导，直播最大的优点就是互动性强。如果用户的问题得不到主播回答，或者很久之后才回答，这样会消磨用户的耐心，甚至会导致用户取消关注。因此，直播的实时交互性不应该只是一句口号，而应切实与主播关联。主播一定要及时与用户互动，可以在展示的同时与用户深度交流，如回应用户提出的意见会让用户获得更多的满足感。主播增强了主动性的互动之后，才能带动用户的互动和参与，进而才能够让用户积极参与进来。

主播可以提醒粉丝时刻关注直播间，利用红包、优惠券、抽奖、秒杀等一系列活动环节增加他们的停留时长，增强粉丝的黏性，这样既可以提高粉丝在线流量的变现，又可以为二次引流做铺垫。直播过程也是不断引流和维护流量的过程，为了提升直播间的人气，壮大粉丝群体，提高流量变现能力，主播必须做好直播间的互动设计，为粉丝提供福利激励。

1）截屏抽奖：这是电商主播常用的激励方式。在淘宝直播间经常能看到这样的活动：主播发布口令，让用户在评论区发送消息，倒数十个数截屏，截屏时屏幕上出现的用户

就是中奖用户。除此之外，主播还可以利用直播中控台上的抽奖工具进行抽奖，发放的权益大多是现金红包、免单商品、立减额度等。通过这种方式，主播可以很好地活跃直播间的气氛，增进与观众的互动。直播间互动性与直播间权重有直接关系。对于粉丝来说，截屏抽奖可以吸引他们按时前来观看直播，增加直播间的回访率与复购率，快速提升账号权重，获取更多公域流量。

2）点赞送权益：这种方式与抽奖类似，只不过互动方式从评论变成了点赞，这种方式可以增加直播间的互动。当点赞达到一定数量时就会为粉丝发放一些权益，借此增强直播间的互动性，活跃直播间气氛，增加账号权重。“关注有礼”可以获得自己专属的公域流量，提升转粉率，但对于电商来说，这个方法的使用需要进行成本把控，根据自己的实际情况慎重选择。只要有粉丝关注直播间，主播就要送上礼品，如优惠券、淘金币等，成本较高。当然，成本越高，效果越好，这种方式不仅可以快速吸引大批粉丝、提升直播间的转粉率，还能增加账号权重。

3）根据粉丝等级设置不同的福利：为了便于管理，直播间粉丝往往划分为4个层级，分别是新粉（初级粉丝）、铁粉、钻粉、挚爱粉。每个层级的粉丝都有自己的专属权益，级别越高，享受的权益就越多、越好。以淘宝直播为例，主播可以在后台设置直播间专属价，这个价格要比常规渠道的价格低，通过这种方式吸引用户在直播间下单，以提高直播间的转化率。粉丝要想升级，就必须通过观看直播、购买产品、发布评论、转发主播间信息等方式提高与主播的互动值。在这个过程中，直播间的各项数据都能有所提升。为了回馈粉丝，电商必须对粉丝权益进行优化设置，最好设置一些具有吸引力的权益。如果设置的权益力度不足，这种方法就很难发挥出应有的效果。总而言之，主播要想做好直播间粉丝维护，就必须经常为粉丝提供一些权益。

（3）根据用户需求直播，增强黏性。直播的交互性还体现在直播必须根据用户的需求进行直播。这样才能真正增强黏性，让看直播用户成为企业的客户。我们看到在很多平台上的当红主播的观看数量都在十几万，甚至百万以上，打开他们的直播会发现这些直播之所以受人欢迎，是因为他们“听话”，听用户的话，实时根据用户需求来直播。一些主播会依靠用户画像，了解关注自己用户的需求，根据用户需求，为其量身打造符合他们消费水平的狂欢节和特定主题的直播活动，以此吸引新的关注，同时也进一步增强固有粉丝的黏性。

3. 直播后：社群维系，二次引流

引流是电商直播能否成功的前提。流量进来后，如何进行维系、盘活，使流量具有变现的可能是最为关键的主播玩法。在主播的个人运营维护中，私域运营——社群维护是主要手段。

流量进入直播间并观看直播后，对主播建立了第一印象，在此时商家要做好维护工作，将直播吸引的流量转化至私域，成功转化私域是主播直播成功的一个标志，建立“粉丝社群”是维护粉丝的必备工具。社群维护用心，社群内流量变现能力增强，后面的电商活动粉丝红利就可以取得很好的转化效果。

如何进行粉丝社群维护呢？可以从以下几个方面着手。

（1）维系社群活跃度，抢红包是保持社群活跃度的一个好办法，定期不定期进行抢红包活动，培养粉丝守群习惯。

（2）通过话题增强社群黏性，制造话题引发群内讨论，跟进实时热点或活动，制造话题，引发粉丝讨论，增强社群内成员的认可度，对社群观念、理念越认可，对社群内活动的参与度和信任度越高。

（3）通过拼团活动为社群内粉丝提供福利的方式，可以给粉丝带来优越感和归属感，进行只有在社群内的成员能够参与拼团的活动，提高产品销量，维系粉丝忠诚度。

（4）节日或品牌发布日通过抽奖活动，迅速为产品试水，同时为粉丝提供福利。

（5）主播群内互动，粉丝的聚集基于对主播的认可，主播群内互动会增强粉丝的认知度和信任度，是最有效的社群维护方式，主播的价值观输出，会成为社群认同感的主要来源。社交网络的本质就是同频、同需求的人们聚集在一起。所以，要为主播进行人设制定，并在社群中以既定人设与粉丝进行交流，构成场域。只有做到这一点的社群才能够真正成功。

以上社群维护方式是社群内部粉丝维系的手段。除了使社群内部流量变现外，社交网络的重要作用也要充分利用，通过熟人社交的属性达成社群扩张的目的。这就需要进行用户自传播营销策划。

用户自传播分享的成本较低，且更容易刺激购买，因此，积极引导粉丝对产品进行传播分享或活动分享非常必要。具体操作可以参考下面的模式。

在社群内定制营销活动，并提供转发素材，降低用户购买成本的同时降低传播成本。有时好的产品和优质的回馈活动之所以没有达到好的传播效果，原因在于用户自己制作素材耗时耗力，就会降低分享欲望。如果一个好的活动为用户提供便捷的传播语和图片素材，用户只需复制粘贴，传播成本降低，用户的传播欲望就会提高。

因此，设计一个好的产品活动并提供分享内容，可以快速使粉丝完成分享，扩大传播力，主要从以下三个方面着手：

（1）营销活动内容制定。与用户切身利益相关的营销活动会激发用户的参与度，如优质产品免费体验、爆款产品邀请好友拼团等活动的制定。在营销活动制定时要注意把控成本和严格选品，否则，会造成损失或负面传播效果。

（2）提供多样化的转发素材。根据不同社交网络平台或同一社交网络不同分享场景，为用户提供多样化转发素材。以微信为例，用户在微信中的转发分享主要有两个场景：一是熟人间的好友分享，包括家人、朋友、同事等，这是典型的强社交关系链中的传播分享，需要接地气、娱乐化的分享内容；二是朋友圈内的转发分享，朋友圈中的用户虽然有一定的社交关系，但用户之间的信任度相对较低，属于弱社交关系链，需要高质量、有助于个人影响力塑造的内容。基于上述两种场景，商家可以为用户提供差异化的转发素材。

（3）制造话题性营销活动时，模板化内容和二次创作空间便于用户自生产。有趣的话题会引发讨论和跟风，此时模板化的内容只需要用户进行简单加工，就可以创作出属于自己的个性化内容。例如，2020 年 3 月 4 日，国货美妆品牌自然堂官博以 # 当代木兰每一个都很美 # 为话题，推出了一支超燃国漫短片，还原战疫女性的飒爽英姿，国漫风格加持中国文化，短片一经上线就引发了网友的关注和热议，因此通过话题营销产生裂变式传播的效果。

任务4　准备直播设备

任务描述

工欲善其事，必先利其器。有效、高质的直播离不开直播设备的精准配置。根据不同团队、不同直播需求，设备的配置存在差异。个人主播在准备直播时，需要的配置相对简易，手机、声卡、无线麦克、灯光、宽带等设备即可满足。但在打造专业直播团队时，设备的配置需要准备得更加充分。直播间直播和现场直播的设备要求又不相同。根据实际需求准备合理、高效、优质的直播设备是完成直播工作的重要条件。

任务要求

熟悉和了解各种直播所需设备，能够依据直播条件和需求准备直播设备。

知识链接

目前直播形式有PC端和手机端两种，如YY、斗鱼等为PC端直播平台，抖音、快手、腾讯看点等为手机端直播平台。需要针对不同直播形式、直播主题选择直播设备。常用直播设备包括但不限于电脑、手机、宽带、路由器、声卡、转换器、投影仪、显示屏、多功能支架、麦克风、灯光、摄像机、调音台等。

直播间的设备介绍

直播设备种类及用途

（1）台式电脑。对于PC端直播，最重要的设备是一台能够确保直播流畅性和稳定性的台式电脑。与笔记本电脑相比，台式电脑的性能和性价比都显得更高。

在电脑配置方面，以下数据可以参考：15～25英寸左右的护眼显示器；独立显卡；8G以上内存；内置声卡；Windows 7以上系统；1G以上独立显卡；高清摄像头。

（2）宽带及路由器。直播对网络的要求非常高，在宽带的选择上尽量选用光纤宽带，光纤宽带可以实现上行速率与下行速率同步。理论上，上行带宽越高越好，可以通过网站进行可视化网速监测。例如，speedtest.net或beta.speedtest.net就可以操作。PC端直播通过网线连接可以更好地保持网路稳定性；手机直播需要借助无线路由器实现。必要时也可以配备信号增强器。

（3）手机及充电器。手机直播中，最重要且基础的配置是手机。手机需要满足摄像功能强大、运行速度快、内存充足、音质好以及屏幕大等基本特点。根据直播情况不同，对于手机数量的需求也有所不同。在个人主播带货时，通常需要两部手机，一部手机用于直播，一部手机用于场控。通常充电器也是必备的，直播耗电严重，以免直播过程中因电量不足导致直播中断。

（4）声卡。声卡又叫音频接口，声卡可以分为外置声卡、内置声卡和板载声卡。直播通常适用外置声卡或内置声卡，板载声卡的性能达不到直播需求。声卡的工作原理是将在麦克风输入的音频信号转换成数字信号传送到电脑，最后数字信号经过处理，还原成音频信号输出到耳机、音箱中。

内置声卡用在台式电脑主板上的 PCI 插槽上，电脑端直播时，无特殊要求的情况下内置声卡就可以满足直播需求。

外置声卡的使用更广泛，在台式电脑、笔记本电脑以及手机上都可以使用。根据不同的直播需求，进行配置。外置声卡可分为电脑声卡、手机直播声卡、电脑手机通用声卡。

电脑声卡是只能在电脑上通过 USB 连接使用。如想在手机上使用这款声卡需配置手机直播转换器。

手机直播声卡的价格比电脑端的声卡便宜且更便捷，直插手机使用，可随身携带。

电脑手机通用声卡不需要手机直播转换器，比起专用于某一种设备的声卡更加方便。

在电商直播中，声卡并非必备设备，根据主播或直播间要求选配即可，但在歌唱类直播等对声音要求高的直播中是必备设备。

（5）麦克风。品质好的麦克风能够为直播助力，在直播中通常使用电容麦。电容麦的选择需要参考两个标准：预算和直播类型。电容麦的价格根据规格不同从百元到万元不等。与声卡的配置相似，电容麦的配置在对声音要求高的直播中需要重视。在日常电商带货直播中，满足声音清晰传达、降噪等基础功能即可。

（6）灯光。根据不同的直播需求，有多种灯光可供选择，根据直播间面积、室内直播、室外直播等直播条件选取不同灯光。灯光在直播中主要起到美化主播、美化背景的作用。灯光通常会用到柔光灯箱、LED 灯、灯架、顶灯等。个人直播相较于机构或团体直播对灯光的要求可简便一些，在直播时选取直播补光灯即可满足直播需求。

（7）摄像机。在团队直播或机构直播等更专业的直播中，摄像机的使用将极大提高直播品质。高清摄像机能对画面进行 720 线逐行扫描，拍摄质量和清晰度都较高，分辨率可达到 1280px×720px。如果条件允许，可以使用数码摄像机，数码摄像机可以实现 1080 线各行扫描，分辨率达到 1920px×1080px。一般情况下，高清摄像机足以满足直播需求。

（8）直播用多功能支架。手机端直播时的必备设备，与相机三脚架相似，在功能上较之更丰富；在直播时可以将多部手机、声卡、补光灯安装在支架上，以保持直播的画面稳定性和画面质感。

（9）调音台。调音台可以把话筒声、伴奏声、乐器声等声效集合并进行统一控制和限噪。调音台又分为直播调音台和录音调音台。两相对比，录音调音台的功能更为复杂，而直播调音台的操作相对简单便捷一些。电商直播建议选择 6 孔以上带混响的调音台。

（10）屏幕转换器。在个人直播中，有的主播会用一部手机进行直播，用另一部手机查看互动信息；但在大型直播中，主播对屏幕字幕的识别要求较高，需要配置转换器，将屏幕信息转换至显示屏中，帮助主播看清屏幕上的内容。转换器有苹果版、安卓版和通用版，根据直播设备选择即可。

（11）投影仪与显示屏。转换器转换屏幕内容时，需要配合投影仪及显示屏的使用。投影仪和显示屏可根据直播间以及预算进行选择。

任务实施

请结合工卡 C-04（准备电商直播设备），完成以下任务。

1. 直播间设备准备的前提

了解、熟悉各种类型设备的功能和适用范围非常重要，但除此之外，在直播间设备的准备阶段，还需要具备以下几个前提，才能够更好地完成工作。

（1）明确直播间属性。了解、熟悉正在筹备的直播间的实际情况，比如是企业直播间还是个人直播间、是资金雄厚的直播间还是初试水的主播间、是带货主播还是才艺主播等，从以上方面判断直播间属性，明确直播间定位，才能够做到真正适用、实用的进行直播间设备的准备。

（2）了解直播设备价格区间及性价比。相同功能的直播设备可能由于厂家不同而产生价格差，最优的直播间设备准备工作应做到熟悉市场行情，详细了解性能、价格与性价比，在脑中列出设备性价比清单，帮助记录和比较。

（3）制作直播间设备准备计划。通过对比、分析，得出最适宜该直播间的设备种类及价格，列出详细的准备清单。并在设备准备的过程中针对清单内容进行选择及采购。这不仅有利于我们的准备工作，也有利于工作的衔接。在直播间工作人员的安排中，有时会出现一人负责多事务或多人负责一事务的现象，做好计划是使工作有条不紊进行的必要环节。

2. 直播间设备准备

掌握不同设备的价格、使用方法和使用效果，并根据不同直播主体性质和运营状况，对直播间进行直播效果、成本把控等方面最优化的配置。

（1）个人直播设备准备。通常个人直播的设备相对简单，以便携、低成本的设备为主。一部摄像功能较好、运行速度快、内存充足的手机；一个配备直播美颜灯的多功能支架；一个电容麦或无线麦即可。如有需要，可再配置一部便于实时跟进直播间的手机。个人直播设备的成本主要包括手机、直播支架和电容麦，总成本一般在 5000 ～ 15000 元之间就能够达到主播的直播需求。手机是人人必备的生活用品，所以个人直播设备的准备具有成本低、便携的特点。

表 3-1 是广西新型电商联合会为个人主播提供的设备准备清单。

表 3-1　个人直播设备配置方案

设备名称	作用	价格	数量
直播架	架设手机	价位不等	1
直播美颜灯	对直播间进行美颜	价位不等	1

直播架和直播美颜灯，如图 3-14 所示。

图 3-14　直播架和直播美颜灯

（2）商家直播设备准备。店铺直播的设备和直播基地的设备根据实际需要、品质要求进行配置。通常商家财力雄厚，为保证直播质量，直播设备的准备更加精良。

表 3-2、3-3 是来自广西新型电商联合会提供的不同商家直播设备配制方案，该方案为我们提供了很好的学习和参考。

表 3-2　商家直播设备配置方案 1

设备名称	作用	价格 / 元	数量
禾苗 V66 导播台	进行机位切换，在直播间内插入视频、照片，与其他主播进行连线直播	6100	1
索尼数码摄像机	相当于手机镜头的作用（小型摄像机）	6200	1
三脚架	固定摄像机	（已包含在摄像机中）	1
HDMI 高清传输线（10 米）	进行视频传输	118	1
麦克风	接收现场声音（连接在摄像机上）	（已包含在摄像机中）	1

表 3-3　商家直播设备配置方案 2

设备名称	作用	价格 / 元	数量
直播王多机位专业导播切换台	进行机位切换，在直播间内插入视频、照片，与其他主播进行连线直播	14800	1
禾苗 V66 导播台	进行机位切换，在直播间内插入视频、照片，与其他主播进行连线直播	6100	1
索尼高清摄像机	相当于手机镜头的作用	12800	3
摄像机三脚架	固定摄像机	450	1
HDMI 高清传输线（10 米）	进行视频传输	118	3
麦克风	接收现场声音（连接在摄像机上）	200	1
对讲机	进行主机位与副机位的沟通，确定切换时机	200	2

任务5 打造直播间

7 步教你快速打造一个直播间

任务描述

直播电商的关键就是对传统零售人、货、场的重构。一场直播的效果与人、货、场都有重要关系。打造一个优质直播间，也是吸引流量和维系流量的重要因素。打造直播间不仅是现场环境布置，还包括人员、道具、现场物料、产品等多方面布置。

任务要求

掌握直播间打造技巧，巧妙布置空间，合理规划直播间，帮助主播更好地完成直播活动。

知识链接

打造直播间需具备的能力

打造直播间是一件细致、繁琐的工作，需要具备与之相匹配的专业能力。

（1）统筹能力。统筹能力是指洞察事务、工作谋划、整体部署、衔接沟通、整合协调等方面的综合能力。

以下三种统筹能力是打造直播间工作的必备能力：

计划能力：计划性的强弱是统筹能力的重要表现，计划能力能保证项目的顺利实施。

目标清晰：是否具有清晰的目标是衡量统筹能力的重要因素之一。在直播间打造项目中的目标通常是指能否达到在节约布景预算、人工成本的基础上打造出最符合直播主题的直播间。

资源配置：资源配置能力在布置直播间的过程中事关成本以及合理化运用，是一个核心能力。在直播间布置中资源配置的核心问题是将有限的经费投资在哪些物料、设备上，以达到最优化配置。

（2）营销思维。直播间的打造是一个综合性工作，看似简单的场景布置，其中每一个环节都包含了营销的目的。具备营销思维，在打造直播间时，根据明确的营销目的设计直播间，安排直播间人员、设备、场景布置。例如，家电专场直播的直播间打造，制造家庭氛围，布置厨房环境，为主播设定人设及服装搭配，根据直播场条件配置直播设备等。

营销思维是指通过换位思考从营销的角度看待问题，运用营销理论、知识分析问题并提出有效解决方案的思维模式。在直播行业，用户思维、整合思维、互动思维、逻辑思维、迭代思维、跨界思维等优质营销思维是直播成功的重要助力。

用户思维：互联网时代，时局发生变化，为了获得流量优势，必须重视长尾，做到用户体验至上。直播间的打造需要站在用户体验感的角度进行设计。

整合思维：信息时代，以资源取胜，资源整合变得尤为重要。从全局出发，整合优势资源，弥补自身不足。在此过程中把控关键环节，不断创新。调整设计，以使设计合理化。

互动思维：直播与传统电视节目观看最大的差异就在于互动性。直播中如果只有单向输出是无法留住流量的。互动是成交的开端。在布置直播间时应时刻提醒自己加强互动思维，拉近距离，给用户参与感和深入了解的机会。比如，在打造直播间时用心制作背景，与用户产生话题。

逻辑思维：只有经过逻辑思维，人们对事物的认识才能达到对具体对象本质规律的把握，进而认识客观世界。在直播间的打造中，千头万绪的事务需要运用逻辑思维能力，围绕着六个步骤去实行：目的、目标、规划、执行、总结、优化。

迭代思维：通过每一次直播对直播间的打造进行迭代升级，每一次卖同样的产品都有迭代设计，会给用户新鲜感和品质感。这种思维能够提升用户的留存率。

跨界思维：跨界合作本质上是一种创新、发散、开放的思维。下农村直播耕种、现场直播农副产品销售，就是一种跨界。跨界思维能够打开眼界，网络的高曝光度使得单向领域的竞争力被削弱，新鲜感、体验感的跨界整合才能给人眼前一亮的感觉。

（3）良好的沟通能力。打造直播间的过程中，设备配置调试、样品选择、产品性能卖点规划、场景布置等工作依赖团队完成。沟通占据打造直播间工作的 70% 工作量。良好的沟通能力会事半功倍。

良好的沟通能力包括：良好的语言表达能力；丰富的行业知识和经验；形体语言表达技巧；善于洞察对方的心理活动；具备专业的人际沟通能力；良好的倾听能力；勇于承担责任等。

任务实施

请结合工卡 C-05（直播间的设计与布置），完成以下任务。

打造直播间

（1）场地布置。了解不同直播主题所需场地面积并根据主题对直播间进行规划、布景。

通常来说，个人主播场地标准为 8 ～ 15 平方米，团队直播场地标准为 20 ～ 40 平方米。综合考量直播间的整体打造，要尽量使层高处于可控的条件下，将直播间层高控制在 2.3 ～ 2.5 米为最佳。层高过高、直播间过大会导致环境光发散，且麦克风不容易收音。

直播间的大小通常具有一定限制，在有限的空间内，为达到更好的直播效果，有时直播间工作人员会选择在视觉上扩展直播间场地。

视觉上扩展场地的技巧：①在直播间布置中，按照对角线站位的方式布置，即主播站在对角线上，可以使画面得到很好的纵深效果和立体效果，画面中的线条还具有吸引人视线、使画面更加动态的作用；②主播后排配置选择，主播背后增加物品摆设，如沙发、衣架、模特、背景板等，整个直播画面被切割成前中后三个部分，视觉上增加直播间的长度。

直播间的一个部分是入镜空间，另一部分是直播间的全部工作区域。考虑直播间场地整体规划时根据直播间的分区和实际工作区大小，要提前测试场地隔音以及回音情况，如果隔音不好或回音太重，都会影响直播的正常进行。

通常直播场地需要进行区域划分，以便直播工作的顺利进行。

货品准备区：在这一区域将直播需要进行展示的货品有序摆放。

货品拍摄区：对即将上架的货品进行拍摄、修图。在这一区域要求光线充足，自然光光线如果不够则需要租用或购置一套照明设备。包括光电传感头、柔光箱、电池、无线引闪器、魔术腿等，保证拍摄质量。使用数码单反或拍摄功能强大的手机进行货品拍摄，并对照片进行后期制作。

场外工作区：场控、备货员、协调员以及其他售后服务人员的工作区域。在直播期间需要在直播场外预留工作区，对直播进行辅助及跟进工作。

直播区：直播区面积不宜过大，直播设备、主题背景、样品展示区都应在此区域。

物流区：货品的物流配送速度快、售后服务有保障是电商品质的重要评价标准，主播通过直播销售货品，需要工作人员在确认订单后第一时间联系物流发货。

粉丝观摩区：有的直播间专门设置粉丝观摩区，拉近与粉丝的距离；加深对主播工作的了解，创造互动机会，提高对主播的好感度。

（2）直播间场景布置。直播间场景的贴合度有助于主播的货品销售和粉丝好感度、信任度提升。每一场直播都应根据不同主题、不同销售货品对直播间进行贴合主题的布置，提高匹配度、彰显风格，这样的布置极易提高代入感。

直播不一定总是在直播间完成，直播场景的选择要贴合直播陈列品与内容，且适合主播的直播习惯，便于发挥。一般除了室内主题直播间外，还经常采取原产地直播、工厂车间直播、品牌门店探店直播等直播形式，这些地点也可以作为直播场景设置参考。原产地、工厂车间直播着力打造产品卖点，增强真实感、信任度、正宗性等，说服力较强。

在室内主题直播间直播时，直播背景根据当场主题设置。有的团队直播间会选择配置 LED 背景屏，根据不同主题更换背景；多数团队会使用 KT 板制作背景墙进行布置。如图 3-15 所示，广西新型电商联合会联合广西出版传媒集团举办的直播，用 KT 板以及道具书架作为直播背景，贴合直播主题，舒适度高，用户极易代入。这里需要强调一点，直播间的背景不建议使用白墙，白墙作为背景很难调适灯光。

图 3-15　直播活动主题背景

在直播背景无法实现场景化布置时，还可以采用绿幕背景，在直播中实现虚拟背景直播，如图 3-16 所示。

图 3-16　直播活动虚拟背景

（3）道具准备。直播中的展示样品、手机、计算器、布景道具等的准备和布置可以助力主播发挥。例如，在服装带货直播间，折扣力度的计算采用计算器现场计算的方式使用户直观感受折扣的金额变化，增强购买欲望。货品陈列同样非常关键，大部分直播间用户使用手机观看，货品陈列要有序紧凑、主次分明，适宜手机屏幕宽度，给用户带来更好的体验感。

（4）直播素材准备。

直播封面图：直观影响直播间打开率，直播封面图首先要遵守平台规则，不能为博眼球违规操作。

直播标签：可以提高直播间流量精准度，吸引目标用户打开直播间，所以直播标签的设置要结合商家用户画像。

直播标题：设置要简洁明了，避免繁杂，给用户留下主题明确的印象。

水印：通常位于直播画面的角落，添加文字或图片将关键信息呈现给直播间观众。水印是一种对直播间和主播进行宣传的广告，在直播中提醒用户，强调品牌。

（5）灯光布置。灯光的布置在直播中非常重要。柔光灯放置于人的两侧镜头外的位置，用于改善主播肤色。主光选取当下流行的 LED 灯即可，光线明亮，节能。通过辅助光和主光的搭配增加主播的美感。直播间通常会将自然光遮挡，所以用 LED 灯进行面光补充，使画面质量更加清晰。如图 3-17 所示。

（6）直播设备布置。直播设备根据直播间大小、直播规模不同进行布置。

个人直播中，多功能三脚架、美颜补光灯、手机、耳麦即可实现直播。

团队直播中，有条件的团队会选择摄像机、导播台等设备进行直播；也可以采用手机直播形式，手机直播的特点是更加便捷，但在画面质量上没有摄像机画面质量高、稳定性也略差。如图 3-18、图 3-19 所示。

图 3-17　直播现场灯光布置

图 3-18　直播设备布置

图 3-19　直播摄像机设备

（7）直播设备测试。直播设备布置完毕后，为保障直播顺利完成，运营人员需要对设备进行测试。在设备测试中，以下几点需要注意。

1）确定摄像头摆放位置最佳。直播活动有时需要全景，有时需要近景，为保证画面成像效果，需要找到摄像头摆放的最佳位置。且需要测试摄像头最大调整范围，避免在直播过程中由于摄像机位变化导致环境布置穿帮。

2）网络测试。在网络测试中，不仅要测试网络连接的稳定性，同时还要对网络传输速度进行测试。

3）直播测试。直播画面测试、声音采集效果测试、直播流程衔接及设备配合测试。

4）各种线的归置。确保电源线、网线、音控线等正常连接，同时做好线缆归置，避免对主播、场控等工作人员在直播间的活动造成障碍。

任务6　确定直播间玩法

任务描述

直播间玩法，即如何使直播获得最优效益。直播间的玩法基于不同平台有不同的设计。人（主播）、货（商品）、场（直播地）三者的配合缺一不可。想要确定直播间玩法，需要了解直播间常用直播模式，根据不同的产品或内容确定不同的直播模式；设计直播间互动策略，粉丝来来去去，是否能够保证驻留并产生转化是直播间直播成功与否的重要指标；运用商品推荐技巧，同样的产品不同主播可以获取截然不同的销量，其秘诀之一就在于是否成功运用商品推荐技巧。

任务要求

了解直播间玩法，掌握如何根据直播间特点和不同商品进行直播，能够实现直播间效益最优。

知识链接

直播行业从最初的店铺直播发展至今，直播模式越来越丰富，商家不断探索、尝试各种直播方式，并形成了以下几种比较成功的常用直播模式。

（1）店铺直播模式。店铺直播模式中，主播的主要工作就是一款一款地介绍在售产品，或者主播根据观众在评论区的留言，向观众展示具体细节、答疑解惑并进行推销；直播的内容就是直播间陈列的各个商品的介绍和推荐。这类直播的竞争力在于直播的商品，依靠店铺中的商品引起观众互动。商品品质和种类在这类直播中至关重要。

（2）海外代购直播模式。传统代购都是盲采模式，代购水分极大，价位也参差不齐。直播兴起后，新的代购模式也随之出现，即直播代购。这种直播模式是主播在国外给粉丝直播带货，可信度大大提高，并且可以给用户提供直观的商品展示；在直播中随着镜头的画面变化商品也随之变化，用户为了观看自己想了解的产品会持续关注，这样为直播间的活跃度和流量提供了保障，也给了客户新鲜感，增加了期待。这种模式以价格取胜，但直播中主播露面有限，对用户产生的关联性不强，是其弱势的地方。

（3）基地走播模式。直播行业的兴起给中间商带来了巨大打击，基地走播模式基于产品供应链构建直播基地，主播进入直播基地进行直播。一般这种直播模式会提前选好商品，基地根据需求做好直播间布置即可开播。在直播内容上主播会根据粉丝的需求从多样款式中筛选款式；且直播基地的直播间布置和直播设备都比较优质，内容辨识度也较高。这种模式比较轻便，主播不必担心货源、产品质量以及售后服务等问题。但是这种模式也有其弊端，基地往往会协助主播“演双簧”——合作营销，采用好款惜售的模式策划商品预售，在这种直播中冲动下单率高的同时也造成了退货率高的问题。

（4）直播间定制出品模式。在这种直播模式中，主播根据粉丝的需求采用 ODM（托厂商按原厂之需求与授权依照特定条件生产）或 OEM（原始设备制造商生产）的方式推出特有款式。这种模式下货品品质得到了保障，成交率来自长期以来粉丝对主播的信任度和能力认可，且粉丝对产品上新具有较高期待，成交率有保障。与普通商品相比，特有的商品首图和标题能让观众有好的辨识度。但是，这种直播模式的弊端在于打通渠道的壁垒较高，操作难度较大，进入门槛高。

（5）砍价直播模式。砍价直播模式下一货一品，容易产生哄抢。这一模式的流行也源于用户喜欢围观砍价及成交过程的围观心理。主播拿到货后，会对商品的优缺点为粉丝进行剖析，同时告知粉丝商品的估算价值，征询有意向购买的粉丝。在此基础上，货主报价，主播砍价，价格协商一致后三方成交。这种模式主播赚取粉丝代购费及货主的佣金。

（6）秒杀直播模式。秒杀直播模式通常是品牌商的促销方式，在这一模式下，主播和品牌商合作，帮品牌商带销量的同时为自己的粉丝谋福利。这种模式的运作核心点就是从供货商的手中拿到最大福利。这种模式极易形成马太效应，强者愈强，主播带货能力越强越受到商家青睐，拿到的折扣越低，而主播的收益来自“坑位费”+销售返佣。这种模式中优惠和礼品就能快速吸引到粉丝。粉丝在前面的商品中尝到甜头就会对后面的直播产生期待。

主播最核心的能力是对商品价值的渲染能力。但同时，需要注意的是主播不能夸大产品价值和功效，要以粉丝利益为底线。避免“辛巴燕窝事件”的发生。

（7）达人直播模式。达人是指在某一个领域非常专业，出类拔萃的人物，既指某方面的高手，也指活跃用户。达人在直播领域指对某一产品垂直细分领域了如指掌，成为该领域的消费意见领袖。

达人通常可以看作是腰部主播，通过达人直播模式积攒的粉丝，由于对主播的信任度和认同度较高，所以这类直播的转化率有不错的表现。达人直播模式成为一些品牌崛起的营销新模式，如完美日记的小红书达人营销。

（8）产地直播模式。产地直播模式是指主播来到产品产地或产品的种植、生产者在产地通过生产过程直播或现摘现卖的直播方式进行销售的模式。土鸡、土鸡蛋、大龙虾……无论是自产自销、还是产地直销，到产地买的性价比最高，品质也最放心。这种模式给生活在钢筋混凝土的城市中人带来新鲜感，但是这种直播模式内容较单一、直播环境相对受限，长期来看，期待度较低。且物流成为很多产地直播的最大问题，导致卖家赚不到钱。

（9）博彩直播模式。博彩直播模式辨识度高，成交冲动性强，利用的是用户的赌博心理，直播的趣味性非常强，导致用户对内容的期待度高。博彩模式是直播中最易操作的模式。

（10）抢拍直播模式。抢拍直播模式的操作如下：如直播销售一件衣服，S 码扣“1”，只有在直播间被叫到名字的用户才能领到号码，领取号码后到链接里付款并备注编码。这种模式与秒杀模式不同，秒杀模式是产品最大福利，这种模式更具有饥饿营销属性，会增加直播间的紧张感创造营销氛围。且这种直播模式可以使主播与用户之间形成强联结。如果能够拿到市面上较难获得的商品，会使直播如虎添翼。

任务实施

直播间的玩法总结大全

直播团队根据所销售的产品确定直播模式，并对直播间互动策略进行详细规划，小到抽奖信息设置，都对直播过程有直接影响。善于规划和运用互动策略，是直播成功的关键。具体直播间互动如何进行，下面将从方式、错误点提示等方面进行讲解。请结合工卡 C-06（确定直播间的玩法），完成以下任务。

1. 直播间互动策略设计

直播过程也是不断引流和维护流量的过程，为了提升直播间的人气，壮大粉丝群体，提高流量变现能力，主播必须做好直播间的互动设计，为粉丝提供福利激励。

（1）抽奖。截屏抽奖是电商直播中最常用的互动策略。在直播间经常能看到这样的截屏抽奖活动：主播发布口令，让用户在评论区随意发送消息，倒数计时截屏，截屏时屏幕上出现的用户就是中奖用户。除此之外，主播还可以根据直播平台的玩法，利用直播中控台上的抽奖工具进行抽奖，发放的权益大多是现金红包、免单商品、立减额度等。通过这种方式，主播可以很好地活跃直播间的气氛，增进与用户的互动。

直播间互动性与直播间权重有直接关系，直播间权重越高越容易被官方推荐至首页获取更多自然流量。对于粉丝来说，截屏抽奖可以吸引他们按时前来观看直播，增加直播间的进入率、回访率与购买率。

（2）点赞送权益。这种方式与抽奖类似，只不过互动方式从评论变成了点赞，这种方式可以增加直播间的互动。当点赞达到一定数量时就会为粉丝发放一些权益，借此增强直播间的互动性，活跃直播间气氛，增加账号权重。“关注有礼”可以获得自己专属的公域流量，但对于电商来说，这个方法的使用需要进行成本把控，根据自己的实际情况慎重选择。只要有粉丝关注直播间，主播就要送上礼品，如优惠券、淘金币等，成本较高。当然，成本越高，效果越好，这种方式不仅可以快速吸引大批粉丝、提升直播间的转粉率，还能增加账号权重。

（3）粉丝等级制度设计。对粉丝进行等级设置，主播根据直播间粉丝的不同层级设置不同的权益。为了便于管理，直播间粉丝通常被划分为4个层级，分别是新粉（初级粉丝）、铁粉、钻粉、挚爱粉。每个层级的粉丝都有自己的专属权益，级别越高，享受的权益就越多、越好。以淘宝直播为例，主播可以在后台设置直播间专属价，这个价格要比常规渠道的价格低，通过这种方式吸引用户在直播间下单，以提高直播间的转化率。粉丝要想升级，就必须通过如观看直播、购买产品、发布评论、转发主播间信息等方式提高与主播的互动值。在这个过程中，直播间的各项数据都能有所提升。为了回馈粉丝，电商必须对粉丝权益进行优化设置，最好设置一些具有吸引力的权益。如果设置的权益力度不足，这种方法就很难发挥出应有的效果。总而言之，主播要想做好直播间粉丝维护，就必须经常为粉丝提供一些权益。

（4）直播间连麦。直播间连麦与PK虽然性质不同，但都能够调动直播间氛围，并吸引更多粉丝进入直播间。在电商直播中，连麦的效果更好，通过连麦可以提高直播间流量及驻留；增强直播的趣味性和互动性。连麦中设置具有讨论性的话题或互动福利会形成更好的直播效果。

错误的互动抽奖、发券、发红包策略，不仅对直播效果没有帮助，还会消耗成本。以下几点在直播的互动策略运用中要特别注意：

（1）活动信息无明显告知，造成进来的流量没能第一时间知道。正确做法应该通过口播、小喇叭公告、悬浮图贴片公告、小黑板等多种组合方式说明抽奖规则和参与方式。让用户在进入直播间时能够看到福利活动，就算没看到也能够在进入的短时间内获得口播通知，这样才能够引起用户注意，并使其驻留。

（2）活动无规则，主播想发就发，想抽就抽。正确的做法是明确如何参与抽奖，例如点赞2万抽价值××元福利奖品；通过实战经验发现，福利活动尽量避免按照时间整点进行，整点进行的规律性较强，投机用户会利用这一点，而通过点赞数决定抽奖时机的方式因为点赞数是不确定因素，会提高驻留时间。

（3）福利活动进行时无任何现场互动。正确的做法是福利时间到，主播提醒用户刷指定评论/弹幕（弹幕要设置有趣有目的，如关注主播不迷路），活跃直播间气氛，主播觉得气氛烘托起来后，发起后台抽奖界面，另外也可以在抽奖之前提醒用户关注主播可以增加中奖几率等。福利活动中的截屏抽奖方式不适宜所有平台，如苏宁平台不支持用户和主播单线聊天，所以不适用截屏抽奖方式，否则会因无法准确找到及辨别中奖用户，而引起大量客诉。

（4）无节奏安排，福利活动一次即结束。切忌一场直播只抽奖一次或者所有抽奖一次性完成，要有节奏安排。每次福利活动制造一个小高潮，一次结束后，可选择公布中奖者，同时预告下一波什么时候，并提示没有中奖的用户不要走开，直播间将会在点赞到某个数字时进行下一轮抽奖。这种方式可以大大提高路人转粉率、直播有效粉丝数。其他类型发券和发红包的福利活动同理。

2. 商品推荐技巧

如果一场直播未能使用户对产品产生兴趣，就不可能产生转化和成交。所以主播借助系统功能和推荐技巧提高商品转化率是直播成功的重点和难点。

（1）实时讲解。一般情况，用户需要点开直播间的购物袋，才能看到商品。在直播中，主播讲解的时候后台中控可以配合弹出产品链接，让用户更直观地看到正在讲解的商品，省去搜索商品的步骤，提高下单率。

（2）利益点突出。购物车添加商品时，可在后台商品管理中标明直播间产品的利益点，如标注“此产品直播限时直降399”，利益点突出，可以刺激用户购买，同时系统也会自动抓取详情页的优惠信息。

（3）直播信息卡优惠引导。在直播中，可在直播间信息卡上设置引导语：抽奖送×××号宝贝，引起直播间粉丝点击。

（4）有效利用直播道具，助力直播销售。直播道具是指除了商品本身，用于更好地表现或突出商品卖点、利益点的道具，在销售中也叫销售工具。例如，当需要告知价格优势，展示折扣力度的时候，小助理可以拿出计算器；当谈及产品是某明星同款时，拿出准备好的明星同款照片；当需要演示如何下单购买时，主播现场演示领券操作步骤等，都是帮助消费者进行购买决策的有效助力。

（5）主播推荐话术。在主播话术中，根据主播人设或直播间特点选取每一个商品的推荐重心。每个商品都有很多特点，但是最主要的卖点是促成购买的核心特点，主播在直播时挑选最核心的卖点，讲明白，打动用户，抓取最具有此类购买需求的用户直接促成下单。

在推荐话术中，有一个技巧非常有效，即做好充足准备，放大价格（价值）优势。价格都是比出来的，如何体现一个商品的价值感，主播可以寻找普及性高的同类型产品进行对比分析，话术中利用产品性能或价格上对比的优势给用户展示产品价值。这种做法会更好地使用户在心里产生具象化的价值感，并产生购买欲望。也可以用借势的方法，捆绑大牌或优质产品，放大产品价值，使用户认可产品的价值。例如，在直播间卖化妆棉，可捆绑大牌护肤品，设计“用这个产品就要用这款化妆棉，吸收更好、更省护肤品”等话术，吸引用户。

（6）体验感设计。很多时候用户对从未购买过的产品会抱有迟疑态度，主播通过亲自试用并讲解产品成分、特点或者使用方式等都会对打消用户迟疑态度具有很大的作用。在产地直播的主播通过现场试吃或现场采摘等形式迅速打动用户。同时，趣味实验等方式的设计和展示，会增强直播的趣味性，增加直播间驻留时间；且实验对比也会令用户信服，从而增加成交率。

（7）善用销控，把握节奏。销控就是人为控制销售的节奏，营造火爆销售的场面。直播间中的商品，不一定要在最开始就上架所有库存，可以设置逐步上架的方式。比如某商品备货可能有3000套，但是第一次上架300套，秒光了再上几百套，再秒光，再上……

这样做的好处非常明显。第一个好处是人为营造了上架秒光的火爆场面。这种火爆的场面，可以带动很多具有观望心态的粉丝作出下单决策；第二个好处是调动了用户“抢”的心态。“抢购”“过时不候”“数量有限”等都是在唤醒人大脑中关于安全的本能。“怕失去”“怕错过”的优先级，远远高于“这个东西到底对我有多大用处”“这个东西到底划算不划算”这类的理性思考。所以，饥饿营销在各个领域的营销中屡试不爽。

直播间玩法有很多种，归根结底在选择适合的直播模式，制定直播间互动策略，并通过推荐技巧有效促成成交。

任务7　保证时长和频率

如何保证直播的时长和频率

任务描述

通常在直播中，平台不对直播时长和频率做强制性要求，但通过不同平台的推荐机制研究发现，直播时长和频率的保证可以使主播获得平台推荐，助力主播获取平台流量。另外，稳定的直播时长和频率会带给用户信任感。所以，直播电商保证时长和频率是非常必要的。

任务要求

保证直播时长和频率，增加平台推荐几率，获取用户信任度，避免无效直播。

知识链接

保证直播时长和频率的必要性

（1）直播间权重。不同直播平台在对直播间的首页推荐算法中，对直播的时长和频率都有不同的逻辑，例如，斗鱼直播平台中直播4小时以上会获得首页推荐。

无论什么直播平台，算法的逻辑都来自于对主播身份标签的识别、内容品质以及直播规律性。稳定的直播时长和频率有助于系统判断并推荐。

电商直播的推荐逻辑中，单次90分钟以上的直播会增加直播间权重。在淘宝直播中，由于店铺直播没有人格属性，店铺直播可以更换主播持续直播，持续直播的流量获取和转化效果会成几何式增长。因此店铺直播在直播时长上具有优势。很多店铺为了争取新流量、新用户的进入甚至使用车轮战，每天直播十几个小时。

在相同的算法规则下，直播时长越长，越有优势。保证直播时长、获取平台流量是每一位主播必经之路。

（2）获取用户信任和培养用户观看习惯。在长时间的直播下，平台推荐会使用户时常能够刷到主播的直播间，经常刷到被点开驻足的可能性增加，用户的信任度也会随之增加。当获取流量及认可后，固定频率或高频率的直播将使用户产生观看习惯，这与社群维护中的活跃度原理类似。

（3）直播经验及技巧积累的重要途径。质变促成量变。新手主播对于直播间的把控、直播内容设置以及用户维系都缺乏经验，且新手直播间的流量会在一定时间内保持较低的状态。在长期的直播坚持下，能够积累直播经验、技巧，提高直播品质，学习再多的直播课程也不如一次次直播带来的经验更有助于主播的成长。

任务实施

请结合工卡 C-07（掌握直播时长和频率），完成以下任务。

如何保证直播时长和频率

（1）确定直播时长。主播根据自身直播经验及直播内容确定直播时长，直播时长的确定能够使后续工作有序进行。一般情况下，单次直播时长不低于 2 小时，充足的直播时长才能够保证直播间选品的丰富性，保证互动频次并获取平台流量进入。

有经验的主播或店铺商家要做好长时间直播的准备，直播时长是直播间权重增加的重要指标，也会为用户的回访、购买及复购提供机会。

（2）确定直播频率。确定直播频率对新手主播尤为重要。一般建议新手主播以每周两三次的频率进行直播。这个频率能够给主播充足的准备时间，培养主播的信心、直播经验以及培养用户观看习惯。

对于有经验的主播或店铺商家来说，每天直播能够提高用户黏性、活跃度、复购率，并能够帮助商家为连续性、有计划的商品预售和促销活动做准备。

（3）直播前进行充足准备。保证直播时长和频率不是随意而为的，平台算法中对无效直播有其评估标准，为时长而时长是不可行的，且无效时长也无法带来流量的驻留及转化。所以保证直播时长和频率的重要前提是做好充足准备，不做无效直播。

直播准备包括选品、话术及直播间互动设计。此部分内容在上一个任务中有详细讲解，此处不再赘述。新手主播直播经验少，需要观看、学习其他主播对直播间的把控，做直播时长计划，并准备好计划时长内选品种类、数量，了解产品卖点、设计推荐话术，并根据预设直播时长设计互动频次及互动方式。只有做好充足的准备，才能够在新手直播间内完成预定直播时长，且留存观看用户。

有经验的主播或商家在直播前的准备中，要结合时长和频率做好选品搭配、促销活动，甚至是体验感设计和实验设计。为直播转化做好准备，增加直播间权重、提高转化率。

（4）监控直播数据，调整直播运营。查看分时数据、关注点击率、转化率、转化成本、直播间观看、关注、点击购物车等各指标的变化，实时分析，对直播间内容或货品进行优化。比如，随时优化出价和及时调整素材。

关注直播间数据变化，尤其是观看人数变化趋势，及时进行优化调整。主播要一边关注数据的变化，一边做好产品解说，同时要尽可能地将注意力集中到个人专业度的展现上，从而赢得客户信任，促使产品成交，提升直播间的流量转化率。

一般来说，直播间在线观看人数较高时，游客的占比就会相对提高。这时主播就要及时引导游客关注直播间，将游客变成自己的粉丝，游客基本不会对固定直播形成观看习惯，粉丝对直播观看习惯的培养具有重要作用。与此同时，人气较高时也是推荐主产品的关键时刻，主播要及时做好主产品的讲解工作。主产品一定是直播间本场直播的亮点，此时推荐主产品不仅能够提高购买率，也会吸引流量的进入。这个时间段主播非常忙碌，所以需要场控人员和助理的帮助，如引导游客点击关注。

直播间人数较多时，主播还可以提前介绍接下来将要发放的福利、折扣和优惠券等，使游客驻留或回访；同时也可以巧妙地向粉丝预约下一场直播，用隐晦和吸引人的方式向粉丝透漏下一场直播的精彩内容，为下一场直播提前预热。这样做可以提前为直播“蓄水”，引导粉丝留存和转化。

如果直播间观看人数较少，主播不要气馁，要坚持保证直播时长。这时主播的工作重点可以从介绍产品转移到与用户进行互动。比如，积极回答粉丝的提问、向粉丝征求意见、帮助粉丝解决困惑等，通过这种方式活跃直播间气氛，增进与粉丝的互动，提高粉丝参与度，预告福利活动引导粉丝为直播间做宣传，从而引入更多流量。

用户的数量及活跃度是保证直播间时长的基础。

任务8 直播复盘

任务描述

一场直播的结束不是直播间下播的一刻，而是复盘完成之后。没有复盘的直播等于没有经验的积累和数据的分析，无法为下一场直播带来指导。直播运营的复盘有助于直播运营的策略调整、直播内容的优化和改良，为下一场直播的品质提升和流量转化率提高进行准备。

任务要求

掌握复盘的步骤和复盘内容，学会用数据说话，对直播效果进行分析和评价。

知识链接

复盘，是围棋术语，指对局完毕后，复演棋盘记录，以检查对局中招法的优劣与得失的关键。复盘是提高水平的好方法。在直播中，通过复盘，还原在直播开始前的设计中，直播流程的设计、货品的选择、互动设计等是否如预想般实施完成。通过后台数据结合直播设计对直播过程中流量进入情况、回访率、转粉率、购买率等情况进行分析，评价设计的合理性和直播中的表现，进而对直播设计进行优化，为下一次直播做充足准备。

1. 复盘的重要性

复盘不等同于总结，总结是一个结论的得出，复盘是对整个过程进行复演，查漏补缺，策略调整，是直播优化迭代的关键动作。

通过复盘，强化目标：对直播进行数据复盘，对工作进行量化，可以加快后期工作的进度，以便调整直播间目标。

通过复盘，发现规律：直播间的运营具有规律性，通过总结规律可以使整个直播工作流程化，减少不必要的精力、金钱和时间的消耗。

通过复盘，复制技巧：通过数据分析和全程回看，吸取直播中成功的经验，并通过经验的增长不断迭代技巧，提高主播的能力和直播间的效率。

通过复盘，避免失误：直播间的运营中存在很多细节把控，每一场直播都会出现各种各样的问题，在复盘中发现问题出现的原因，总结教训，记录下来并保证在下一次的直播中避免，使下次直播更成功。

2. 复盘步骤

有规划地进行复盘，使复盘真正发挥作用。

（1）目标回顾：回顾本场直播，问自己本场直播的目的是什么，是试播、带货、粉丝回馈、还是宣传推广？根据后台数据总结出与目标对应的直播效果，以检验直播是否达到预期目标。

（2）结果评估：通过总结的结果与目标进行对比，对本场直播的结果进行打分，评估是否达成既定目标。达到目标是否可以在下一次直播进行目标调整，提升效果。未达到目标，离目标有多远？按照目标规定的动作做到了什么，还缺什么动作？

结果评估可以从以下几个方面分析：直播时长是否达到预期？直播过程中是否有效把控直播间节奏？产品介绍是否充分体现了用户角度的亮点？直播间人数是否达到预期？互动效果如何？游客转化率如何？成交率如何？

（3）原因分析：对直播过程进行分析，是否达成目标？如果达成了既定目标，是如何达成的？是否按照既定动作完成度达成目标？目标的达成是否具有偶然因素？如果没有达成目标，是什么原因？主观因素居多还是客观因素居多？

（4）规律总结：从原有分析基础上进行总结性评价、总结规律并作出下一步规划。如何克服客观原因造成的不利；如何从主观方面提升直播品质；目标制定是否合理，下一步如何制定目标；是否调整直播间运营策略？

任务实施

直播复盘中的大数据分析

直播复盘要用数据说话，避免描述性复盘。量化指标才能够使得工作可量化，使目标更明确。请结合工卡 C-08（直播复盘），完成本任务。

直播复盘从主观和客观两方面进行。

主播自我总结：通过直播间留言数据以及主播个人在直播时自我感觉总结，在留言数据中是否出现反复咨询同一问题、是否有对互动活动不清晰的留言以及是否有回答不上用户问题的情况，遇到这种情况可能说明主播准备不充分、对产品的了解不够、表述不清或直播间互动设置存在问题。

协同直播人员总结：对主播直播时的状态，语气、语速、语调，互动的效果，主播上镜情况等进行总结；对自己在直播间运营中是否能够根据现场情况及主播要求及时进行调整和跟进；是否有在直播间中因自己工作失误导致的问题出现。

通过直播数据客观分析直播间存在的问题和直播效果：

观众总数，即一场直播有多少人观看过，访问过。观众总数代表是否有平台推荐或直播整体是否受到了关注。观众来源包括直播推荐、关注页、直播广场、视频推荐、同城、其他等渠道来源；了解直播间的流量到底是从哪儿来的，然后根据这一数据进行有针对性的优化改进。如果流量来源中直播广场、视频推荐多，代表直播获得的推荐流量多；如果推荐流量占比较高（50% 以上），粉丝转化率占比较低就比较正常，因为推荐流量精准度不够，所以涨粉率不高。

新增粉丝数，即有多少人在直播期间关注了直播账号。单场直播转化新粉占比低于 5% 时，说明陌生用户没有被直播内容吸引。这时要寻找原因，影响因素包括人、货、场等多方面，如在复盘中对主播是否会活跃气氛、互动是否良好、产品是否受欢迎、直播间环境是否良好等。

付费人数，即有多少人为本场直播进行了付费。付费人数低则有可能是产品受欢迎度不高，主播的推荐技巧不足或驻留时间不足等。

评论人数，即有多少人在本场直播中产生了互动或咨询。评论人数多说明互动效果好，主播的直播间把控好；咨询数占比高说明产品的关注度高。付费人数与咨询人数同时进行分析，二者是否具有正相关比例，如果不成正相关，需要寻找成交率低的原因。

粉丝驻留时长，即粉丝在直播间驻留的时间。驻留时间长说明直播内容吸引力高、互动频率适中，或对主播有好感。

通过对以上数据的分析能够判断直播内容的质量、对游客的吸引力以及成交率。

巧妙利用数据信息进行复盘、调整，可以极大地提升直播效率和质量。

项目拓展

请同学们自选一个直播平台，做好注册账户、完善信息、实名认证等一系列准备，完成直播脚本的创作（时长为 30 ～ 60 分钟），并开展一次完整的直播。

重要提示：

（1）自主选择一种直播模式。

（2）做好直播前的各项准备工作（实名认证、预热、直播设备等）。

（3）直播脚本的创作尽量具体，要包含直播的主要内容、每段话的时长、互动的方式等，特别要注意直播平台的违禁词词库。

（4）要根据直播的流程，从预热、开场、互动、下播等方面注意直播的完整性，直播完成后要进行直播复盘。

思考与练习

一、理论题

1．市场分析的主要模型有哪些？

2．直播间常用的直播设备有哪些？

3．直播间的互动策略设计主要有哪些？

4．如何保证直播的时长和频率？

5．直播复盘的步骤有哪些？

二、实训题

请同学们以 4 ～ 5 人为单位进行自由分组，创建本小组的直播团队，全网任意选择一种直播平台，为本地的“三农”产品开展带货直播。

1．选择市场分析的任一模型，对该平台开展市场分析。

2．根据市场分析的结果，完成直播内容策划案。

3．多渠道开展直播的引流预热。

4．做好直播设备的准备，打造好直播间。

5．确定好“三农”产品带货直播的玩法。

6．直播后开展一次复盘，并形成相关数据分析报告，为下次直播做好准备。

附：关于“三农”产品直播带货的提示

1．选择在本地有完整的产业链，物流运输便利的产品。

2．注意做好“三农”产品的品控把关，选择消费者接受度高、复购率高的产品。

3．不宜选择“三农”产品中定价过高的产品，作为新账号直播应多准备引流品，提高直播间的人流量。

项目4 新媒体 H5 内容创作项目

项目导读

广义上的H5，就是指第五代“超文本标记语言”（Hyper Text Markup Language 5，HTML5），也指用H5语言制作的一切数字产品。狭义上的H5，就是指互动形式的多媒体广告页面，它是和移动互联网一起发展起来的。H5的优势在于跨平台、低成本和高传播，其在商业促销、互动活动、海报宣传、活动邀请、客户管理、电商引流、分享展示、简历名片、节日贺卡等场景中得到了广泛的应用。H5常见的类型有展示类、全景/VR类、视频类、动画类、交互动画类、模拟类、合成类、数据应用类、游戏类及跨屏类等，展示类H5是最常见的移动H5网页，因其交互形式简单（翻页）、制作快捷而应用非常广泛，如邀请函、多媒体新闻、相册、动态海报等。本项目以展示类文旅内容H5创作为例，选择“回南天 SouthTravel”的H5案例“三千漓”进行分析讲述。对H5功能定位、文案内容创作、设计样式规划、内容填充、色调规划与调整、音效选择、输出分享及功能拓展等内容进行讲解。

教学目标

- 掌握H5创作的方法与技巧。
- 运用所学知识能够在实际项目中创作出高质量的H5。
- 掌握H5的编辑、排版。

任务1 市场分析

任务描述

近年来，广西桂林大力推动文化旅游建设升级，重点打造了三千漓·中国山水人文度假区，位于度假区内的三千漓酒店是景区的特色酒店，为推广营销，酒店方委托回南天为其制作一期展示类的H5，通过招募试住体验师活动，引导客户到酒店体验闲逸生活。

三千漓·中国山水人文度假区

三千漓·中国山水人文度假区，位于阳朔第二中心——兴坪镇东北部，地处阳朔漓江旅游精华带，与20元人民币的背景实景相邻，周边拥有九马画山、黄布倒影、总统渔村、兴坪古镇等著名景点。2019年3月25日，三千漓山水人文度假区正式开园。目前开放的慢活天街是一条依托大源河沿岸山水风光资源、以渔文化为主题打造的滨水文化旅游街区。它将通过高铁、陆路、水路三条通道承接兴坪镇每年近400万中外游客，街区内规划有文创艺术、亲子营地、自然课堂、主题住宿、特色餐饮、缤纷游玩等产品形态，将漓江绝佳山水、广西在地文化的保护与传承结合起来，立意打造阳朔旅游再出发的新景点，桂林面向世界的新名片。

在三千漓，您可惬意徜徉2200亩天赋山水长卷佳境，也可瞬间穿越行进式梦幻夜游实景演出——三生三世三千漓；您既可品鉴居住丰富多彩的文化主题酒店，也可在浪漫格调的江枫船坞里饱览星空；您既可与自家宝贝在三千童梦园里开怀畅心，也可去五维立体VR体验馆里一起打怪兽；您既可零距离叹止徐悲鸿大师的生平佳作，也可漫活在花间集音乐餐吧里熏色斜阳。除此之外，古艺文化体验中心、白洞新媒体感官艺术餐厅、漓江又一轩、凤凰古戏台、三千漓风物集等都会与您的旅程不期而遇。

五星级主题酒店群

花间集主题度假酒店

花间集酒店以花为主题，酒店设计以原木色为底色，辅以宁静怡心的湖蓝色点缀其中，旨在提供给住客一种回归本质的自由形态，营造出既稳重又灵变的空间气质。

天纹锦主题度假酒店

天纹锦酒店用色以广西“壮锦”为色彩点缀，在房间软装上合理应用，凸显少数民族的特色，融合在地文化和素雅的民族情调。

渔家傲主题度假酒店

渔家傲酒店以渔文化为主题，提炼漓江捕鱼传统中的竹筏、竹篓等元素，融入客房软装设计之中，营造自然、休闲、返璞归真的空间体验。

任务要求

回南天H5创作团队需要围绕三千漓酒店的营销需求，对其市场进行分析，从而确定H5的创作切入点。

知识链接

市场调研方法

在开始H5创作之前，H5作者须开展有针对性的调研，研究市场的基本情况、分析目标用户、判断竞争以便搜集文案写作所需要的基本素材。

市场调研是指用科学的方式方法，有目的、有计划地搜集、整理、分析市场情况，把握市场发展、变化趋势，明确市场需求，从而确定推广、营销策略的管理活动。受到多种因素的影响，如政治、经济、文化等，市场总是在不断地发生变化，H5 作者必须紧随市场变化才能够提炼出符合市场需求的 H5 主题。市场调研的作用包括为 H5 创作目的提供基本依据，为 H5 创作提供思路和素材，提前评估 H5 效果等。主要从宏观和微观两个角度把握市场环境。

（1）宏观环境分析。宏观环境指对企业活动造成市场机会和环境威胁的主要社会力量，包括人口、经济、政治、法律、社会文化、自然环境及科技等因素。宏观环境非个人、企业能左右，但却实实在在地影响着个人和企业的决策。经济学认为，经济发生变化时，人们会在结构上做出相应改变，而不仅仅是量的改变，分析宏观环境的目的最终是要把握新媒体文案目标受众所发生的改变，如消费水平是提高了还是降低了，目标受众是否开始选择替代品等。对宏观环境的分析常用 PEST 模型分析法，如图 4-1 所示。

图 4-1　PEST 模型

政治环境要考虑政策、法律法规等要素，特别要注意的是新媒体文案的创作必须符合国家法律法规的基本要求，不传谣、不造谣，坚持社会主义核心价值观。

经济环境要考虑经济结构、产业布局、资源状况、经济发展水平等要素，分析宏观经济环境如何影响微观经济要素，如收入水平、消费偏好、储蓄水平和就业情况等。经济环境对于营销类的新媒体文案尤为重要。

社会环境因素指民族构成、文化传统、价值观、宗教信仰、教育水平及风俗习惯等。社会环境对个体的影响是深刻的，具有稳定性，新媒体文案写作必须要分析受众的社会态度、爱好和行为习惯等问题，以便选择适当的内容，尤其要尊重目标受众的文化传统和宗教信仰。

技术环境指技术在社会中应用的程度。技术环境需要考虑新技术、新工艺、新材料的发展水平，新媒体文案传播特别要注意是否有新的互联网技术能够提升传播效果。

（2）微观环境分析。微观环境要素非常多，且直接影响着 H5 的创作，主要有企业自身、作者自身、用户、竞争对手等，这些微观因素并非个别在发挥影响，而是综合起来与宏观因素共同发挥作用。以下主要对目标用户分析和竞争对手分析进行讲解。

1）目标用户分析。在传播学的用户研究中，定量研究方法起到了重要作用，传播学史中著名的有关用户的理论形成基本上都是建立在对大量一手数据的定量分析和研究的基础之上的。在新媒体日益兴盛的今天，H5 要想吸引用户，对用户进行定量分析研究显得十分迫切和重要。用户画像是用户分析的基本方法，其基本公式是：

用户画像

用户标签 = 固定属性 + 地域属性 + 使用场景

2）竞争对手分析。

① SWOT 分析法。分析竞争对手的方法有多种，通常采用 SWOT 分析法。SWOT 分析法，即态势分析法，就是将与研究对象密切相关的各种主要内部优势、劣势和外部机会、威胁等，通过调查列举出来，并依照矩阵形式排列，然后用系统分析的思想，把各种因素相互匹配起来加以分析，从中得出一系列相应的结论，而结论通常带有一定的决策性。运用这种方法，可以对研究对象所处的情景进行全面、系统、准确的研究，从而根据研究结果制定相应的发展战略、计划以及对策等。SWOT 由四个单词简化而来，其中，S（Strengths）是优势，主要分析企业自身最擅长的优势，有哪些优势是竞争对手做不到的；W（Weaknesses）是劣势，主要分析企业最不擅长的缺陷，以及哪些是竞争对手做好了而自己做不好的；O（Opportunities）是机会，分析探究外部的产品、渠道、营销等方面存在哪些机会，企业内部的短中长期目标，规划目标的机会点在哪里；T（Threats）是威胁，客观的外部环境以及行业发展政策等方面的事是否会不利于发展，最近的威胁在哪里，如图 4-2 所示，具体分析可参考表 4-1 提供的要素。

SWOT 模型的应用

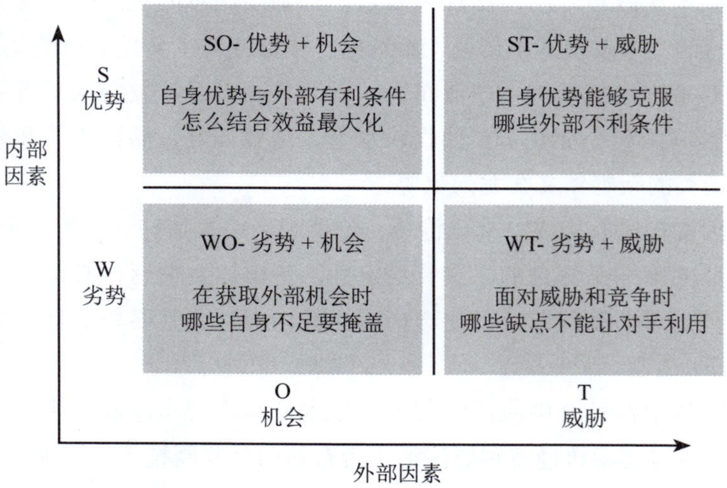

图 4-2　单层次 SWOT 分析图

表 4-1　SWOT 分析量表

优势（S）	劣势（W）
生产（本身强）	生产（对手强）
销售（本身强）	销售（对手强）
人力（本身强）	人力（对手强）
研发 + 技术（本身强）	研发 + 技术（对手强）
财务 + 投资 + 税收（本身强）	财务 + 投资 + 税收（对手强）
法律（本身强）	法律（对手强）
商业模式（本身强）	商业模式（对手强）
政府公关（本身强）	政府公关（对手强）
机会（O）	**威胁（T）**
社会（有利）	社会（不利）
科技（有利）	科技（不利）
经济（有利）	经济（不利）
环境（有利）	环境（不利）
法律（有利）	法律（不利）
道德（有利）	道德（不利）
上游供货商（有利）	上游供货商（不利）
下游买家（有利）	下游买家（不利）

在完成内部和外部因素分析和 SWOT 矩阵的构造后，H5 创作者便可以制订相应的 H5 创作计划。制订计划的基本思路：发挥优势因素，克服弱点因素，利用机会因素，化解威胁因素。运用系统分析的方法，将排列与考虑的各种环境因素相互匹配起来加以组合，得出一系列的可选择对策。

②核心竞争力分析。核心竞争力是指建立在企业核心资源基础上的企业技术、产品、管理、文化等综合优势在市场上的反映，是不易被竞争对手模仿，并能够带来利益的独特能力，在百花齐放的新媒体时代，企业只有具备核心竞争力，才能够获得竞争优势，持续发展。1990 年，美国学者加里・哈默尔和普拉哈拉德提出核心竞争力模型用于分析企业的核心竞争力，认为核心竞争力应具备四个属性：

- 竞争力被市场认可。
- 核心竞争力能够为客户带来特别的利益。
- 核心竞争力是稀有的、独特的、难以模仿的、难以替代的。
- 核心竞争力具有延展性。

核心竞争力分析法的应用

根据核心竞争力资源和能力的价值性、稀缺性、难模仿性和不可替代性四个评价标准，形成了核心竞争力与竞争优势评价表（表 4-2）。

表 4-2　核心竞争力与竞争优势评价表

价值性	稀缺性	难模仿性	不可替代性	核心竞争力	业绩评价	竞争优势评价
低	低	低	低	无核心竞争力	低于平均回报	竞争无优势
高	低	低	高 / 低	无核心竞争力	平均回报	竞争对等
高	高	低	高 / 低	无核心竞争力	平均回报至高于平均回报	暂时竞争优势
高	高	高	高	形成核心竞争力	高于平均回报	持续竞争优势

在使用核心竞争力与竞争优势评价表对企业所具有的核心竞争力分析的基础上，可以进一步使用价值链与竞争对手进行对比。价值链分析是指将企业自身的各项价值与竞争对手对比，找到其中的异同。它能够分析企业从事的所有活动中哪些活动能够帮助企业取得竞争优势，并说明如何将优势活动形成竞争优势体系。结合新媒体工作而言，这种方法能够帮助新媒体工作者深入理解自身和对手的情况，从而找到文案写作的突破口。比如，如果文案的主要目的是推介商品，可以将自身商品与对标商品的价值点列出，画成价值链，通过价值链就能够直观地分析出自身的优势和特点。

如图 4-3 所示，以海底捞为例进行价值链对比分析，横轴包括店铺形象、口味口感、价格、用餐体验及客户服务五个价值点，将高档火锅店、海底捞、小型火锅店的五个价值点进行量化评分，并标注到坐标轴上，最后各自连成折线，结果一目了然。高档火锅店的五个价值点均得分较高，海底捞在店铺形象、口味口感、价格三个价值点得分上低于高档火锅店，在用餐体验及客户服务两个价值点得分上高于高档火锅店，同时，海底捞的五个价值点得分全面高于小型火锅店。从图中可以看出，海底捞在店铺形象、口味口感上与高档火锅店差距不大，价格略低于高档火锅店，用餐体验和客户服务却远高于行业水平。这就意味着高性价比的用餐体验和客户服务就是海底捞品牌的价值所在，能够吸引追求极致服务体验的顾客。不难发现，海底捞新媒体文案的主张始终围绕重视客户体验服务这个核心竞争优势点来诠释，品牌营销效果非常好。

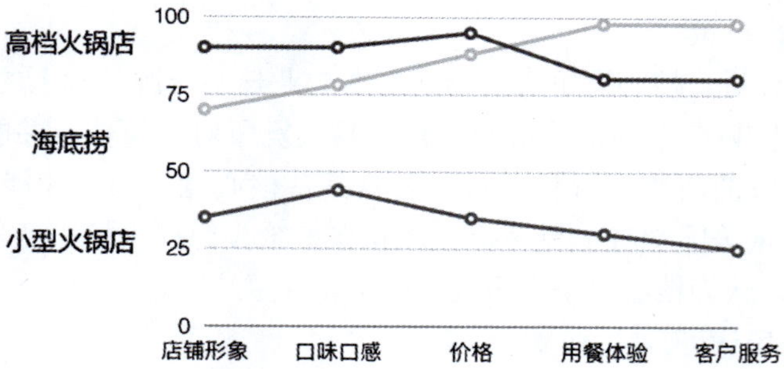

图 4-3　餐饮火锅店竞争链对比分析

任务实施

请结合工卡 D-01（H5 内容创作项目市场分析），完成以下任务。

对三千漓酒店进行市场分析

（1）宏观环境分析。围绕 PEST 模型，对三千漓酒店的政治环境、经济环境、社会环境和技术环境进行分析，通过查阅、整理和分析相关资料，可以得到基本结论：

政治环境：目前，广西正在开展文化旅游强区战略，利好三千漓度假区文旅发展。

经济环境：国民经济水平持续提高，我国人均 GDP 突破 1 万美元，人均消费水平不断提高，对高端文旅产品需求提升，三千漓酒店的消费定位符合中高收入人群的需求。

社会环境：客户旅行观念发生变化，注重高品质的休闲游。

技术环境：高铁、陆路、水路三条通道均可抵达三千漓，交通十分便利。

（2）微观环境分析。

1）目标用户分析。

目标用户画像：城市居民、年龄>25、收入水平高、追求生活品质、热爱旅行、文艺范等。

2）竞争对手分析。三千漓酒店的主要竞争对手是其他漓江景区的高级酒店、民宿等，使用 SWOT 模型开展分析。

三千漓酒店的优势：三千漓酒店位于风光秀丽的漓江边上，坐拥漓江最美风景段，酒店地域文化特点突出，酒店定位高端，漓江景区成熟，配套设施完善。

三千漓酒店的劣势：阳朔、兴坪景区酒店业成熟，竞争导致顾客分流。

三千漓酒店的机会：漓江名气在外，而且三千漓度假区开发早，能够利用先发优势吸引客人。

三千漓酒店的威胁：漓江的文旅酒店、民宿日益增多，各有特色。

结论：三千漓酒店的 H5 创作应该突出其高端、文化特点及位于优异地段的优势。

任务2　H5功能定位

任务描述

分析 H5 创作的功能定位，即明确 H5 的创作目的、用途等。

任务要求

请同学们在客户需求和市场分析的基础上，明确三千漓酒店 H5 的功能定位。

知识链接

1. H5的功能

H5 创作有多种目的，可分为商品展示和品牌塑造、产品营销、活动告知和推广，目的通常是多重的，如在一个 H5 中同时包括了活动推广和营销的目的，目的不同，H5 创作的思路和方法也存在差异。在开始 H5 创作前首先要明确 H5 的功能定位。

（1）商品展示和品牌塑造。如果目的是为了进行商品展示和品牌塑造，那么 H5 就是为了告诉用户产品的基本情况，H5 创作的重点应该是产品的形态和效用，提供数据、图片、视频等基本证据，提高信息的可信度，将品牌的形象、文化内涵、价值观、人文情怀等要素表现出来。

（2）产品营销。如果目的是为了营销，那么作者就要思考如何通过 H5 带动销售，要思考的问题包括：在 H5 中展示哪些产品信息？如何利用 H5 创新销售策略？

（3）活动告知和推广。如果目的是为了将活动信息告知受众，吸引用户参与，那么作者应思考如何通过 H5 将活动的信息详实、易懂地呈现出来，抱有活动推广目的的 H5 重点是吸引更多的人关注和参与。

H5 创作的目的多种多样，主要依据企业自身的需要来决定，清晰的写作目的能够帮助相关工作人员提高搜集资料、分析数据、撰写文案、发布推广等工作的效率。

2. H5 的应用类型

展示类：展示类 H5 是最常见的移动 H5 网页，因其交互形式简单（翻页）、制作快捷，所以应用非常广泛，如邀请函、多媒体新闻、相册、动态海报等。

全景 /VR 类：全景是指借助手机的重力感应，用户可以滑动手机屏幕或移动手机，查看上下左右 720° 或 360° 的画面。这种互动让用户可以看到的视角更大，更有身临其境的体验。这类 H5 很考验设计师的设计能力，需要绘制很多的图片素材，才能形成层次感。

视频类：视频类 H5 大多以全屏视频的形式存在，能够减少其他因素对用户的干扰，用户对 H5 的体验不会轻易被中断，而且用视频能够展现出一些 H5 实现不了的特效，结合音乐和音效使用户全身心沉浸。

动画类：动画类 H5 以全屏动画为主，大多通过讲述故事来吸引用户的注意力，整个动画几乎没有交互（类似动画类视频），或者只使用简单的交互（如点击按钮后继续播放），当故事进入尾声时一般会出现一屏广告画面。

交互动画类：交互动画类 H5 与动画类 H5 最大的区别就是交互动画类 H5 增加了交互功能，动画的播放是用户进行控制的。

模拟类：模拟类 H5 曾经很火，主要形式是对各种设备的模拟，如模拟来电、短信、微信聊天界面、微信朋友圈、手机界面、各类 APP 等。

合成类：合成类 H5 一般以恶搞、幽默、新奇等形式居多，用户上传图片合成与明星的合影，或者填写名字生成新闻头条、合成海报、合成证件等。

数据应用类：数据应用类 H5 是用于数据统计、收集或展示的 H5，其应用场景很丰富，包括抽奖、测试、投票等，创作上的空间很大，但也比较考验设计者的逻辑。

游戏类：游戏类 H5 按照用途可以分为两类，一类是纯游戏，如棋牌游戏、吃豆人、钢珠迷宫游戏等；另一类是营销游戏，会在游戏的基础上增加排名设定，在游戏结束时显示导流页。

跨屏类：跨屏类 H5 的互动不仅包括用户与 H5 内容的互动，还包括人与人、商家与消费者的互动。它可以是双屏互动，也可以是线下活动互动利器，如大屏投票、评论上墙等。

综合类：一个优秀的 H5 作品往往综合了多种不同的技术，除了翻页以外，还有点击、输入文字、擦除屏幕、滑动屏幕、重力感应、摇一摇等，玩法非常丰富。

任务实施

请结合工卡 D-02（H5 文案内容创作），完成以下任务。

1. 确定功能定位

根据客户的要求以及前期的调研，我们发现 H5 创作的核心作用是展示三千漓酒店的形象，通过招募试住体验师吸引更多的顾客前来消费。因此，我们将 H5 的功能综合定位为商品展示、品牌塑造和活动告知。

2. 确定应用类型

根据功能定位，我们将 H5 的类型确定为展示为主，融合活动报名表单的综合类。

任务 3　文案内容创作

任务描述

围绕 H5 创作的主题、重点为 H5 创作文案，为最终制作 H5 提供素材。

任务要求

请同学们自拟主题创作 H5 的文案内容。

知识链接

1. 根据前期调研、功能定位确定主题

（1）根据目标确定主题。根据文案的目标是活动宣传还是品牌推广，可以确定文案的主题。

（2）根据用户确定主题。直击人心的文案都是从用户的角度出发，根据用户层次与心理来确定 H5 文案的主题，设计师通过调查用户的类型和心理需求，更准确地抓住目标用户的心理，设计出的 H5 才能引起他们的兴趣，激发其浏览的欲望，从而达到良好的宣传效果。

2. 拟定标题

拟定 H5 标题的三个出发点：

（1）H5 的用户是谁？确定用户群体，有助于把握用户的内在心理。

（2）用户最关注什么？研究其关注点有利于确定文案应展现的内容，最大限度地表现品牌、产品或服务的特点与优势。

（3）选择哪种标题风格？根据对用户群体的定位、心理因素的分析、主题的选择等确定合适的标题风格。

标题是对 H5 作品整体内容的高度概括，其撰写方法有很多种，创作者可以运用谐音、修辞、数字、提问句、疑问句、蹭热点、借名人等多种技巧来拟定标题，创作出幽默、有趣、

有深度、有思想，能够直戳用户内心深处，引发用户情感共鸣的标题。

3. 创意内容

（1）挖痛点。痛点是指用户的核心需求，是用户急需解决的问题，通常指人们日常生活中的各种不便。设计人员要善于发现用户的痛点，把 H5 的运营需求与用户的痛点很好地结合在一起，在安慰或激励用户的同时推广自身活动、产品或品牌。

满足用户痛点需求的方法如下：

1）内容的价值性，蕴含丰富知识。

2）互动有趣，将痛点反转为笑点。

3）颠覆用户认知，激发点击冲动。

4）换位思考，策划引发情感共鸣的内容。

5）抛出疑问，引导用户寻找答案。

（2）戳泪点。当人们遇到某件事，或者看到某个场景，听到某种音乐，触动了其内心的某种情怀，让其非常感动，甚至有想哭的冲动，这就叫戳中泪点。一般越是感人的内容越容易引起人们的情感共鸣，很多泪点都来源于生活。在创作 H5 时，设计师可以通过温情的画面和简短、煽情的文案来表现现实生活中的一些感人故事。

戳中用户泪点的方法如下：

1）用听觉、视觉、触觉构建身临其境的场景。

2）营造独特意境，接近与用户的距离，增强代入感。

3）文案言简意赅，准确把握痛点，解决实际问题。

4）根据人性的各种不同需求确定相应的主题内容。

（3）找共鸣。能够触动用户情绪，洞察用户心理的 H5 作品，可以让用户联想到自己，在某些方面达成共识，从而引发共鸣。当用户浏览 H5 时，能够触景生情，并感受到 H5 的价值，从而对其产生认同感，以便于扩散传播。

（4）代入感。具有代入感的内容能让 H5“活”起来，这样的 H5 更容易被用户接受，更能加深用户的记忆，拉近用户与品牌之间的距离。在创作富有“情感”的 H5 时，设计师可以通过温馨的画面，感人的文案等激起用户的某种情愫，勾起用户的回忆让其陷入某种情景中，对其中的情节或人物产生向往之情，从而引起用户的浏览欲望。

任务实施

请结合工卡 D-03（H5 功能定位），完成以下任务。

文案主题：通过展示三千漓酒店的内外环境，吸引用户的注意力，引起用户的兴趣，同时，通过以转发为参与条件的免费试住活动，引发用户参与的热情，激发用户的传播力度。

1. 标题创作

标题 1：来“三千漓”当体验师，抛却三千烦恼丝

标题的创作主要运用了找共鸣的技巧，尝试共情用户，为用户提供缓解工作、生活

压力的渠道。

标题2：免费来“三千漓”当体验师，还有50个名额

首先通过免费一词吸引用户的注意力，其次运用了数据入题的技巧引发用户参与活动的紧迫感。

2. 主体内容创作

把心放下，删繁归简，在漓江之畔，看日月浮沉，听渔舟唱晚……

三千漓酒店是一家位于广西桂林阳朔三千漓山水人文度假区内的特色文旅五星级高级酒店。住在漓江之畔，您可以赏日月沉浮，听渔舟唱晚，感受山风掠过露台，吹动窗帘，轻轻将人唤醒。

目前三千漓酒店有三个主题房开放入住。

主题一：花间集

以花为题。沉浸在花间集的环境中看窗外云卷云舒，烦恼和生活中的一切不如意，都不会打扰你的享受。风月对望，在房间的露台上与朋友、亲人饮茶赏花，看着烟雨漓江，平静，惬意。

主题二：渔家傲

鸬鹚捕鱼流传千百年，是漓江沿岸独特的渔文化。穿梭在走廊，静坐在屋内，渔灯常亮之处皆是漓江最淳朴的气息。生活在别处的诗意，也在这小小的渔灯里。

主题三：天纹锦

选用壮锦元素打造生动、斑斓、热烈的氛围，希望每一个人的到来，都是对美好生活的追求和向往。

试住体验师招募

成为体验师条件：

1）有一颗细腻、敏感的心，去发现美，追求美。

2）有专业摄影技能者或旅居体验经验者优先。

体验师任务：

1）社交媒体分享试住体验（朋友圈、微博、游记、攻略等），单次分享图片不少于6张。

2）文字首发且同意授权三千漓转载，提出体验感受与建议。

（3）结尾注明具体信息。

表单内容：姓名、联系电话、入住人数（限2人以内）

地址：桂林市阳朔县兴坪镇三千漓文旅小镇（附地图）

客服电话：0773-8887777

交通：乘坐高铁至阳朔站，从阳朔站只需6分钟左右的车程就可到达三千漓度假区。

任务 4　设计样式规划

任务描述

根据任务 3 创作的文案及搜集的图片素材规划 H5 的样式。

任务要求

请同学们学习 H5 的样式类型并围绕所创作的文案内容规划一个 H5 的样式。

知识链接

常见的 H5 页面风格

（1）简约风格。在 H5 页面风格设计中，简约风格常用于传递品牌信息或表达情感，这种风格要求设计人员具有敏锐的洞察力，能够准确把握品牌的调性，通过恰当的留白处理与排版来形成细腻别致的视觉效果。

简约风格多采用弱对比色调，色调反差较小，冷暖色调均可。虽然这种风格的色彩感在视觉上的冲击力较弱，但能够带给用户舒适的浏览体验。

（2）扁平化风格。在 H5 页面风格设计中，扁平化风格一直很受设计人员的追捧，优势在于其通过形状、色彩、字体等呈现出清晰明了的视觉层次，给用户带来较为直观的视觉感受，更易于用户理解传播的信息。扁平化页面风格设计主张摒弃一切繁杂冗余的装饰效果。

（3）科技感风格。在这个推崇科技创新的时代，科技感风格受到 H5 设计人员的青睐。炫酷的科技感效果能够在短时间内吸引用户的注意力，备受年轻人的喜爱。这种 H5 设计风格的应用范围较广，多用于互联网、汽车等领域。

（4）卡通手绘风格。卡通手绘风格在 H5 页面风格设计中也较为常见，设计人员往往通过手绘来表现主题内容，既轻松又有趣，用户浏览起来也不会觉得累，自然会停留更长的时间。

（5）水墨风格。水墨风格的 H5 融合了许多传统文化元素，具有浓郁的古典韵味。它延续和传承了传统水墨绘画的手法，有的还增添了时尚的成分。水墨风格的 H5 多用于江湖武侠游戏等的宣传，能够营造出典雅脱俗的意境。

（6）手绘风格。在传统绘画书法的影响下，一些手绘元素也被融入到 H5 页面风格设计中，形成了丰富、细腻、纯朴、自然的表现风格。与其他风格相比较，手绘风格的 H5 更加贴近自然，反映生活，也充满了艺术气息。

（7）混合风格。在 H5 的诸多风格中，有一类不是单一风格所能概括的，这类 H5 作品融合了多种风格形式，形成了别具一格的混合风格。混合风格的 H5 中含有丰富的素材，构成了一场华丽的视觉盛宴，能够带给用户强烈的感染力。

任务实施

根据任务 3 拟定的文案，可将 H5 的风格确定为简约、精致。

查阅木疙瘩模板，选择“风格——简约扁平”，从该类别下选择多个备选方案。

任务 5　模板修改

任务描述

将任务 4 中选择好的简约扁平风格模板填充文字和图片内容。

任务要求

将文字、图片及视频等相关素材填充到选定的 H5 模板中。

知识链接

在移动互联网时代，H5 越来越被看重，与此同时，各种 H5 制作平台和工具也横空出世，为 H5 营销人员提供了大量的创作工具。对于 H5 营销人员来说，需要了解这些平台的特征，才能更好地应用，从而更快、更好地创作出更多优秀的 H5 营销方案。常用的 H5 创作工具有模板类 H5 开发平台、功能类 H5 开发平台、H5 代码开发技术三类。

1. 模板类 H5 开发平台

模板类 H5 开发平台可以帮助用户制作各种 H5 页面、微场景、创意海报、微杂志、微信邀请函、场景应用、微信贺卡，即使是不懂设计、不会编程的新手，也可以快速入门，常见的有人人秀、易企秀、兔展、MAKA、初页等。

2. 功能类 H5 开发平台

模板类工具基本上只能修改文字和图片，很难实现动画及交互上的多样性。功能类 H5 开发平台在进行创意设计时，灵活度要更高一些，不仅可以套用模板，还可以针对各种元素进行开发设计，使其满足自己的需求，能做出的交互效果也很惊艳。常见的有互动大师（iH5）、意派 360（Epub360）和木疙瘩（Mugeda）。

3. H5 代码开发技术

前端工程师通常使用 HBuilder 编辑器来编写网页代码，H5 页面使用 HTML5、CSS3、JavaScript 三种代码即可实现。CSS3 是 CSS（层叠样式表）技术的升级版本，CSS3 的“动画”（animation）属性能够实现更复杂的样式变化及交互效果，不需要使用任何 Flash 或 JavaScript 脚本代码。

以下将利用木疙瘩平台对模板进行修改，制作三千漓项目推广 H5 的标题页、总介绍页、花间集、渔家傲、天纹锦五个内容展示页面以及体验师招募活动宣传页。

任务实施

三千漓项目推广 H5 案例制作

请结合工卡 D-04（H5 模板修改），完成以下任务。

1. 模板效果预览

登录个人木疙瘩账号，在“我的账户”页面单击“我的模板”，在页面右半部分列出账户下的所有模板，如图 4-4 所示。

图 4-4　账户下的模板

鼠标移至选择的模板上，单击“预览”，如图 4-5 所示。

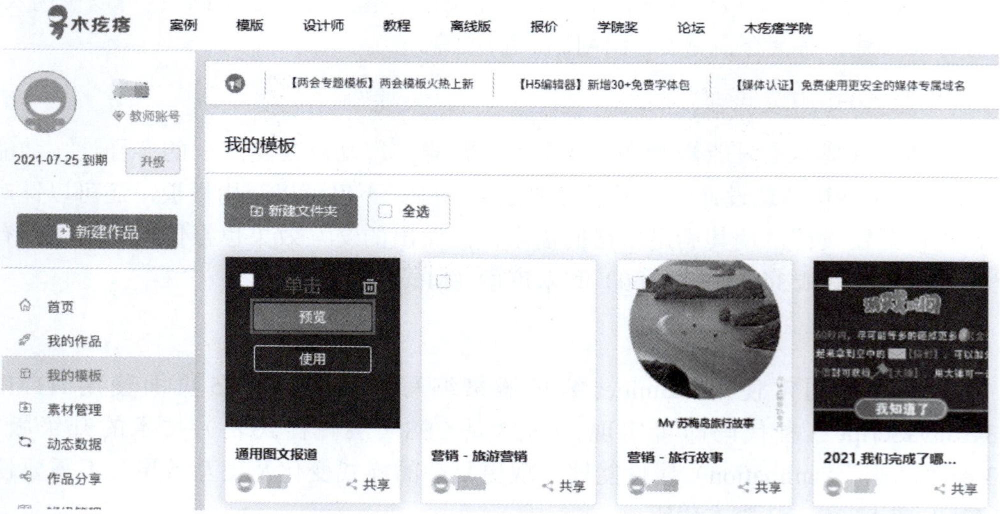

图 4-5　模板预览

该模板各页面内容如图 4-6 所示。

图 4-6　模板展示

2. 修改计划

（1）标题页。

图片素材如图 4-7 所示。

图 4-7　标题图片

标题文字：桂林阳朔三千漓。

小标题文字：来“三千漓”当体验师，抛却三千烦恼丝

（2）内容页 1：作为总介绍页。

图片素材如图 4-8 所示。

图 4-8　总介绍页图片

文案：

滴江之畔

把心放下，删繁归简，在漓江之畔，看日月浮沉，听渔舟唱晚……

三千漓酒店是一家位于广西桂林阳朔三千漓山水人文度假区内的特色文旅五星级高级酒店。住在漓江之畔，您可以赏日月沉浮，听渔舟唱晚，感受山风掠过露台，吹动窗帘，轻轻将人唤醒。

目前三千漓酒店有三个主题开放入住。

（3）内容页 2：花间集介绍页。

图片素材如图 4-9 所示。

图 4-9　花间集介绍页图片

文案：

主题一：花间集

以花为题。沉浸在花间集的环境中看窗外云卷云舒，烦恼和生活中的一切不如意，都不会打扰你的享受。风月对望，在房间的露台上与朋友、亲人饮茶赏花，看着烟雨漓江，平静，惬意。

（4）内容页 3：渔家傲介绍页。

图片素材如图 4-10 所示。

图 4-10　渔家傲介绍页图片

文案：

主题二：渔家傲

鸬鹚捕鱼流传千百年，是漓江沿岸独特的渔文化。穿梭在走廊，静坐在屋内，渔灯常亮之处皆是漓江最淳朴的气息。生活在别处的诗意，也在这小小的渔灯里。

（5）内容页 4：天纹锦介绍页。

图片素材如图 4-11 所示。

图 4-11　天纹锦介绍页图片

文案：

主题三：天纹锦

选用壮锦元素打造生动、斑斓、热烈的氛围，希望每一个人的到来，都是对美好生活的追求和向往。

（6）活动宣传页：体验师招募。

效果如图 4-12 所示。

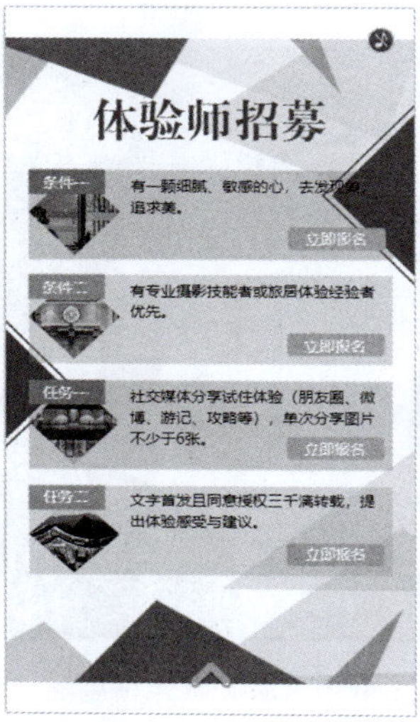

图 4-12　体验师招募页面效果

图片素材如图 4-13 所示。

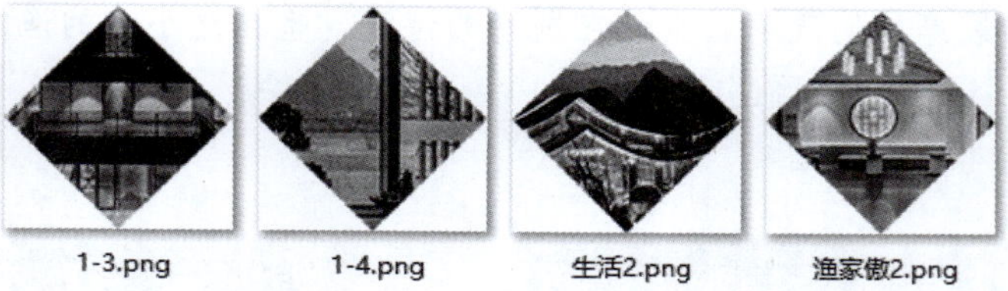

图 4-13　体验师招募页图片

文案：

体验师招募

条件一　有一颗细腻、敏感的心，去发现美，追求美。

条件二　有专业摄影技能者或旅居体验经验者优先。

任务一　社交媒体分享试住体验（朋友圈、微博、游记、攻略等），单次分享图片不少于 6 张。

任务二　文字首发且同意授权三千滴转载，提出体验感受与建议。

立即报名

3. 制作步骤

（1）准备工作。

1）如图 4-14 所示，鼠标移至选择的模板上，单击“使用”。

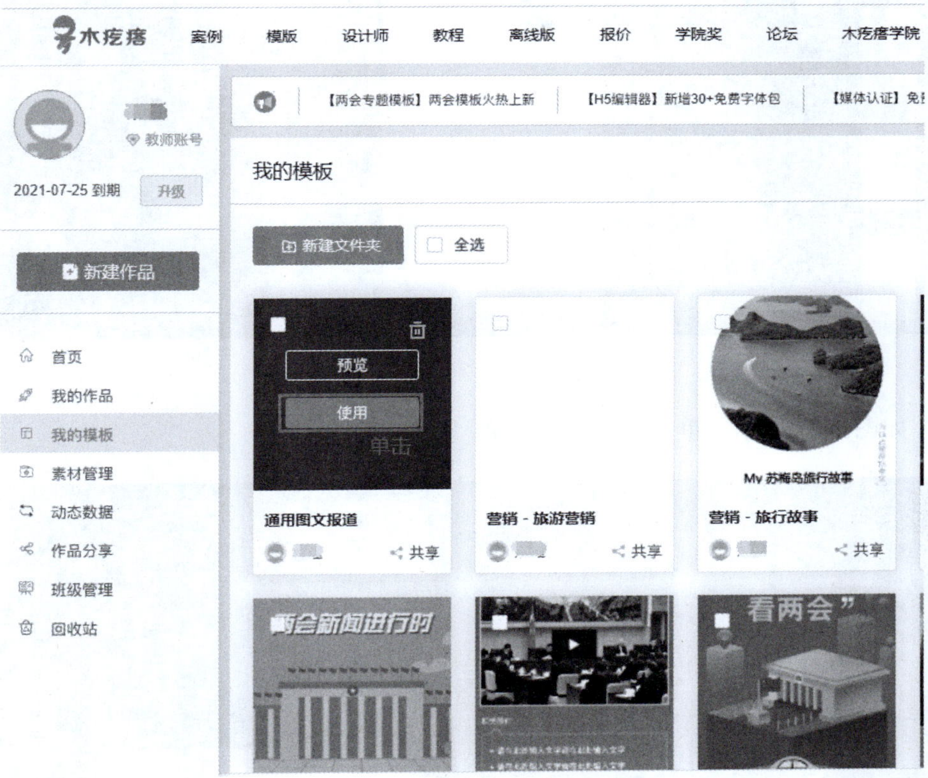

图 4-14　模板使用

如图 4-15 所示，在弹出的“选择编辑器”对话框中选择 H5 专业版。

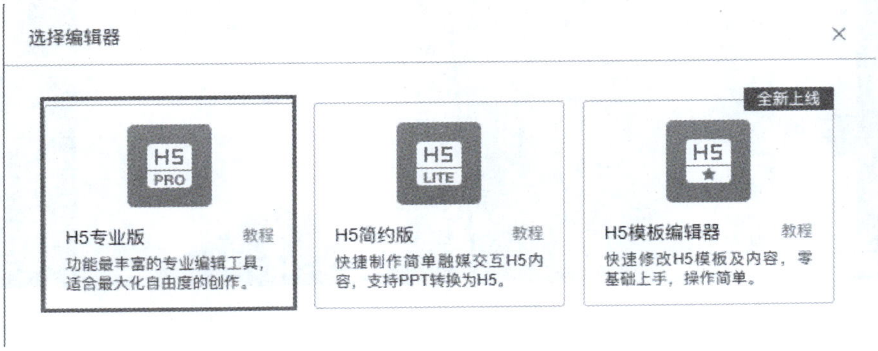

图 4-15　选择编辑器

即可在编辑器界面打开该模板文件，如图 4-16 所示。

图 4-16　编辑器界面

2）如图 4-17 所示，单击“文件”菜单，选择“另存为”。

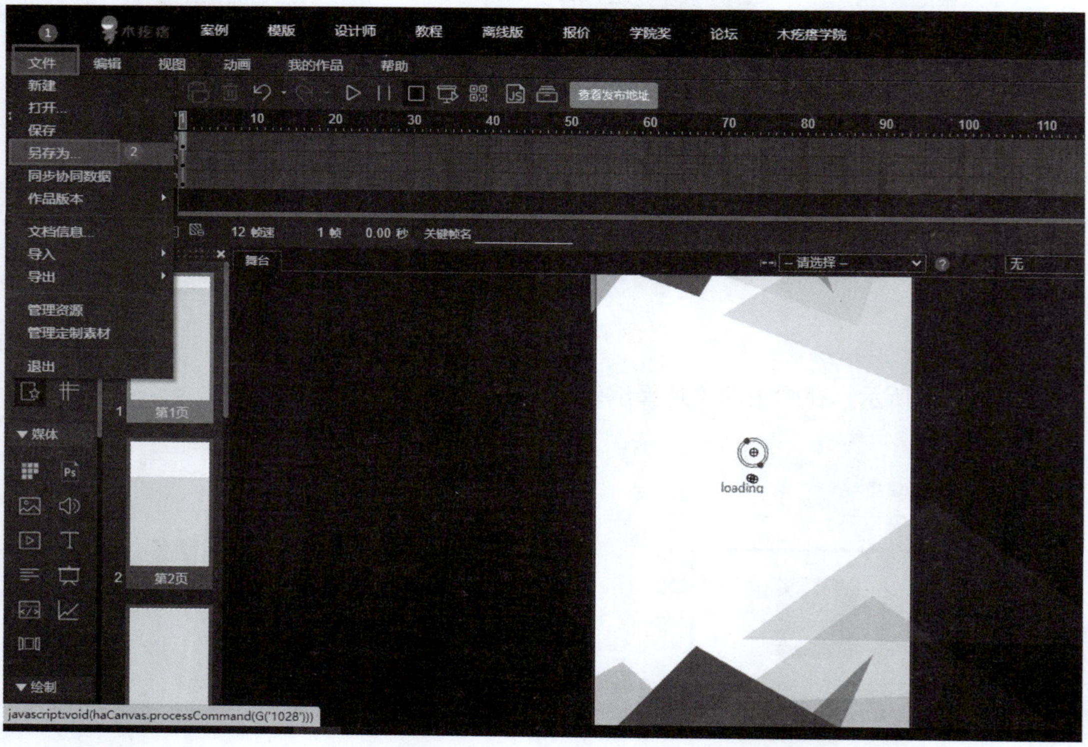

图 4-17　文件另存

如图 4-18 所示，在弹出的“保存”对话框中输入作品名称“三千漓 TEST”，单击“保存”，将该 H5 模板另存为一个自己的 H5 作品。

此时打开另一个作品编辑界面，并且在舞台属性栏看到刚才命名的作品名称“三千滴 TEST”，如图 4-19 所示。

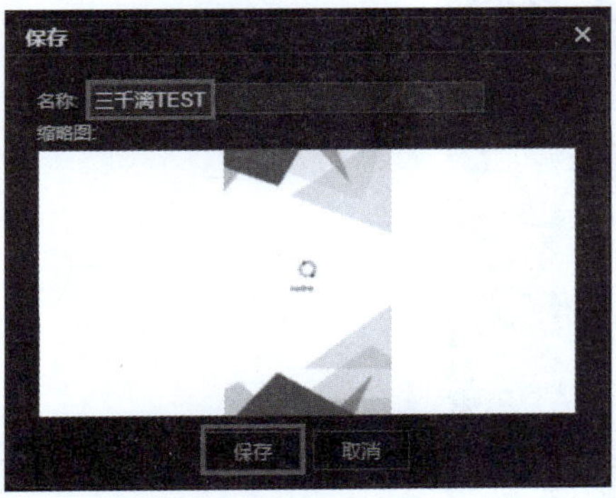

图 4-18　作品命名

图 4-19　作品舞台属性

（2）标题页修改。

1）单击“文件 > 管理资源”，弹出“资源管理器”窗口，如图 4-20、图 4-21 所示。

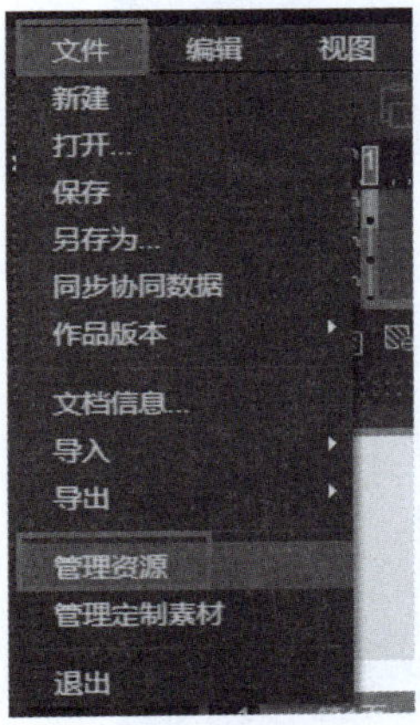

图 4-20　“管理资源”命令

图 4-21　资源管理器

由于第 1 页为加载页，展开第 2 页标题页的内容，如图 4-22 所示。

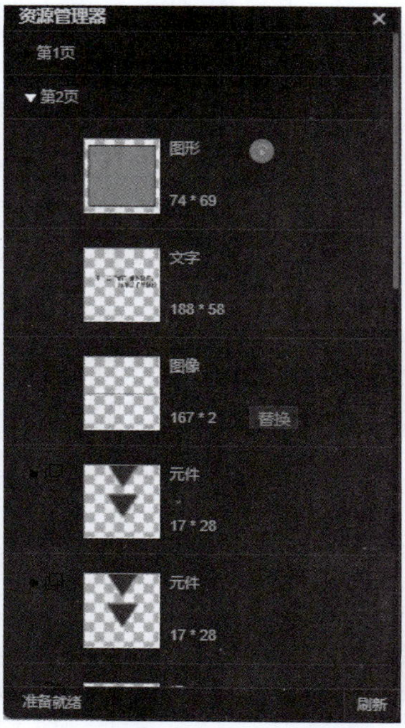

图 4-22　第 2 页部分资源画面

2）修改标题页的文字和图片。先在资源管理器窗口的第 2 页内容项中找到文字，单击选择，在属性面板中出现相应的文字属性，在属性面板的文字内容栏中输入自己的标题，根据需要调整字体大小和对齐方式，如图 4-23、图 4-24 所示。

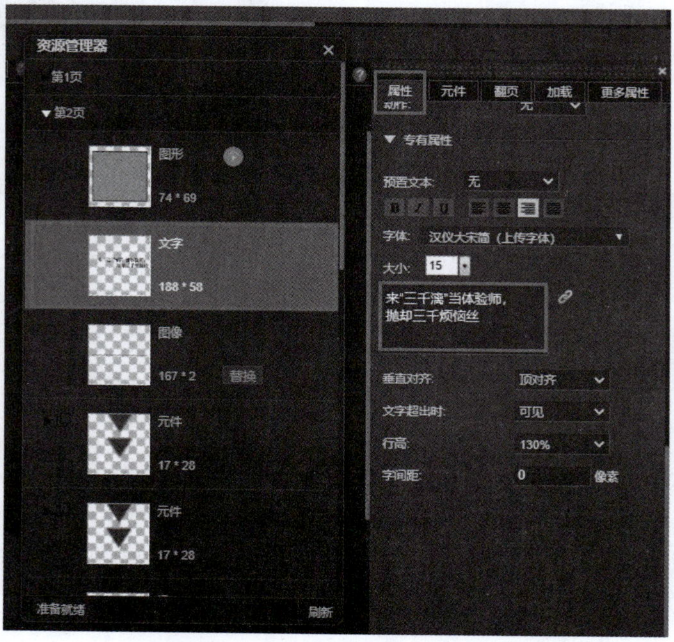

图 4-23　标题页文字 1 属性

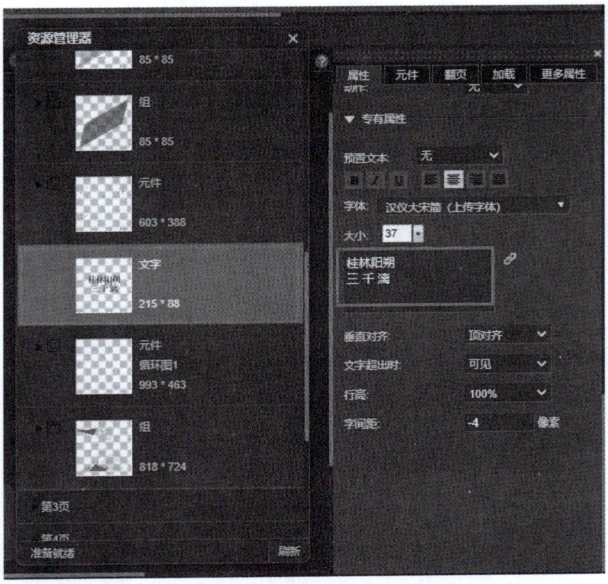

图 4-24　标题页文字 2 属性

在资源管理器窗口中找到第 2 页的图片项，并展开进行替换，如图 4-25 所示。改完效果如图 4-26 所示。

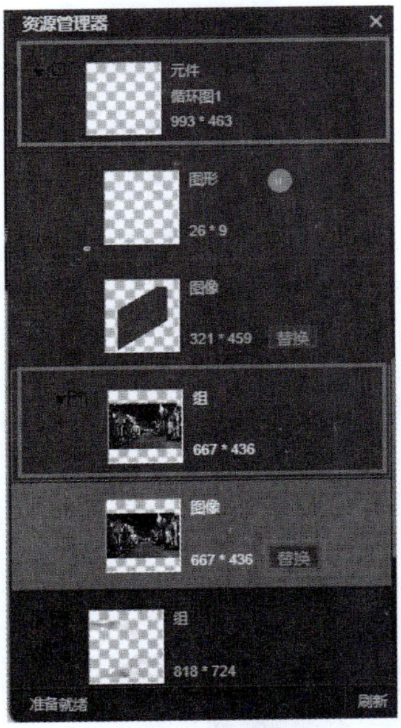

图 4-25　图像替换

图 4-26　标题页修改后效果

提示：在资源管理器窗口中对于元件或组的对象，必须要逐层展开，展开至最末端的层，才能对其内容进行编辑。

（3）总介绍页修改。

1）在资源管理器窗口中找到第 3 页，并选择标题文字项“某某新闻”元件，替换标题文字为“漓江之畔”，一个字为一个单独的对象。如图 4-27 所示。

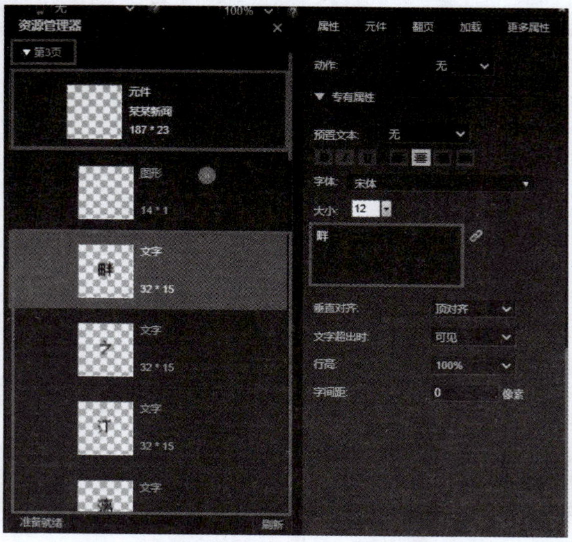

图 4-27 总介绍页标题文字替换

2）在资源管理器窗口中找到第 3 页的内容文字项，替换文字为前述的文案：

把心放下，删繁归简，在漓江之畔，看日月浮沉，听渔舟唱晚……

三千漓酒店是一家位于广西桂林阳朔三千漓山水人文度假区内的特色文旅五星级高级酒店。住在漓江之畔，您可以赏日月沉浮，听渔舟唱晚，感受山风掠过露台，吹动窗帘，轻轻将人唤醒。

目前三千漓酒店有三个主题开放入住。

替换画面如图 4-28 所示。

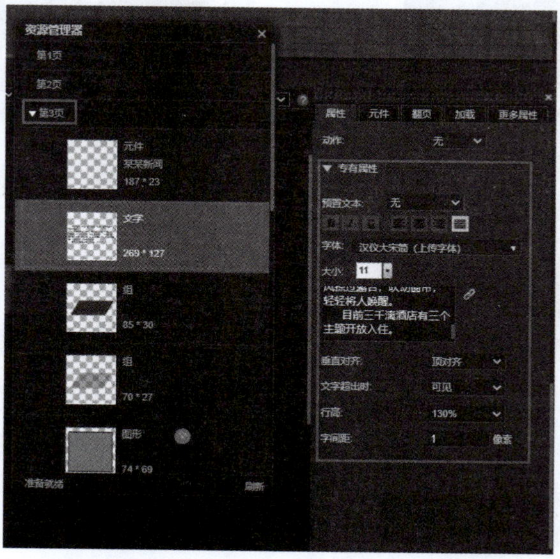

图 4-28 总介绍页文字替换

3）选择第 3 页的图片项：元件循环图 2> 组 > 图像，单击“替换”按钮进行图片替换，如图 4-29 所示。

修改完毕后总介绍页效果如图 4-30 所示。

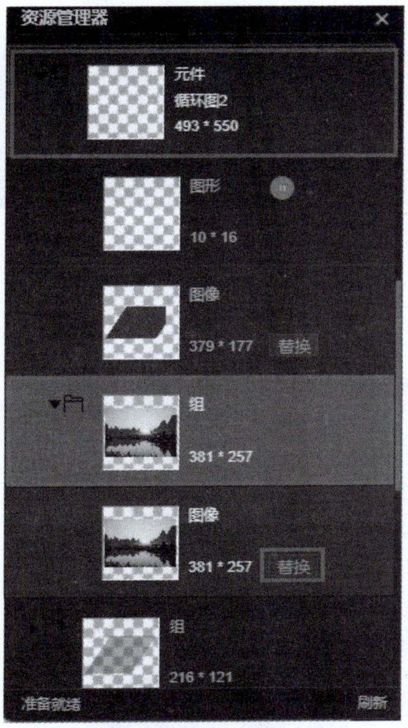

图 4-29　总介绍页图片替换

图 4-30　总介绍页修改后效果

（4）重复步骤（3），使用同样方法分别替换花间集、渔家傲、天纹锦三个页面的文字和图片，最终效果如图 4-31 至图 4-33 所示。

图 4-31　花间集

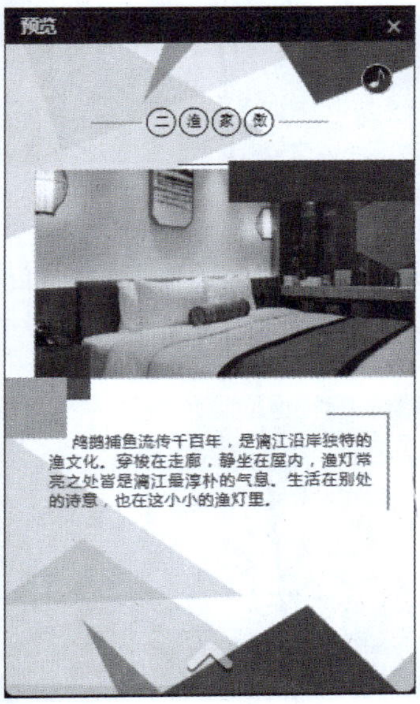

图 4-32　渔家傲

图 4-33　天纹锦

（5）制作活动宣传页：体验师招募。由于原模板中没有相应版式的页面，故此页内容需要自己制作，将原有的第 7 页进行修改。

1）将原页面中除背景图形以外的所有内容删除，可直接删除图层，也可将关键帧中的内容删除掉，只保留三个图层中的内容，删除后的时间轴面板如图 4-34 所示。

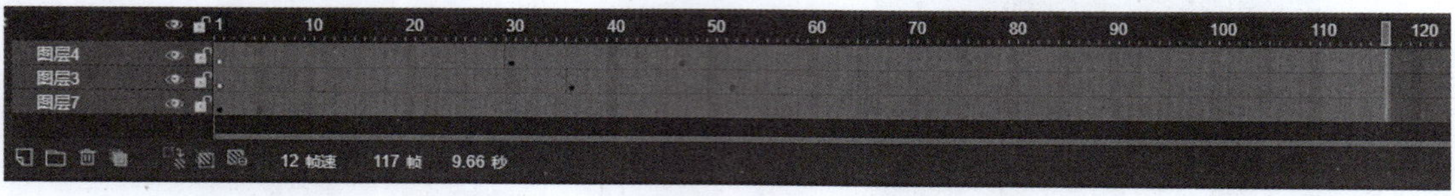

图 4-34　只保留背景图形的活动宣传页时间轴

舞台效果如图 4-35 所示。

图 4-35　只保留背景图形的活动宣传页舞台画面

删除图层的方法：单击选中要删除的图层，单击时间轴面板上的“删除”按钮，在弹出的确认删除框中单击☒按钮即可，如图 4-36 所示。

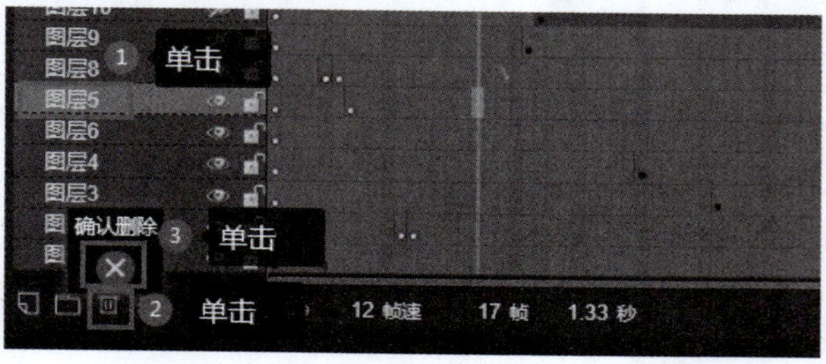

图 4-36　删除图层的方法

2）在原有图层上新建五个图层，如图 4-37 所示。

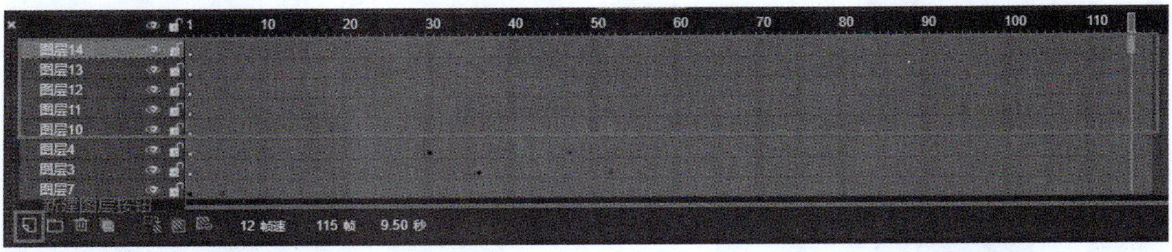

图 4-37　新建图层

分别在新建的五个图层的第 22、27、32、37、42 帧上插入关键帧。方法为单击选中相应帧，右击，选择“插入关键帧”或按 F6 键，如图 4-38 所示。

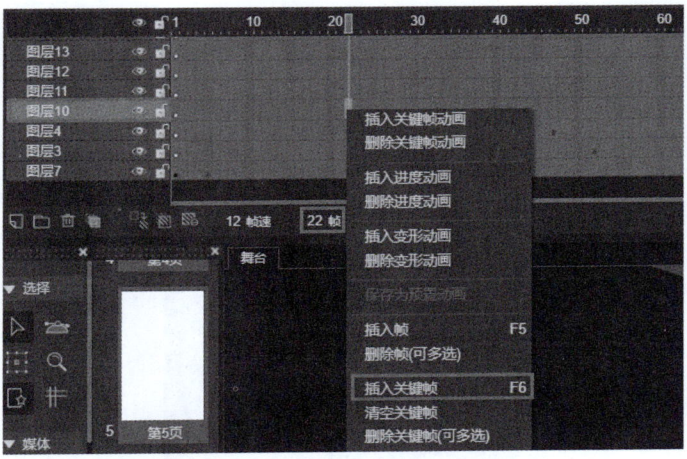

图 4-38　插入关键帧

插入关键帧后的时间轴面板如图 4-39 所示。

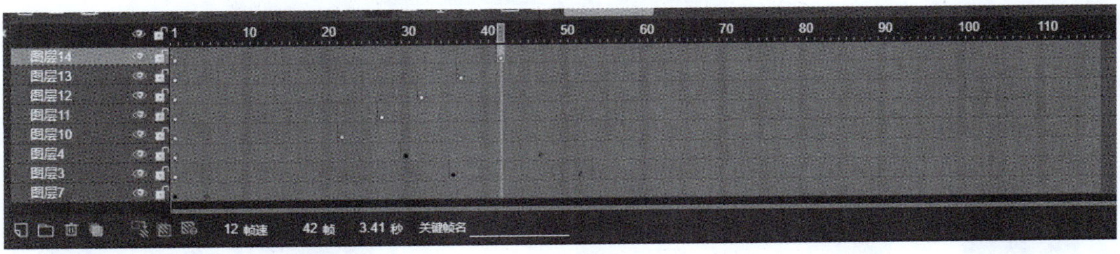

图 4-39　插入关键帧后的时间轴面板

3）选中图层 10 的第 22 帧，使用工具箱中的文字工具在舞台上单击输入文字“体验师招募”，在属性面板设置相应的字体、颜色和大小，如图 4-40、图 4-41 所示。

4）选中图层 11 的第 27 帧，利用工具箱中的矩形工具、圆角矩形工具绘制相应图形，设置其填充色、透明度，如图 4-42 所示。

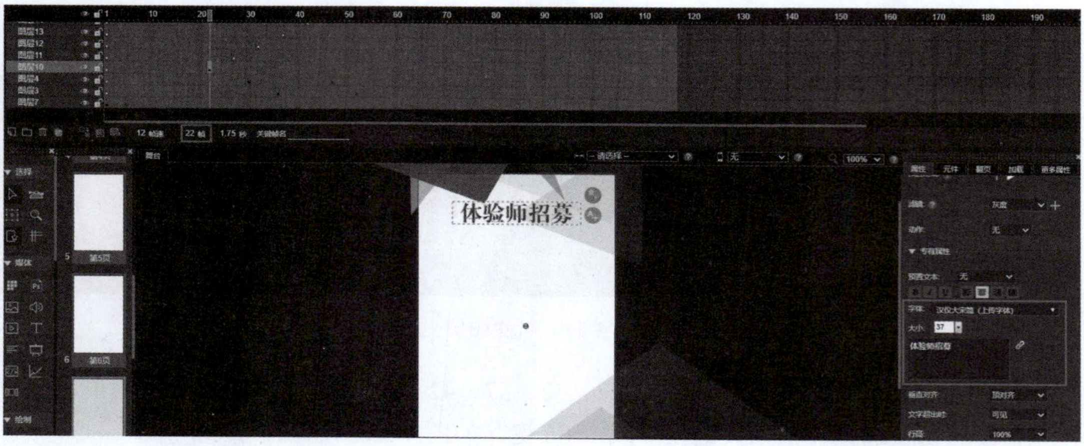

图 4-40　活动宣传页文字属性 1

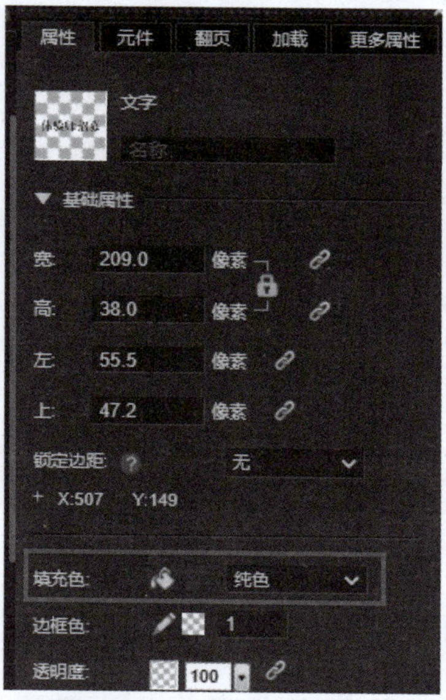

图 4-41　活动宣传页文字属性 2

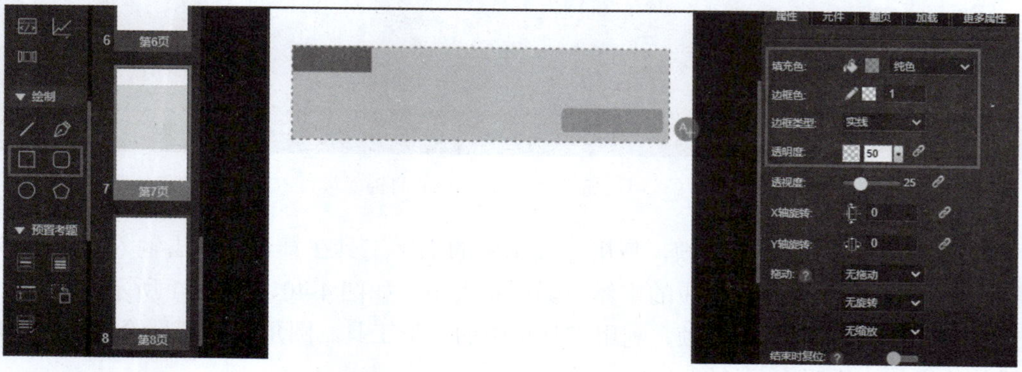

图 4-42　绘制图形

5）利用工具箱中的文字工具在舞台的相应位置输入文字，并设置其字体、颜色、大小、对齐方式等属性，然后打开素材库，上传并添加处理好的图片素材，最终效果如图 4-43 所示。

图 4-43　图文组 1

6）选中图层 11 的第 27 帧，即可将该关键帧中的所有内容（即其上的图片、文字、图形）选中，右击，将所有内容进行组合，如图 4-44 所示。

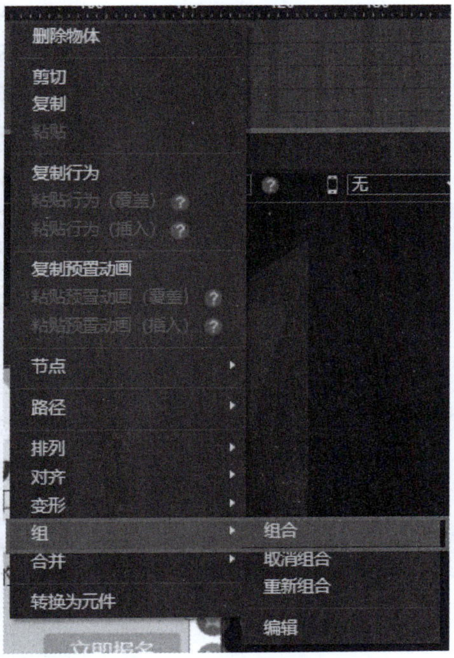

图 4-44　组合

7）同样的方式，在图层 12、13、14 的第 32、37、42 帧（关键帧）上插入相应图形、图片、文字，然后分别将它们进行组合。可以通过复制关键帧再粘贴关键帧的方式将图层 11 的第 27 帧复制到图层 12、13、14 的第 32、37、42 帧（关键帧）上，再进行修改替换文字。

8）单击选中图层 10 的第 22 帧（关键帧），即选中该帧中的文字“体验师招募”，为其添加预置动画——蹦入，如图 4-45 所示。

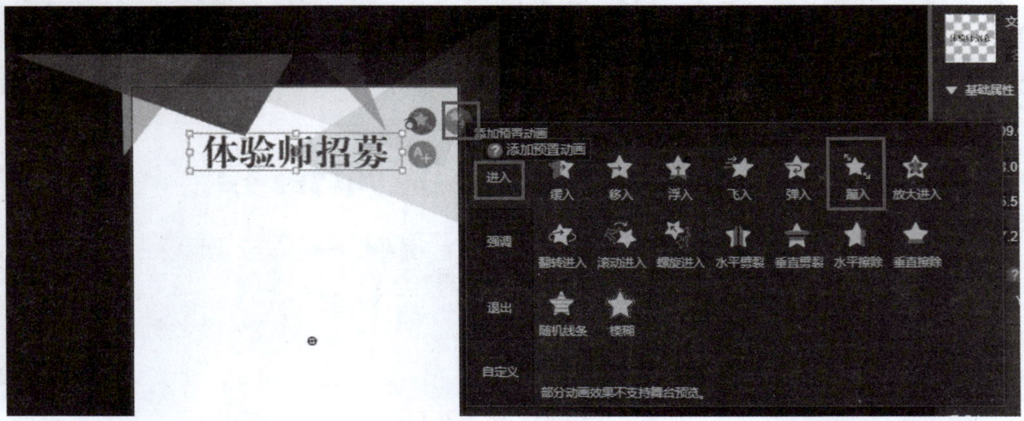

图 4-45　添加预置动画

添加了预置动画的物体，其旁边会出现蓝色的编辑预置动画按钮，单击即可编辑动画选项，如图 4-46 所示。

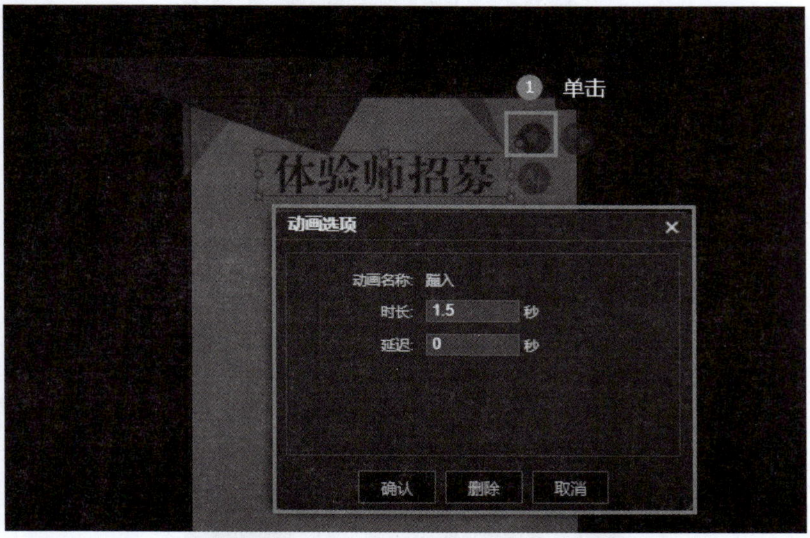

图 4-46　动画选项

9）同样的方式，分别给图层 11、12、13、14 的第 27、32、37、42 帧（关键帧）上的组添加预置动画：进入类别中的弹入，图层 11、13 为从左弹入，图层 12、14 为从右弹入，如图 4-47 至图 4-49 所示。

最终的时间轴面板和舞台效果如图 4-50 所示。

图 4-47 图文组预置动画

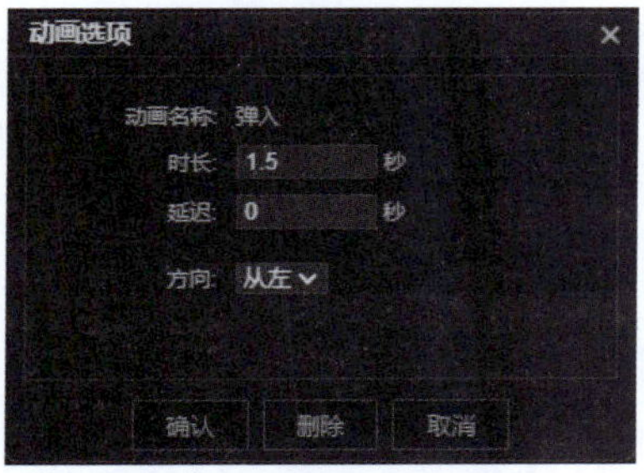

图 4-48 图文组动画选项 1

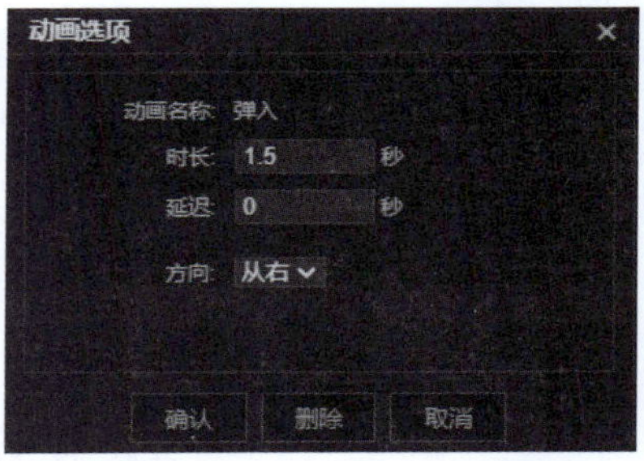

图 4-49 图文组动画选项 2

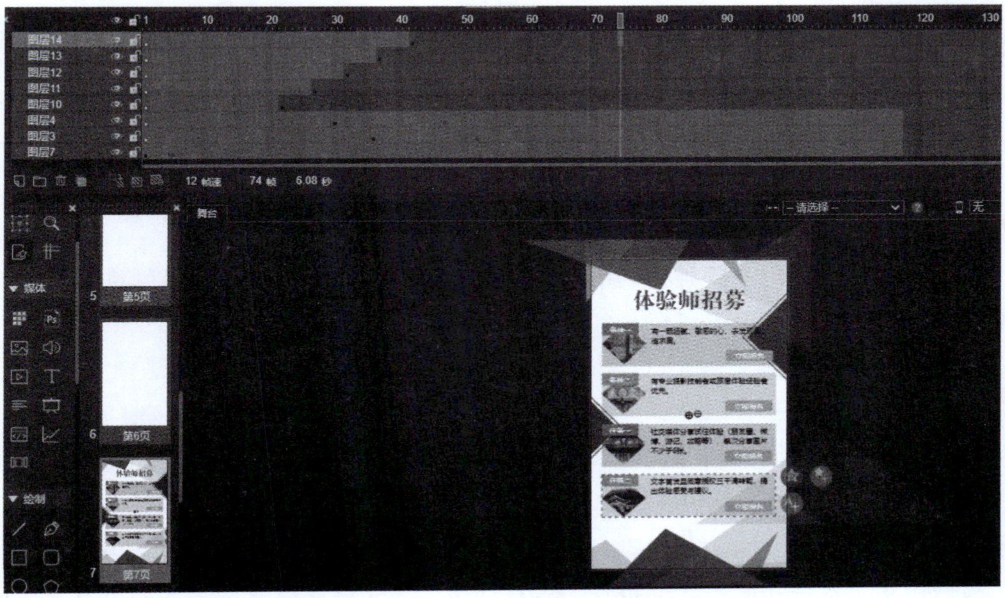

图 4-50 活动宣传页编辑完成

添加了预置动画的帧，其颜色为蓝色；包含关键帧动画的帧，其颜色为绿色。预览效果如图 4-51 所示。

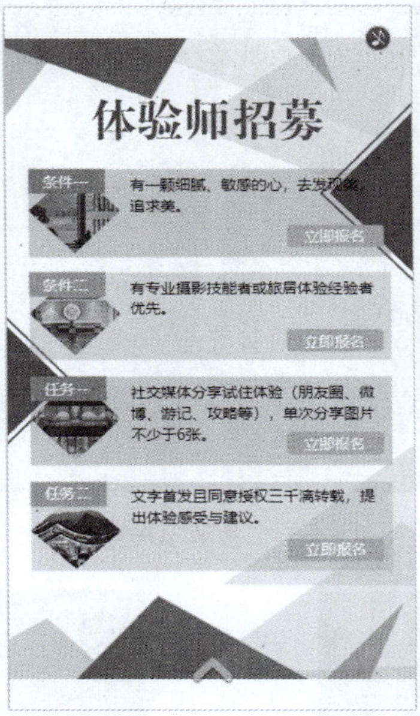

图 4-51　活动宣传页预览效果

任务 6　表单制作

任务描述

任务 5 选择的模板没有提供表单功能，但我们设计的三千漓推广 H5 要进行“体验师招募”活动宣传，需要收集用户的报名信息，故在本任务中我们来制作表单页和落款页。

任务要求

通过表单页收集用户的姓名、电话、人数等信息，在落款页中对品牌进行露出，让品牌得到有效宣传。

知识链接

表单是客户端与服务器端交流的途径，通过表单宣传方可从浏览器端收集获取用户的输入信息，是十分高效有用的数据信息收集载体。在线表单 H5 使用场景主要有：

1. 报名表

学校招生、公司招聘、活动报名、产品试用……通过在线表单制作的报名表，将会在后台数据处理中统一呈现，后台可以导出 Excel 文件，将无需再对人员信息进行繁琐的筛选、录入操作。

2. 商品买卖

有些在线表单推出了商品插件功能，可以制作一个 H5 微商城，在自己的 H5 页面上出售商品。比起经营网店，H5 微商城拥有成本低廉、维护简便的优势，买家也可以在 H5 页面内即买即走。商品插件功能同时方便了卖家和买家。

3. 信息收集表

想知道自己的用户消费意向如何吗？想知道自己的产品口碑如何吗？想知道举办的活动效果如何吗？这一切都可以通过在线表单进行调查。为了预防垃圾信息和无效信息，我们还可以在表单中规定信息格式、设置必填选项和规定信息唯一。

在木疙瘩的工具箱中有表单一栏，包括输入框、单选框、多选框、列表框和表单 5 个工具，如图 4-52 所示。其中，前 4 个工具分别用于制作输入框、单选框、多选框、列表框 4 种类型的表单控件，表单工具用于编辑表单。

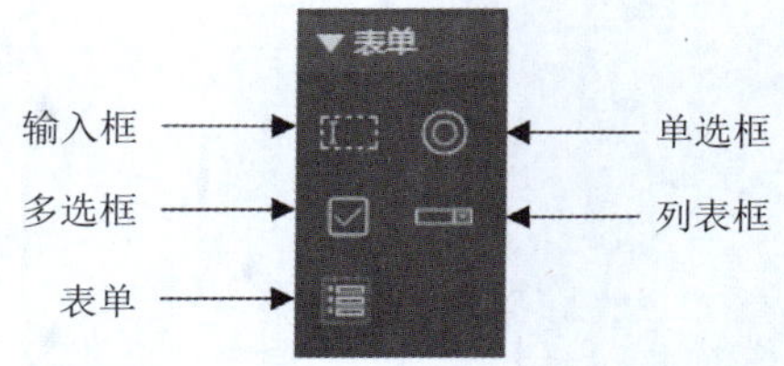

图 4-52 表单工具

在木疙瘩中从模板添加页面可打开内容库，其中的公有模板中有表单模板，提供四种类型表单，如图 4-53、图 4-54 所示。

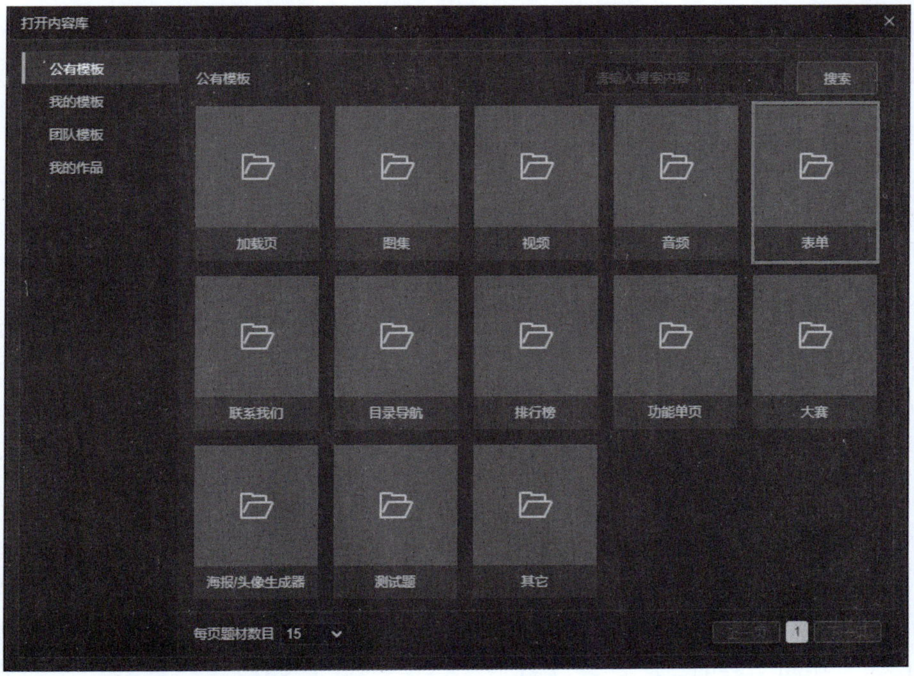

图 4-53 内容库

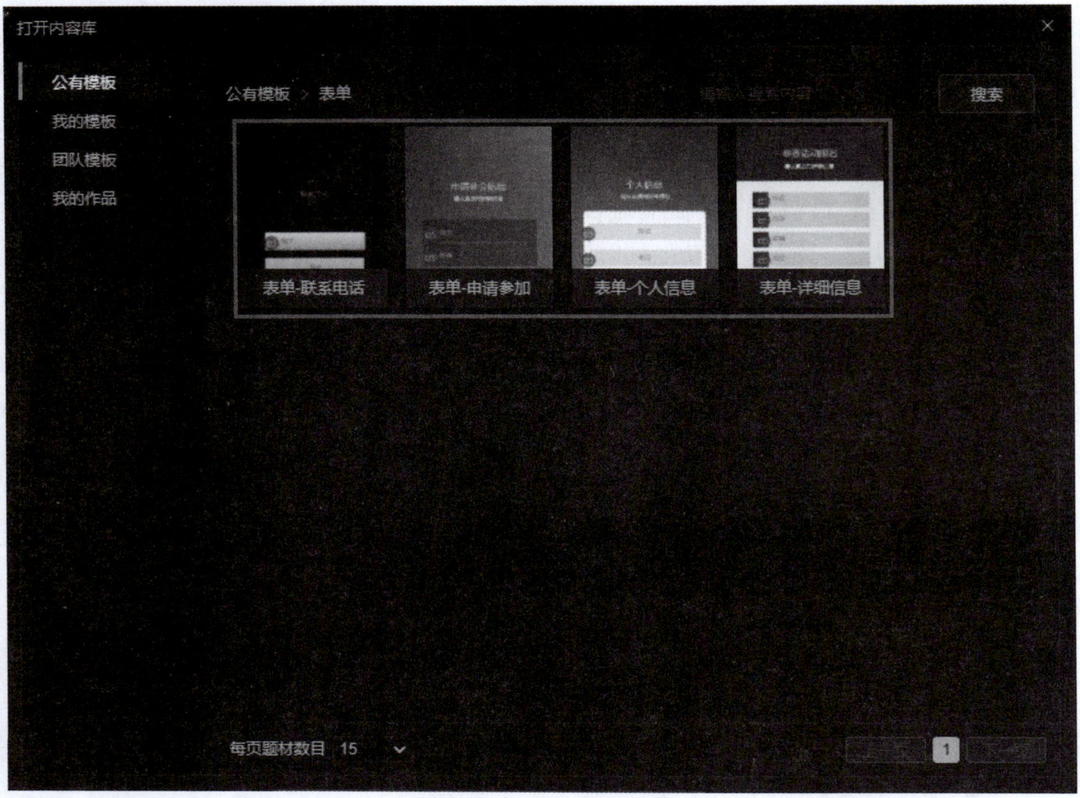

图 4-54　内容库中的表单模板

任务实施

活动报名页、落款页制作

请结合工卡 D-05（H5 表单制作），完成以下任务。

1. 文案内容

（1）表单页：体验师招募活动报名页

表单内容：姓名、联系电话、入住人数（限 2 人以内）

（2）结尾页：落款页

地址：桂林市阳朔县兴坪镇三千漓文旅小镇（附地图）

客服电话：0773-8887777

交通：乘坐高铁至阳朔站，从阳朔站只需 6 分钟左右的车程就可到达三千漓度假区。

2. 制作步骤

（1）报名页制作：利用表单模板制作报名页。

表单内容：姓名、联系电话、入住人数（限 2 人以内）

1）将页面浏览窗格的滚动条拖到最底部，单击最后一个页面底部右下角的“从模板添加”按钮，如图 4-55 所示。

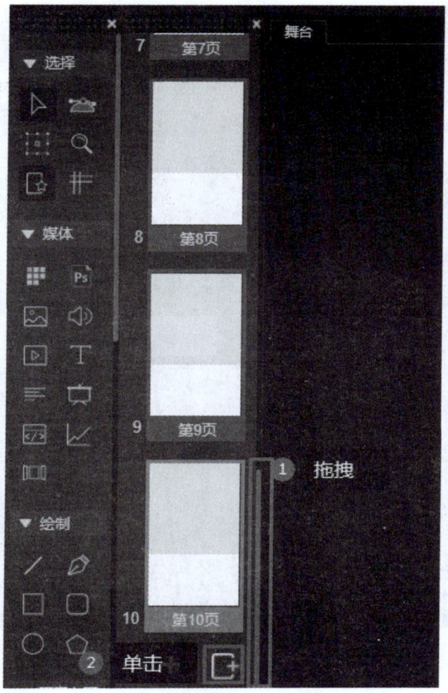

图 4-55　从模板添加页面

打开模板窗口，在底部单击表单，如图 4-56 所示。

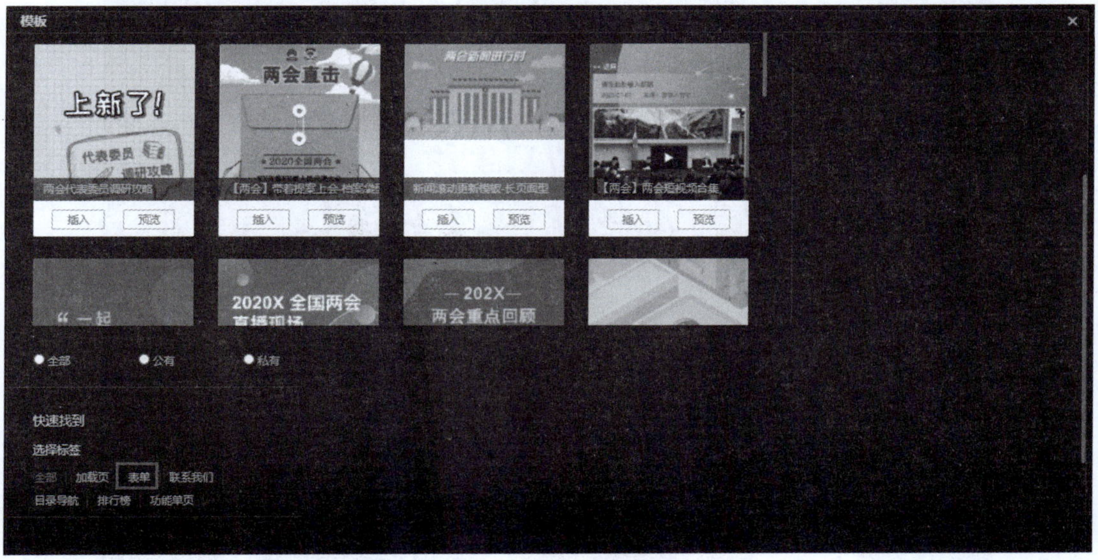

图 4-56　模板

出现所有的表单模板，选择一个与我们的 H5 颜色、内容比较匹配的表单“参赛活动报名”，单击“插入”，如图 4-57 所示。

即可在最后一个页面的前面插入一个表单页，如图 4-58 所示。

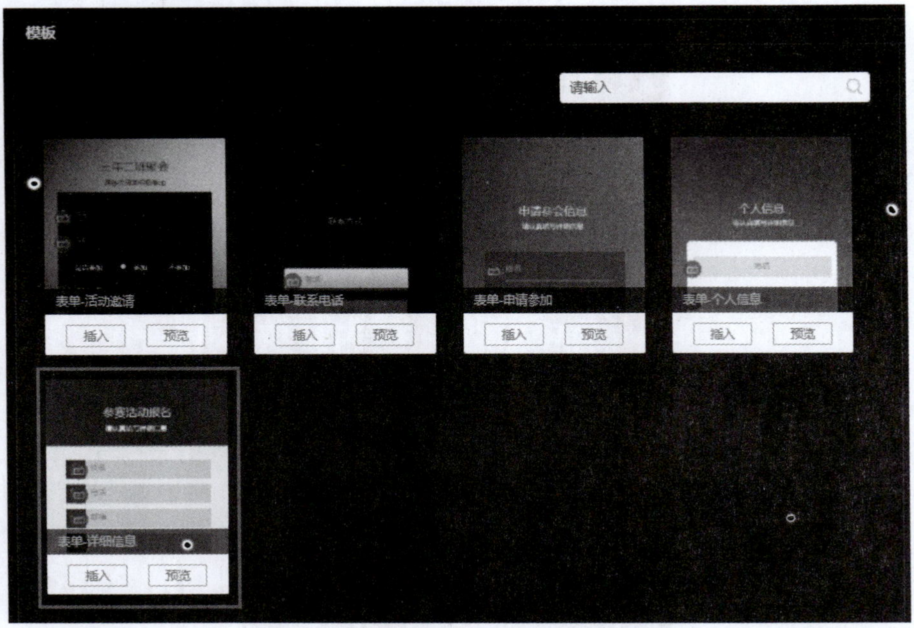

图 4-57　表单模板

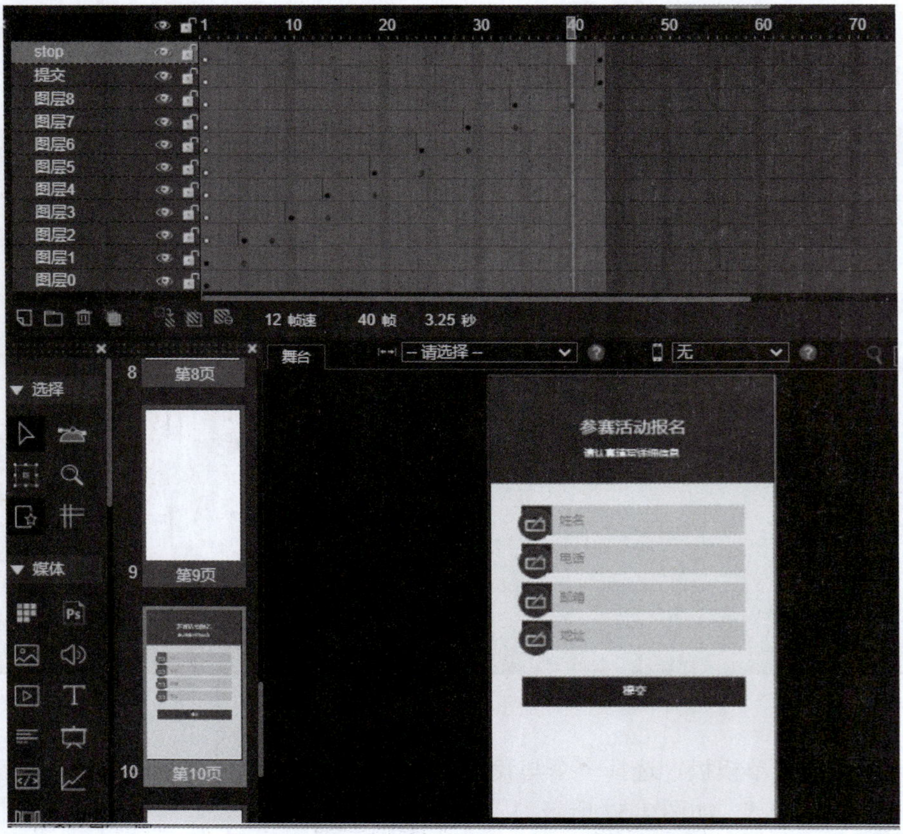

图 4-58　参赛活动报名表单

2）接下来我们来修改表单页。将“地址”项所在的图层7删除掉，如图4-59所示。

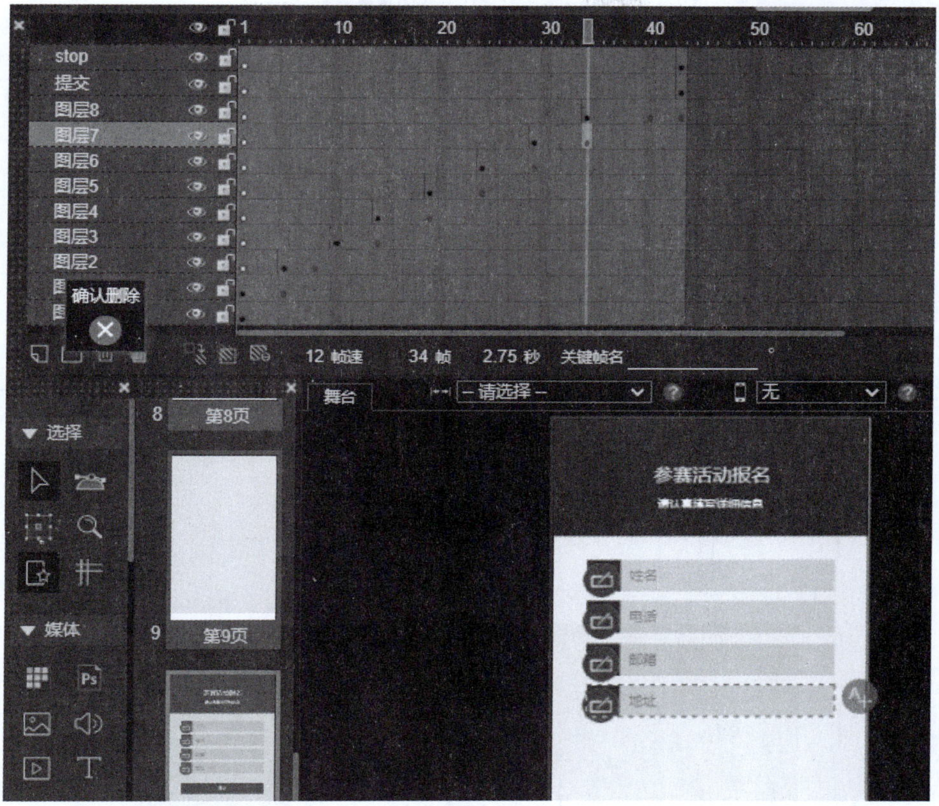

图4-59　删除图层7

3）鼠标拖拽选择“图层8”“提交”“Stop”三个图层的第29～33帧，如图4-60所示。

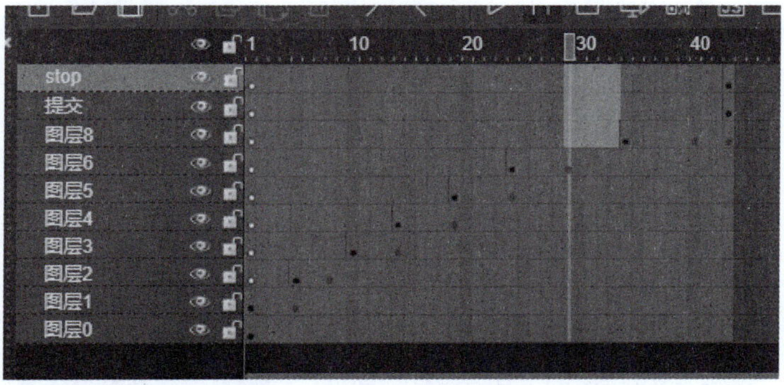

图4-60　选择多个帧

对其右击，选择“删除帧”，如图4-61所示，时间轴变成如图4-62所示。

使用同样的方法，再将图层0至图层6的第39～43帧删除，得到效果如图4-63所示。

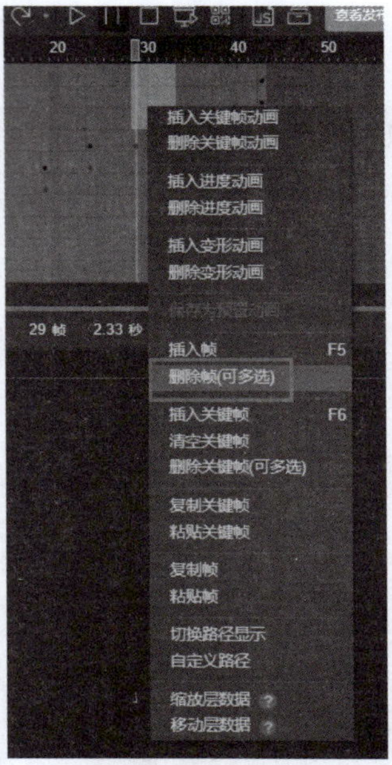

图 4-61　删除帧

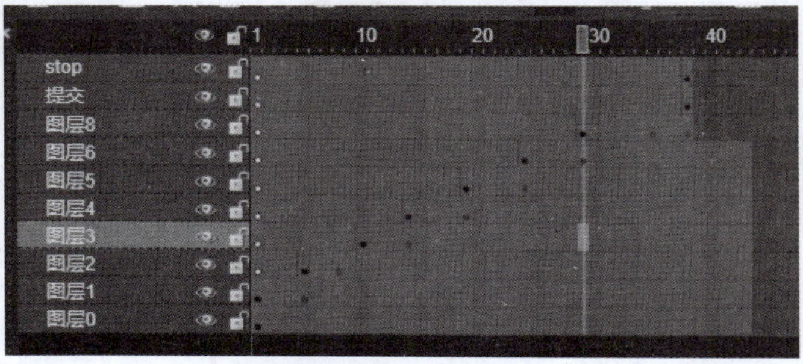

图 4-62　删除后

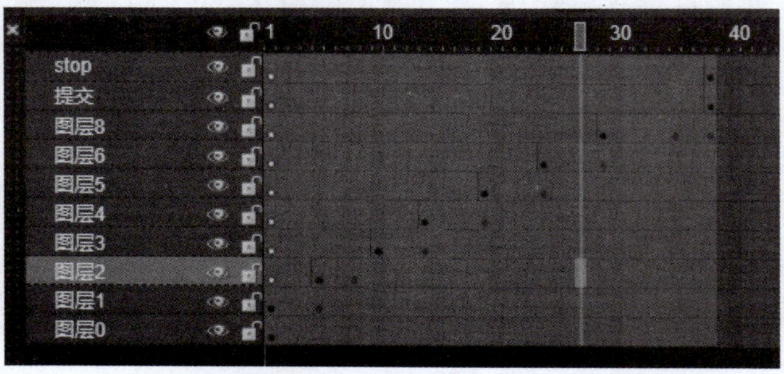

图 4-63　删除完成

4）选择“邮箱”所在图层 6，由于该层包含关键帧动画，其中的内容自动进行了组合，要对其内容进行编辑需要双击进到组的编辑界面，如图 4-64 所示。

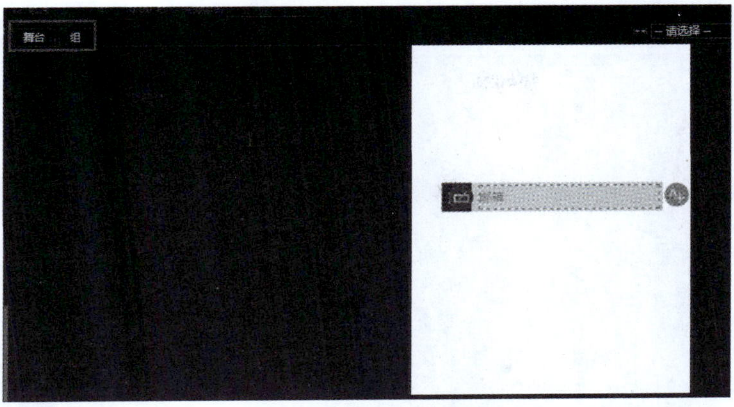

图 4-64　邮箱组

在属性面板将其名称改为“renshu”，如图 4-65、图 4-66 所示。

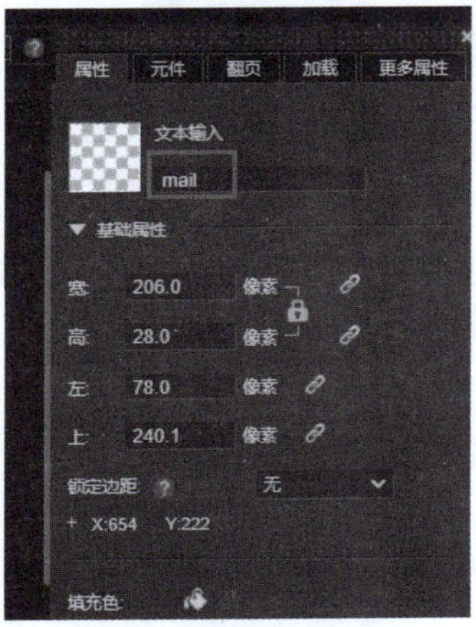

图 4-65　输入框原名称

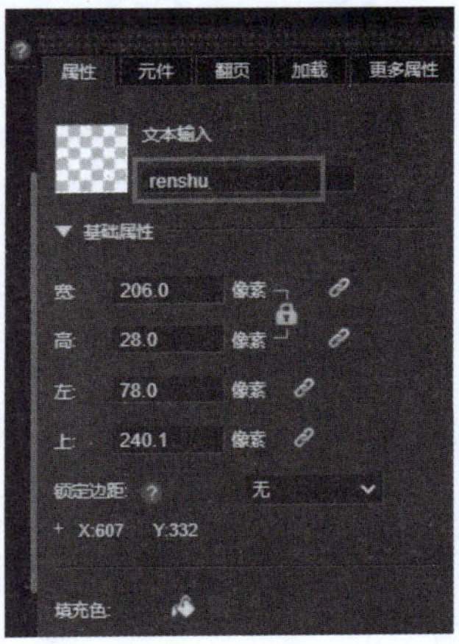

图 4-66　输入框改后名称

在属性面板中找到其专有属性，把提示文字改为“人数”，如图 4-67、图 4-68 所示。

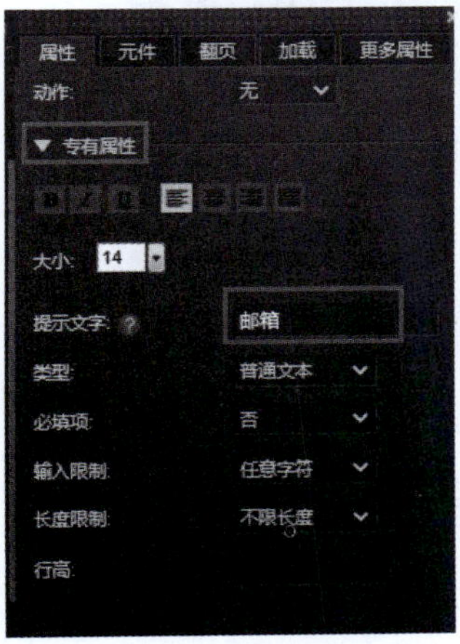

图 4-67　输入框原提示文字

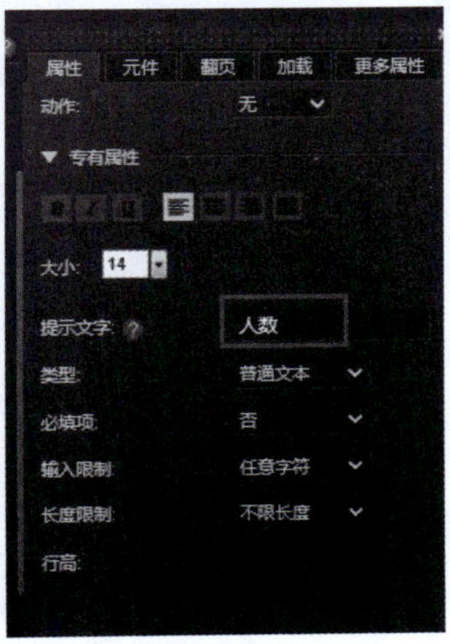

图 4-68　输入框改后提示文字

单击舞台选项卡，回到舞台编辑界面，如图 4-69、图 4-70 所示。

图 4-69　切换回舞台

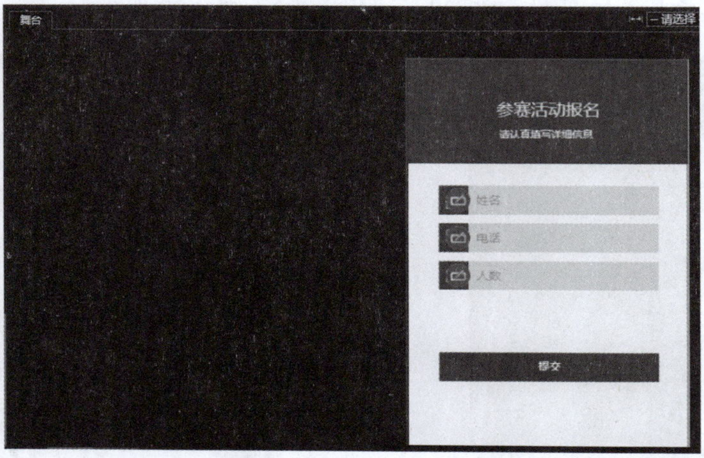

图 4-70　舞台画面

5）单击选择文字“参赛活动报名”，双击进入组的编辑界面，如图 4-71、图 4-72 所示。

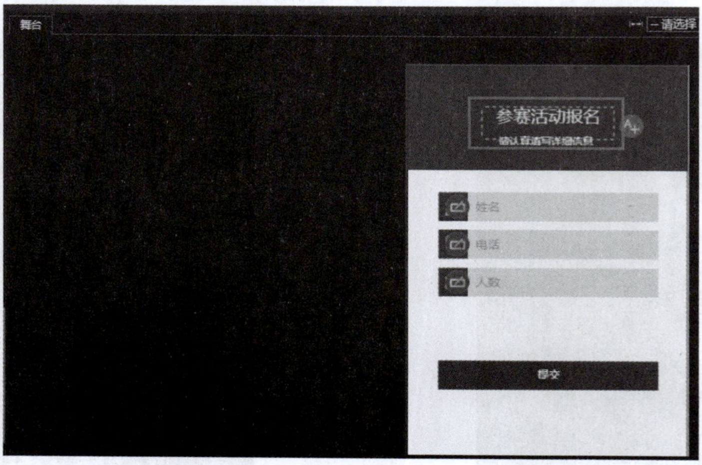

图 4-71　选择“参赛活动报名”组

图 4-72 “参赛活动报名”组编辑画面

在属性面板修改文字内容为“参加体验报名”，如图 4-73 所示。

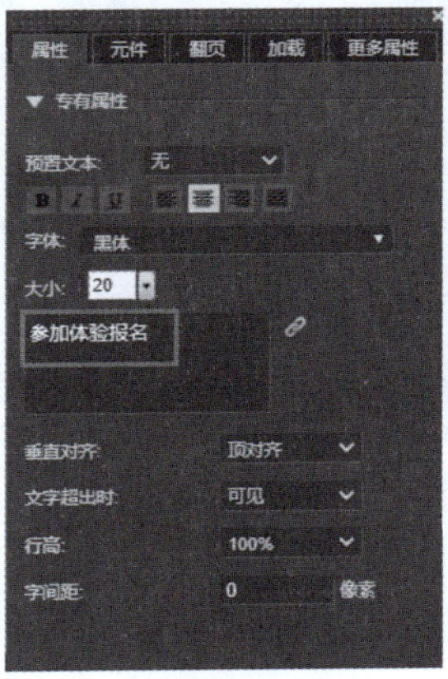

图 4-73 修改文字内容

返回如图 4-74 所示的舞台编辑界面。

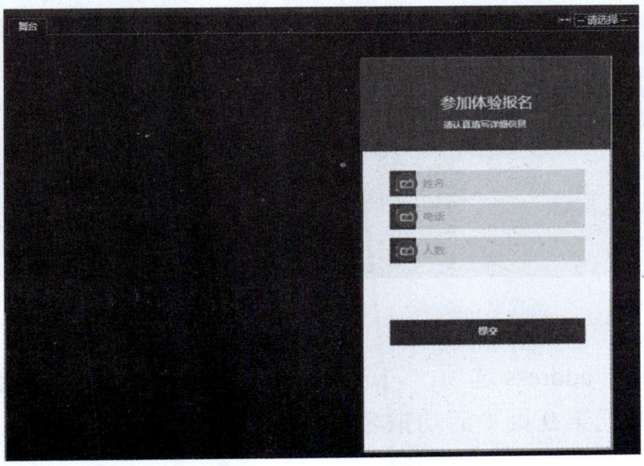

图 4-74 修改后的活动报名画面

6）修改表单提交数据。选择“提交”图层的第 38 帧，在舞台单击“提交”框旁边的添加 / 编辑行为按钮●，如图 4-75 所示。

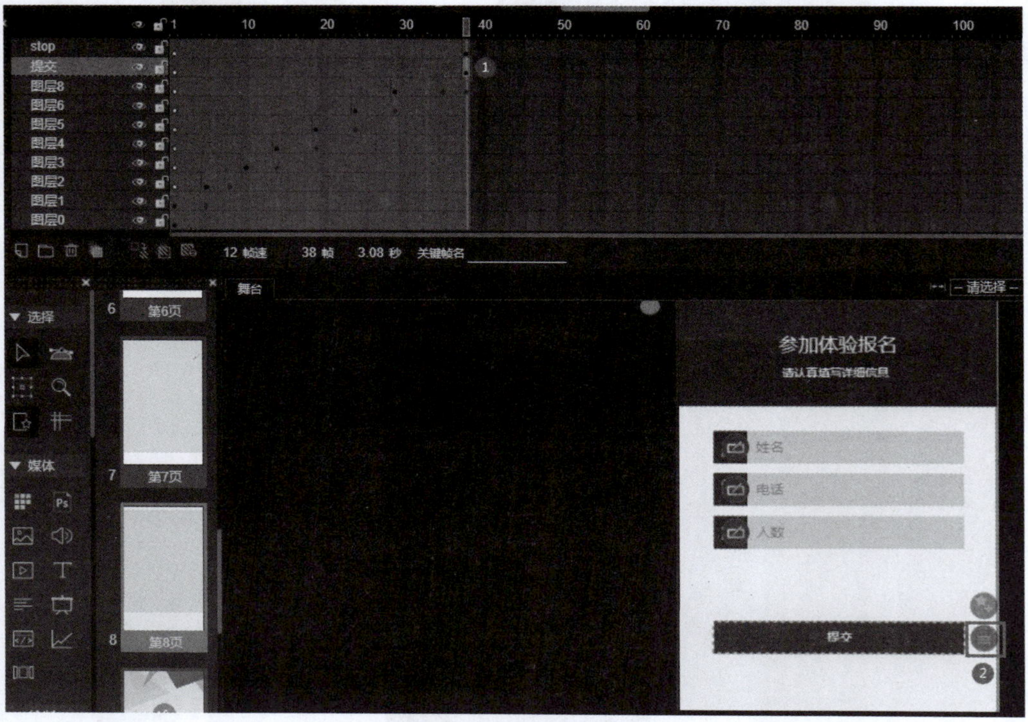

图 4-75　添加 / 编辑行为

在打开的编辑行为窗口中单击编辑按钮◪，如图 4-76 所示。

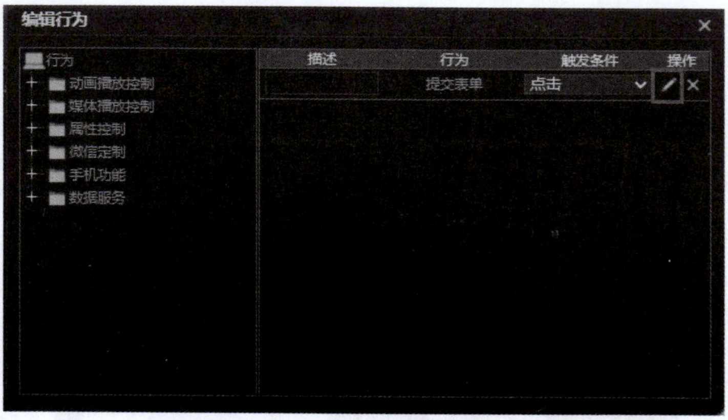

图 4-76　编辑按钮

在参数窗口中去掉 address 选项，勾选 renshu，单击“确定”，如图 4-77 所示。

在页面浏览窗格把第 9 页“活动报名页”拖拽到第 8 页的位置。至此，活动报名页制作完毕。

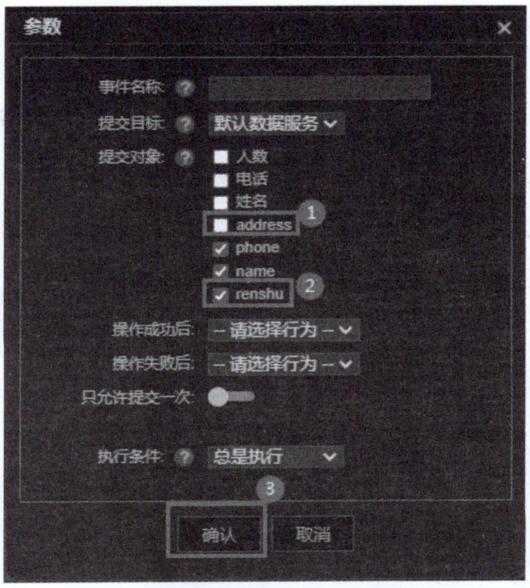

图 4-77　修改提交对象

（2）完善活动宣传页。

1）在页面浏览窗格选择第 7 页，在时间轴上将时间线定位在最后一个关键帧后面，在舞台选择“条件一”组的内容，如图 4-78 所示。

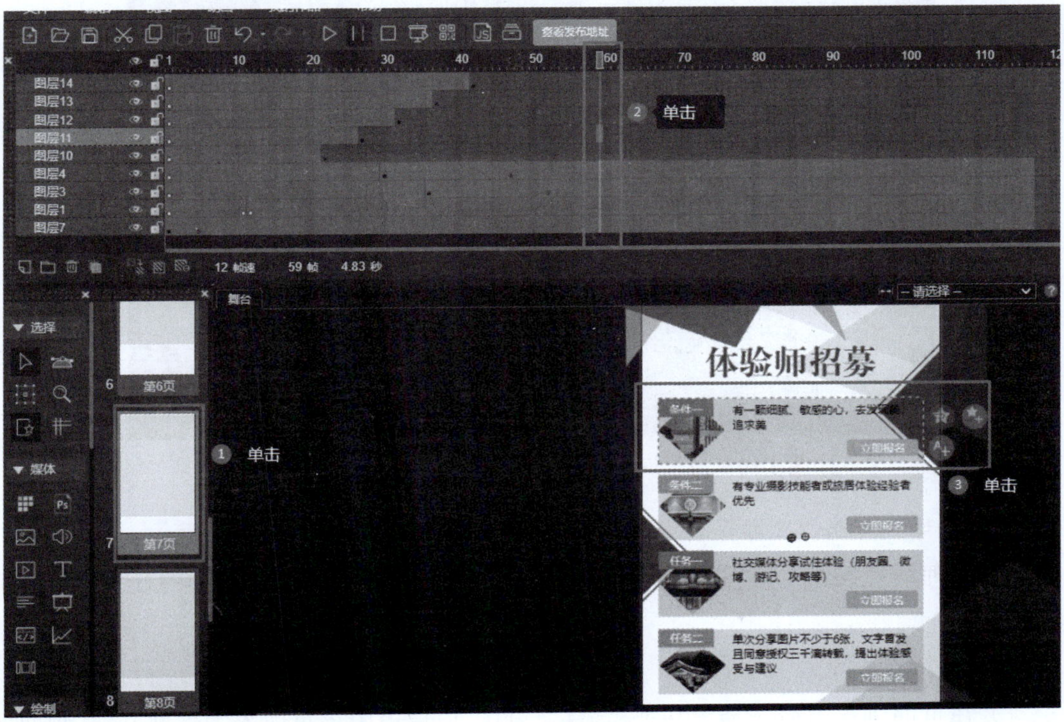

图 4-78　选择“条件一”图文组

2）双击“条件一”组，进到组的编辑界面，单击选择文字“立即报名”，单击添加行为按钮，如图 4-79 所示。

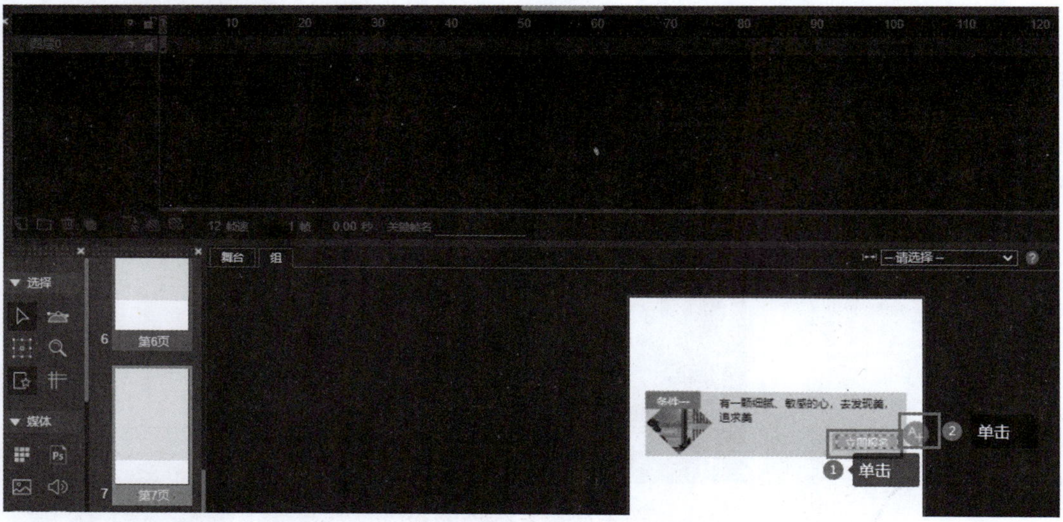

图 4-79　“条件一”图文组编辑画面

为其添加行为“下一页”，触发条件为“点击”，如图 4-80 所示。

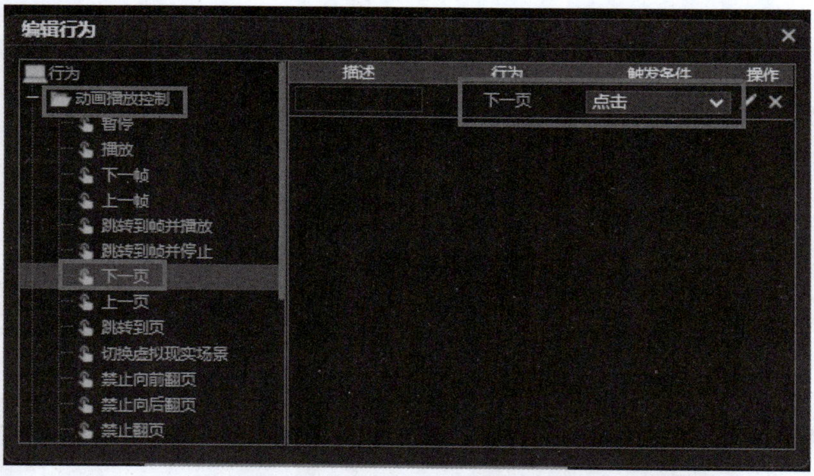

图 4-80　为“条件一”图文组“立即报名”添加行为

这样当用户点击“立即报名”就可跳转到第 8 页“活动报名页”。

3）同理给“条件二”“任务一”“任务二”的“立即报名”添加同样的行为，点击可跳转到下一页。

（3）结尾页制作。

1）在页面浏览窗格选择第 9 页（最后一页，原模板中该页内容为落款），其画面如图 4-81 所示。

现在我们要把需要放置的二维码、文案和地图加入进去。

图 4-81　模板落款页效果

2）在舞台上单击选中原模板中的二维码图片，然后在属性面板中单击“替换”，在弹出的素材库窗口中选择准备好的三千滴微信公众号二维码图片，如图 4-82、图 4-83 所示。

图 4-82　落款页图片属性

图 4-83　替换落款页图片

3）在舞台上选择文字“某某新闻”，双击进入组的编辑界面，对文字内容进行修改，改为“三千滴”，如图 4-84 所示。

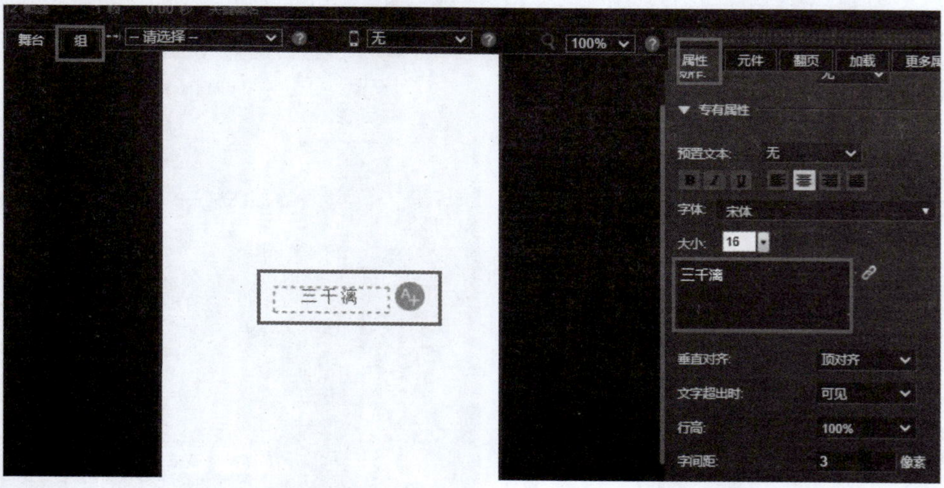

图 4-84　修改落款页标题文字

4）返回舞台，单击选中“进入官网”，在属性面板看到其为一个元件，如图 4-85 所示。双击“进入官网”元件，进入元件编辑界面，如图 4-86 所示。

由于对文字和矩形框做了关键帧动画，文字和矩形已经进行了组合，需要再次双击进入组的编辑界面，将文字改为“打开地图”，如图 4-87 所示。

图 4-85 “进入官网”元件

图 4-86 “进入官网”元件编辑界面

图 4-87 修改元件中组内的文字

返回舞台，单击“打开地图”旁边的编辑行为按钮，将其原有的“跳转链接”行为删除，如图 4-88 所示。

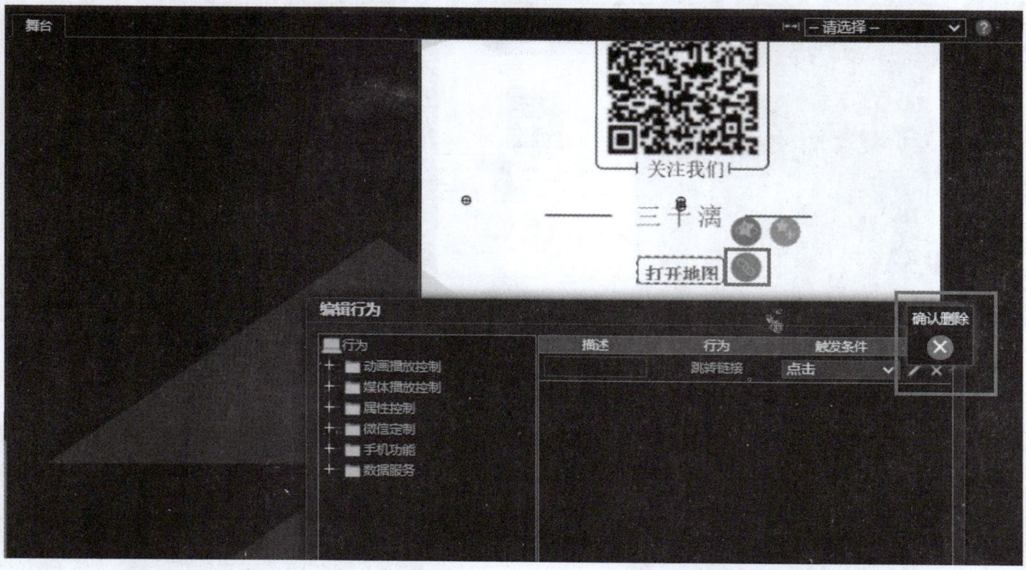

图 4-88　删除行为

再为其添加行为：手机功能 > 地图，将文案中的地址复制到编辑参数窗口中，单击“确定”，如图 4-89 所示。

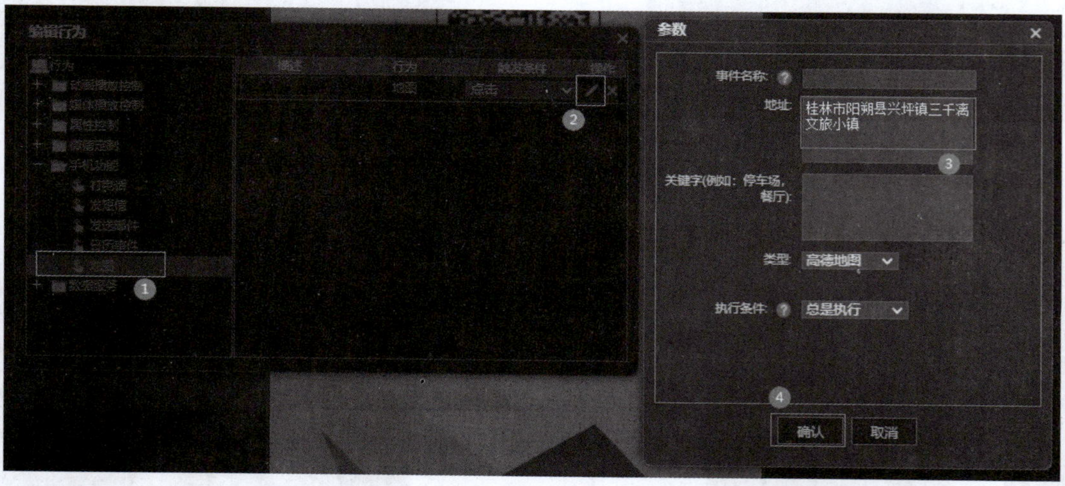

图 4-89　添加地图行为

5）选择最后的落款文字，在属性面板中修改其文字内容，如图 4-90、图 4-91 所示。

利用变形工具调整好文字框的大小，并在属性面板设置好文字的对齐方式，如图 4-92 所示。

图 4-90　修改落款文字 1

图 4-91　修改落款文字 2

图 4-92　调整落款文字框

小提示：如果在舞台上看不到要找的物体，请将时间线拉到时间轴上所有图层的最后一个关键帧后面。

至此，所有页面修改制作完毕，预览效果如图 4-93、图 4-94 所示。

图 4-93 三千漓项目推广 H5 最终效果

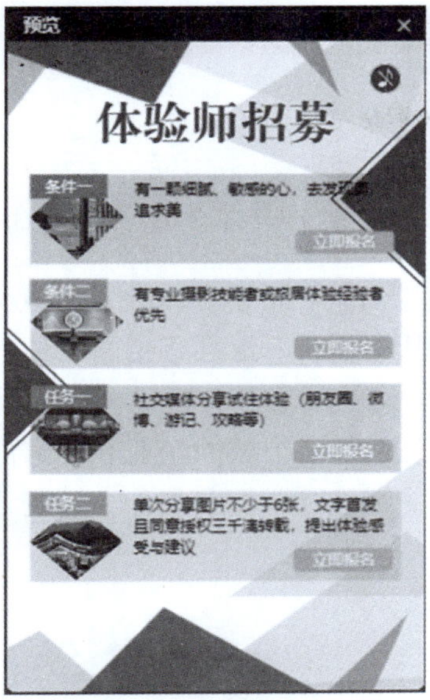

活动宣传页

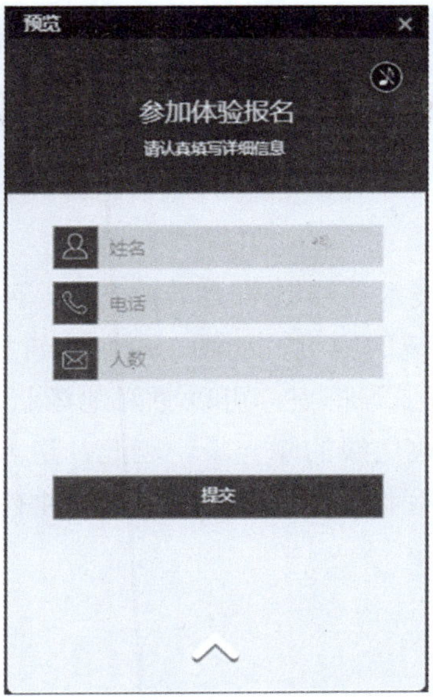

表单：活动报名页

结尾页

地图页

图 4-93　三千漓项目推广 H5 最终效果（续图）

图 4-94　扫描二维码观看 H5 效果

任务 7 H5 交互制作

任务描述

传统做交互动画的 Flash 技术在移动端上不被支持，所以 H5 是很好地解决了在移动端产生交互动画的技术。与传统的视频、动画、纸媒广告相比，H5 广告具有全面立体的展示、随身携带灵活、交互性强等特点，可以更好地激起用户的阅读和分享欲望，甚至有些优秀的 H5 页面可以实现数亿级的曝光量。因此，进入 H5 营销领域的企业和商家能实现更高的营业额。而移动交互作为 H5 相较传统媒体独有的特性，掌握其制作方法的重要性不言而喻。

任务要求

掌握利用木疙瘩平台制作常见的交互方式的方法。

知识链接

H5 完美地支持了所有目前常见的移动交互方式，主要有触屏、陀螺仪、定位、拍照、录音、通信等。在木疙瘩平台中这些交互功能如下所述。

触屏：指用户操作手机时的一些动作，主要包括点击、手指按下、手指抬起、向左滑动、向右滑动、向上滑动、向下滑动、向左上滑动、向右上滑动、向左下滑动、向右下滑动、拖动 / 转动结束、拖动物体放下、拖动物体离开、摇一摇等。我们可以通过设置行为的触发条件来实现用户触摸手机屏幕时 H5 作出一些相应的行为响应。

陀螺仪：通过陀螺仪可产生外力感应交互效果。例如，用户晃动手机可使页面中的“物体”按照设定的动作运动。

定位：可通过定位发送实时位置，生成链接到指定位置的地图。

拍照：可通过定制图片上传照片生成专属头像、海报、合影等。

录音：可通过控制录音行为实现录音功能。

通信：可通过打电话、发短信、发邮件等行为实现手机的通信功能。

H5 交互制作

任务实施

在木疙瘩中有两种主要途径来实现交互功能，一种是添加行为，一种是利用公有模板实现。请结合工卡 D-06（H5 交互制作），完成以下任务。

1. 通过行为实现交互

在木疙瘩平台能添加的行为类别主要有动画播放控制、媒体播放控制、属性控制、微信定制、手机功能、数据服务六类。添加行为的方法为：

单击选择舞台上的要添加行为的物体，再单击其旁边的“添加 / 编辑行为”按钮，弹出编辑行为窗口，如图 4-95、图 4-96 所示。

图 4-95 “添加 / 编辑行为”按钮

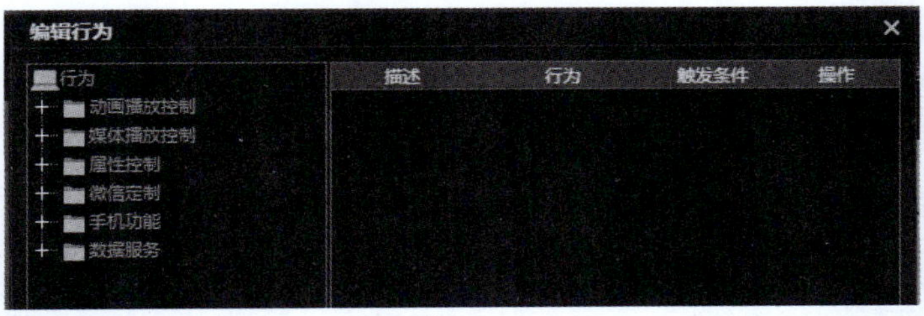

图 4-96 “编辑行为”窗口

各类具体的行为主要包括：

动画播放控制里的行为主要是为了控制 H5 作品中的动画播放、页面跳转、虚拟现实场景的切换、是否出现系统默认的翻页功能。如图 4-97、图 4-98 所示。

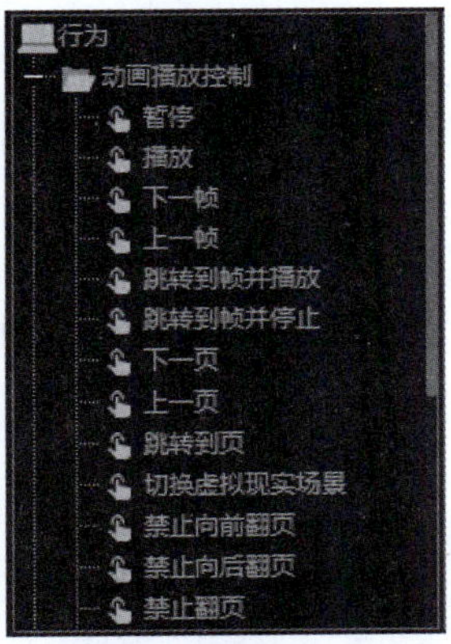

图 4-97 动画播放控制行为 1

图 4-98 动画播放控制行为 2

媒体播放控制里的行为主要是为了控制 H5 作品中的音频、视频，其中播放声音、播放视频是控制元件里的音视频，而控制声音、控制视频是控制舞台上的音视频。如图 4-99 所示。

图 4-99 媒体播放控制行为

属性控制里的行为主要是用来控制舞台上物体的属性值，可以是物体的坐标、透明度、大小、旋转、文本或取值、颜色；可以对定时器进行重置、暂停、继续；可以进行舞台截图；可以恢复擦玻璃、连线、拖放的初始状态；可以对绘画板进行画笔粗细、颜色调整，可以保存、清空绘画板等。如图 4-100 所示。

微信定制里的行为可用于显示微信头像、昵称；上传图片合成场景或头像；录音；设置分享标题、分享描述、分享朋友圈、分享缩略图。如图 4-101 所示。

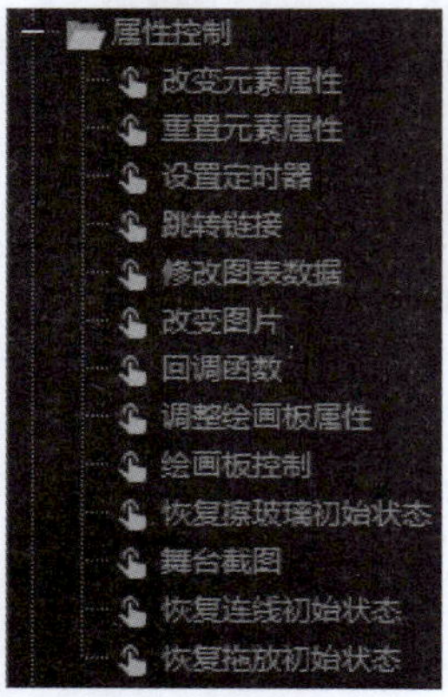

图 4-100　属性控制行为

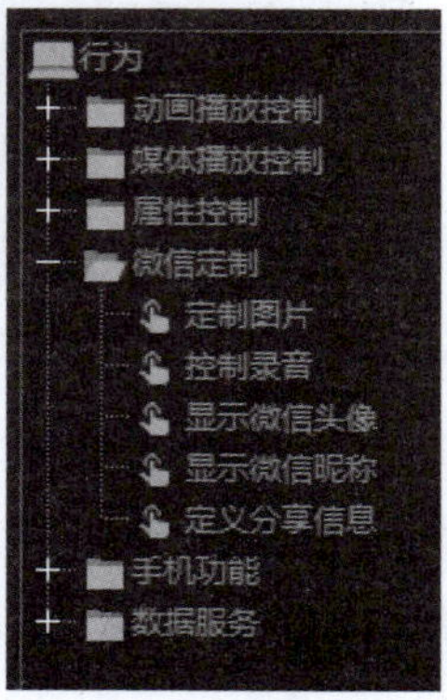

图 4-101　微信定制行为

手机功能的行为可实现拨打指定号码的电话、给指定号码发短信；发送邮件；显示指定地点的地图等，如图 4-102 所示。

数据服务的行为可实现提交用户输入的信息数据到服务器端，我们可通过木疙瘩平台查看用户提交的数据；可实现投票、抽奖活动；可对计数器、排行榜进行控制，如图 4-103 所示。

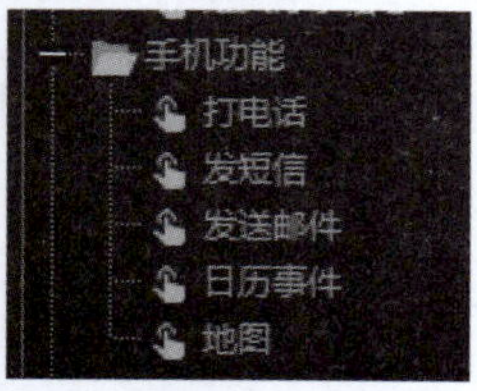

图 4-102　手机功能行为

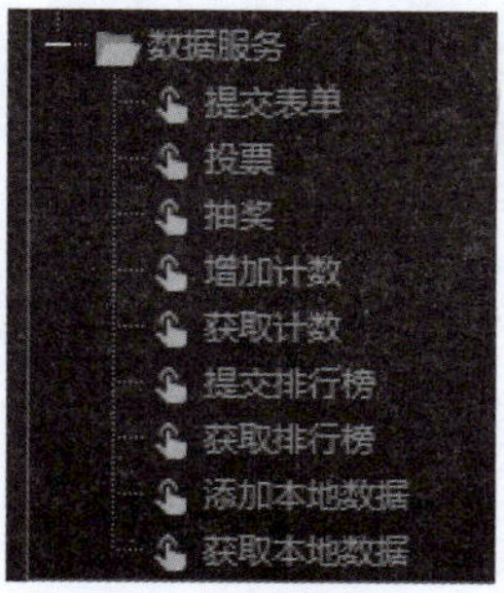

图 4-103　数据服务行为

添加了行为之后，我们需要设置触发条件，即当指定的条件得到满足的情况下才会去执行相应的行为。不同的物体触发条件有少许不同，如定时器专有的触发条件是定时器时间到、定时器开始计时。大部分的触发条件指我们上面所述的触屏动作，设置触发条件只要在触发条件下拉框中选择即可，如图 4-104 所示。

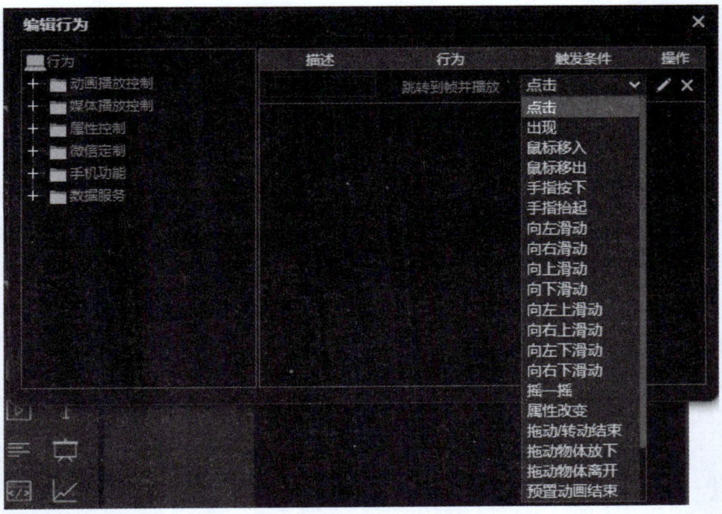

图 4-104　触发条件

2. 利用公有模板实现交互

在页面右下角单击“从模板添加”按钮，打开内容库，选择公有模板，如图 4-105、图 4-106 所示。

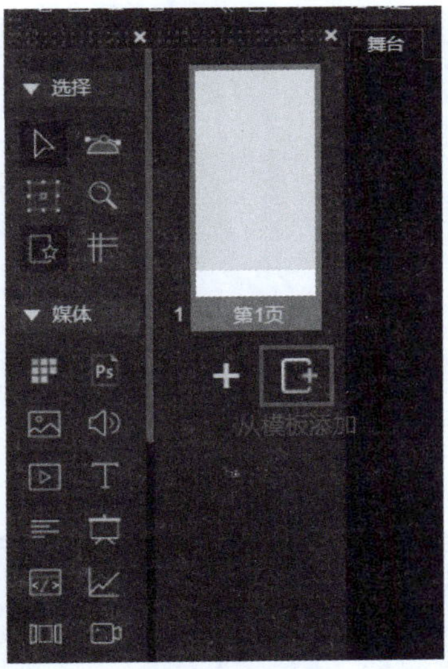

图 4-105　从模板添加页面

表单可实现一些简单的表单功能，如图 4-107 所示。

排行榜可提交排行榜、获取排行榜、排名等，如图 4-108 所示。

功能单页里的模板可实现幻灯片展示图片、定时敲鼓、点赞、定义分享信息、随机测试、抽奖、来电、绘画板、擦玻璃、陀螺仪、滑动、拖动、微信、内嵌网页、摇一摇、轮播图等交互效果，如图 4-109 至图 4-111 所示。

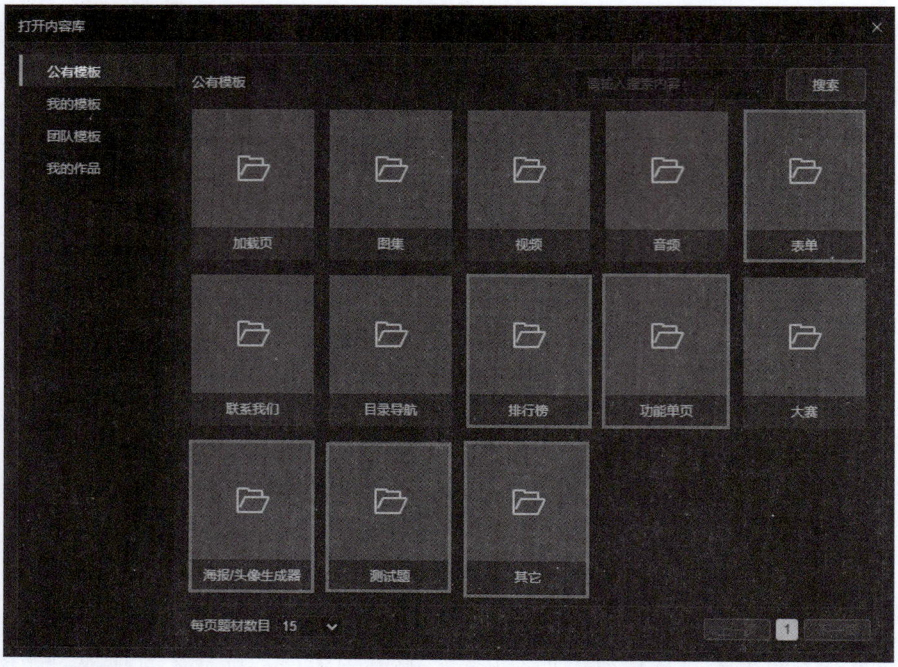

图 4-106　内容库

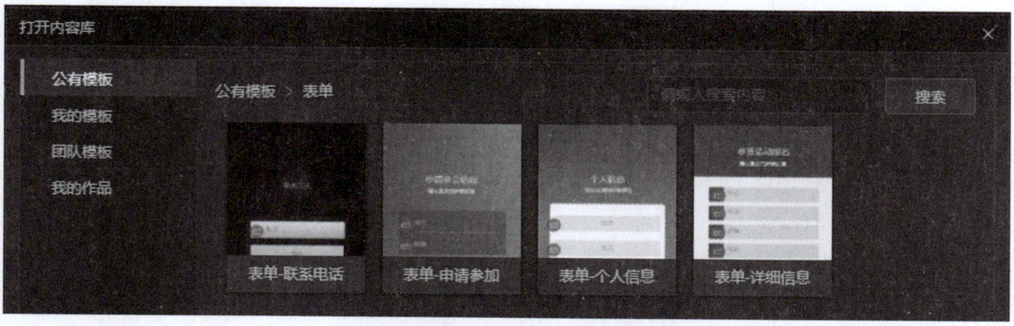

图 4-107　表单模板

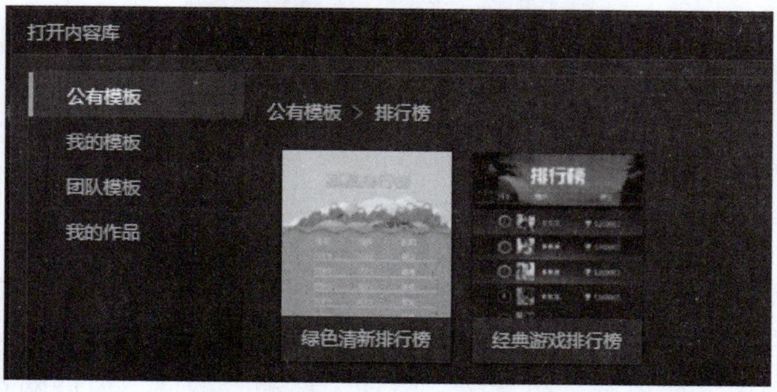

图 4-108　排行榜模板

图 4-109　功能单页模板 1

图 4-110　功能单页模板 2

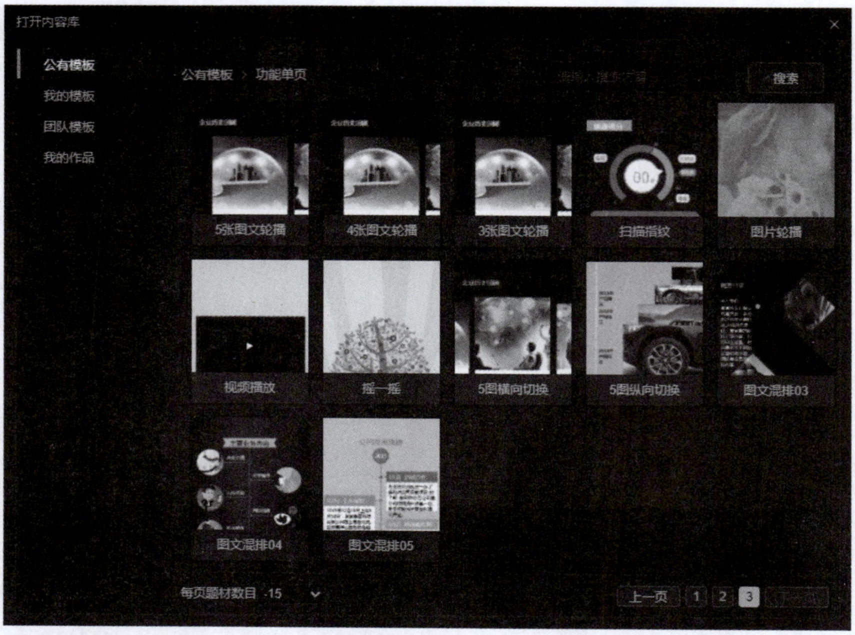

图 4-111　功能单页模板 3

海报 / 头像生成器里的模板可实现定制图片，如图 4-112 所示。

图 4-112　海报 / 头像生成器模板

测试题里的模板主要提供单选测试题，如图 4-113 所示。

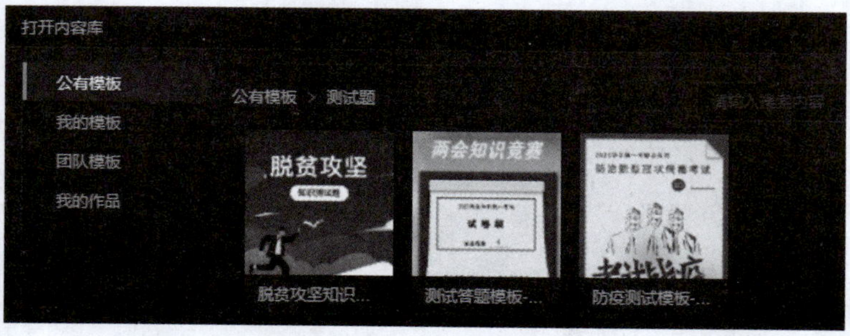

图 4-113　测试题模板

其他类别里的模板有长图动画交互、转盘、日历大事记，如图 4-114 所示。

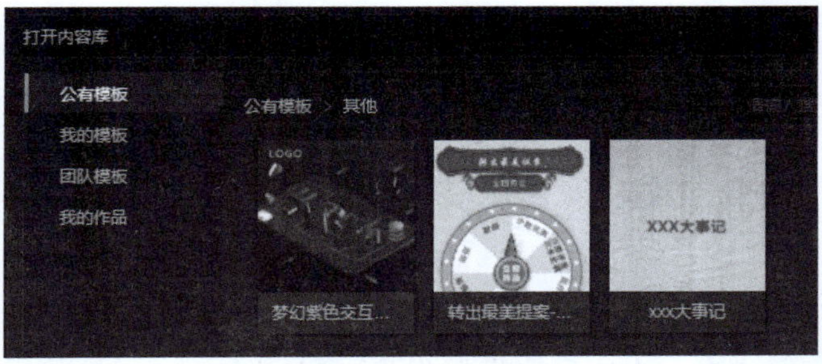

图 4-114　其他类别模板

我们可以选择自己需要的模板插入到新页面，再修改相应参数、图片、文字。

项目拓展

请同学们自选本土的文化旅游宣传项目，或者继续针对“三千漓”项目，选择应用其他风格的 H5 模板，并将创作素材填充进去，创作一个新的 H5 交互作品。

思考与练习

一、理论题

1. 围绕 H5 创作有哪些市场分析方法?
2. H5 的功能定位包括哪些?
3. H5 文案的标题创作有哪些方法?
4. H5 文案的主体内容创作有哪些技巧?
5. H5 的页面风格有哪些?
6. 常见的 H5 交互有哪些? 分别实现什么功能?

二、实训题

1. 请同学们使用价值链对比分析方法对三千漓酒店进行分析。

2. 请同学们以 4 ～ 5 人为单位进行自由分组，自行选择一个产品，并围绕该产品进行 H5 创作前的市场分析。

3. 请同学们在第 2 题的基础上确定 H5 创作的功能定位并选择创作的类型。

4. 请同学们在第 3 题的基础上创作 H5 的文案，包含标题和主体内容。

5. 请同学们对“三千漓”项目的 H5 尝试选择其他风格的 H5 模板，并将创作素材填充进去。

6. 请同学们在第 2、3、4 题的基础上确定一个 H5 的风格，并说明原因。

7. 请同学们围绕“三千漓”项目利用木疙瘩公有模板制作一个包含轮播图、擦玻璃、点赞、绘画板、舞台截图五种交互效果的 H5 作品。

参考文献

[1] 过聚荣. 民宿蓝皮书：中国民宿发展报告（2020 － 2021）[M]. 北京：社会科学文献出版社，2020.

[2] 陈媛媛. 个人微信公众号的定位策略和文本表达——以自媒体“咪蒙”为例 [J]. 青年记者. 2017（05）.

[3] 周展锋. 新媒体写作与运营 [M]. 北京：人民邮电出版社，2019.

[4] 叶小鱼，勾俊伟. 新媒体文案创作与传播 [M]. 北京：人民邮电出版社，2017.

[5] 龙飞. 手机短视频拍摄与后期大全：轻松拍出电影级大片 [M]. 北京：清华大学出版社，2018.

[6] 刘东明. 抖音电商运营：广告 + 引流 + 卖货 +IP 变现 [M]. 北京：中国铁道出版社，2019.

[7] 李怀亮. 新媒体内容编辑 [M]. 重庆：重庆大学出版社，2020.

[8] 李华，廖晓文，贾悟凡. 新媒体写作与传播 [M]. 北京：人民邮电出版社，2019.

[9] 李伟. 爆款 IP 打造与运营：内容创作 + 吸粉技巧 + 赢利模式 [M]. 北京：化学工业出版社，2018.

[10] 彭澎，彭嘉琦. 可视化 H5 页面设计与制作 [M]. 北京：人民邮电出版社，2020.

高等职业教育 新闻采编与制作专业新形态教材

新媒体内容创作实务 微课版

主　编　覃思源
副主编　周展锋　刘云云　关佳丽　赵紫薇

配套微课视频
扫二维码观看

ISBN 978-7-5226-0458-9
定价：62.00 元

中国水利水电出版社
www.waterpub.com.cn

销售分类　新闻采编与制作 / 新媒体内容创作

目　　录

《新媒体内容创作实务（微课版）》实操工卡

班级	工作卡号　A-01	共 3 页　第 1 页

工卡标题	文案创作团队组建				
版本	V1.0		课时	2	
组名		组长		组员	
工作情境描述	根据团队人员的特点和优势，组建一支分工明确、各司其职的全能的文案团队。				
工作目标	1．明确新媒体文案岗位的职责需求。 2．根据岗位职责，组建团队。 3．了解团队成员的能力特点及优势，进行合理分工。 4．团队成员能够各司其职，集合团队力量做好文案工作。				

1．明确职责

引导问题 1：新媒体文案工作的岗位职责是什么？

引导问题 2：新媒体文案工作的岗位要求有哪些？

引导问题 3：新媒体文案团队成员应具备哪些能力？

班级	工作卡号　　A-01	共 3 页　第 2 页

2. 工作任务		
1）组建团队。 2）明确团队内各个成员的工作职责。		
3. 工作步骤	工作者	检查者
1）了解新媒体文案需要做什么。		
2）寻找合适的同学一起组队。		
3）成员各自认领自己的工作职责。		
4. 结束工作	工作者	检查者
提交成员任务分工表。		

5. 评价反馈

1）任务验收。组长填写“团队组建工作验收标准及评分表”，对已完成的团队组建工作进行验收。

团队组建工作验收标准及评分表

序号	验收项目	验收标准	组长意见	教师评分	权重
1	团队成员人数	6 人左右			20%
2	团队各成员能力	是否满足文案创作能力、热点跟进能力、用户洞察能力、项目协调能力			40%
3	团队分工	每个人的分工能否完成新媒体文案岗位的职责需求			40%
4	教师评价总分				

2）验收过程情况记录。

团队组建过程异常情况记录表

团队组建过程异常情况记录	整改措施	完成时间	备注

《新媒体内容创作实务（微课版）》实操工卡

班级	工作卡号　A-01	共 3 页　第 3 页

3）查阅相关资料结合实操过程进行小组讨论，论述组建新媒体文案团队过程中应注意哪些实际问题，若现有成员自身条件无法满足岗位需求，该如何解决。

4）评价考核评分表。

评价考核评分表

项目名称	评价内容	分值	评价分数		
			自评	互评	师评
职业素养考核项目 40%	团队合作、人际沟通能力	6 分			
	主动意识、责任意识、服从意识	6 分			
	积极参加教学活动，按时完成工卡	10 分			
	态度端正、精益求精	6 分			
	规范操作能力	6 分			
	客户导向思维	6 分			
专业能力考核项目 60%	专业知识查找及时、准确	12 分			
	数据收集、分析能力	18 分			
	文案撰写能力	12 分			
	策划、统筹能力	18 分			
总分					
总分	自评（20%）+互评（20%）+师评（60%）=	综合等级	教师签名：		

《新媒体内容创作实务（微课版）》实操工卡

班级	工作卡号　　A-02	共 4 页　第 1 页

工卡标题	文案创作市场分析与用户画像				
版本	V1.0		课时	2	
组名		组长		组员	
工作情境描述	学习、掌握市场分析和用户画像的方法，并完成特定微信公众号的市场调研、分析以及构建用户画像任务。				
工作目标	1．能够掌握市场分析法并对特定的微信公众号进行市场分析。 2．能够掌握用户画像的构建方法，并结合市场分析为特定的微信公众号构建用户画像。				

1．获取资讯

引导问题 1：要创作出满足营销目标的文案，应做好哪些方面的调研准备？

____

____

____

____

____

引导问题 2：SWOT 分析法主要包含哪些内容？

____

____

____

____

____

引导问题 3：用户画像包含了哪些元素?有什么作用？

____

____

____

____

____

引导问题 4：用户画像的获取方式有哪些？

____

____

班级	工作卡号　A-02	共 4 页　第 2 页

____

____

____

小提示

1．可借助 SWOT 战略分析法对竞争对手进行详细分析。

2．在做微信公众号之前，对人群受众的定位决定了用户规模的上限，而精确化的用户画像通常决定用户后期的精细化运营。

3．用户画像能让运营者抛开个人喜好，聚焦目标用户的动机和行为，根据用户本身的特点进行文案创作，实现推文的转发、公众号的推荐与吸粉。

2．列工具、材料清单

根据市场分析方法，结合目标微信公众号特点及市场分析情况，选择适合的用户画像获取方式。

公众号用户画像的获取

方式	获取内容	优点	缺点

3．工作任务

1）按照目标微信公众号当前市场情况和发展规划，进行市场分析。

2）根据目标微信公众号特点及市场分析情况，构建用户画像。（5 人一组）

4．工作准备	工作者	检查者
1）确定目标微信公众号。		
2）制定具体目标要求并保证实施过程中达到要求。		
3）小组探讨适用目标微信公众号的调查方式和分析方法。		
4）制定、检查工作计划表，确保工作能有序、有效进行。		

5．工作步骤	工作者	检查者
1）制定市场分析方案草案及流程，并制作工作计划表，为各岗位带来清晰的工作目标及时间规划。		
2）行业、政策、目标微信公众号相关资料、数据的初步搜寻及整理。		
3）在初筛后，确定数据真实有效；对目标微信公众号进行调研工作安排。		
4）根据调研情况进行分析，完成市场调研报告。		
5）结合目标微信公众号特点及市场分析情况，选择适合的用户画像获取方式。		
6）根据基础数据和感性认知，构建用户画像卡片。		

班级	工作卡号　　A-02	共 4 页　第 3 页

6．结束工作	工作者	检查者
1）集合、保存所有获取数据及资料，工作人员做全案复盘。		
2）提交市场分析报告。		
3）提交目标微信公众号的用户画像。		

7．评价反馈

1）产品验收。组长填写“市场分析及用户画像构建工作验收标准及评分表”，对已完成的市场分析工作进行验收。

市场分析工作及用户画像构建验收标准及评分表

序号	验收项目	验收标准	组长意见	教师评分	权重
1	市场分析方案、工作计划表	流程清晰、各岗位工作内容及工作周期规划合理			20%
2	数据收集及整理	政策数据、行业数据、目标微信公众号数据收集是否完善、整理是否有效			20%
3	市场分析报告制作	调研是否基于数据进行；调研是否全面、详尽、有针对性和目标性			20%
4	用户画像	用户画像覆盖的目标受众是否吻合，是否能体现出用户的基本特征、社会特征、偏好特征、行为特征等			40%
5	教师评价总分				

2）验收过程情况记录。

市场分析及用户画像构建过程异常情况记录表

过程异常情况记录	整改措施	完成时间	备注

《新媒体内容创作实务（微课版）》实操工卡

班级	工作卡号　A-02	共 4 页　第 4 页

3）查阅关于用户画像构建的相关资料。结合实操过程进行小组讨论，论述微信公众号市场分析及用户画像构建过程中应注意哪些实际问题，若市场环境、目标受众发生改变，如何完善和调整市场分析方向和用户画像构建方式。

____

____

____

____

____

____

____

____

____

4）评价考核评分表。

评价考核评分表

项目名称	评价内容	分值	评价分数		
			自评	互评	师评
职业素养考核项目 40%	团队合作、人际沟通能力	6 分			
	主动意识、责任意识、服从意识	6 分			
	积极参加教学活动，按时完成工卡	10 分			
	态度端正、精益求精	6 分			
	规范操作能力	6 分			
	客户导向思维	6 分			
专业能力考核项目 60%	专业知识查找及时、准确	12 分			
	数据收集、分析能力	18 分			
	用户画像构建能力	12 分			
	策划、统筹能力	18 分			
总分					
总分	自评（20%）+互评（20%）+师评（60%）=	综合等级	教师签名：		

《新媒体内容创作实务（微课版）》实操工卡

班级	工作卡号　A-03	共 3 页　第 1 页

<table>
<tr><td>工卡标题</td><td colspan="4">素材收集与动图制作</td></tr>
<tr><td>版本</td><td colspan="2">V1.0</td><td>课时</td><td>3</td></tr>
<tr><td>组名</td><td></td><td>组长</td><td></td><td>组员</td></tr>
<tr><td>工作情境描述</td><td colspan="4">学习、掌握新媒体文案的素材图片搜集，能够利用 Photoshop 等专业设计软件，创造性地对图片素材进行动画创意设计并制作精美的动图。</td></tr>
<tr><td>工作目标</td><td colspan="4">1．了解新媒体图片素材的搜集方法。
2．了解搜索图片素材的常用网站，图片的常用格式。
3．了解并使用 Photoshop CC 2017 软件制作动图素材。
4．能够使用 Photoshop CC 2017 软件独立完成动图制作，并具有一定的审美能力。</td></tr>
</table>

1．获取资讯

比较推文《试睡体验分享 | 推窗见山水，享受诗意慢生活》、《山云间有个地方，每一眼景色都是摄影师的大片》、《线条的盛宴南宁站，与陈丹青现场对谈艺术》（均选自回南天公众号）。

引导问题 1：如何精准地找到适合推文的素材图片？

____

____

____

____

____

引导问题 2：阅读推文时，你觉得图片素材的比重占比多少合适？

____

____

____

____

____

引导问题 3：《山云间有个地方，每一眼景色都是摄影师的大片》推文中有静态图、动态图和视频，与其他两篇相比较，你更喜欢哪一个？简述理由。

____

____

____

____

____

《新媒体内容创作实务（微课版）》实操工卡

班级	工作卡号　A-03	共 3 页　第 2 页

小提示

素材和动图搜索小技巧：

1. 随手拍、专业软件设计、手绘、影视截图、专业设计网站下载。
2. 根据标题、文章主题、描述的内容提炼关键词并搜索相关素材。
3. 搜索素材和制作动图时，要注意整篇文章的图片格式、大小、色彩和风格的统一性，并具有较强的审美性。

2. 工作任务

1）掌握新媒体素材搜集及动图制作的方法和技巧。

2）熟练使用 Photoshop CC 2017 软件，独立完成动图制作任务。

3. 工作准备	工作者	检查者
1）关注不同风格的公众号，分析其内容和图片素材之间的关系。		
2）根据推文，搜集或构思相关素材图片。		
3）静态图选取完成，并根据需要完成后期。		
4）动态图选取完成，并根据需要完成后期。		

4. 工作步骤	工作者	检查者
1）明确此篇推文的内容及排版风格。		
2）搜集相关风格的素材图片。		
3）根据搜索的素材图片，制作相关的静态图。		
4）根据搜索的素材图片，制作相关的动态图。		
5）图片排版。		
6）整体视觉美化。		
7）预览、排版修改、完善。		

5. 结束工作	工作者	检查者
1）推文发布，数据（点赞量、转发量）分析。		
2）复盘。		
3）学生互评、教师点评。		

6. 评价反馈

1）素材验收。组长填写“素材验收标准及评分表”，对已完成的素材制作部分进行验收。

素材验收标准及评分表

序号	验收项目	验收标准	组长意见	教师评分	权重
1	素材与内容	素材是否与内容风格相符			20%
2	素材版权	素材有无版权			20%
3	素材格式	素材是否能正常显示			20%
4	素材分辨率	素材是否清晰			40%
5	教师评价总分				

班级	工作卡号　A-03	共 3 页　第 3 页

2）验收过程情况记录。

素材显示异常情况记录表

素材显示异常情况记录	整改措施	完成时间	备注

3）评价考核评分表。

评价考核评分表

项目名称	评价内容	分值	评价分数		
			自评	互评	师评
职业素养考核项目 40%	人际沟通能力	6 分			
	主动意识、责任意识	6 分			
	积极参加教学活动，按时完成工卡	10 分			
	学习能动性	6 分			
	规范操作能力	6 分			
	审美能力	6 分			
专业能力考核项目 60%	专业知识查找及时、准确	12 分			
	素材搜集能力	18 分			
	素材制作能力	12 分			
	软件操作熟练度	18 分			
总分					
总分	自评（20%）+互评（20%）+师评（60%）=	综合等级	教师签名：		

《新媒体内容创作实务（微课版）》实操工卡

班级	工作卡号　A-04	共 3 页　第 1 页

工卡标题	新媒体文案创作内容策划				
版本	V1.0		课时	2	
组名		组长		组员	
工作情境描述	学习、掌握内容策划和创意的方法，并完成特定微信公众号的相应栏目的内容策划和创意任务。				
工作目标	掌握包括头脑风暴法、多维度发散创意法，开展推文创意发散。				
1．问题导入					

引导问题 1：为什么说创意是文案的灵魂？

____

____

____

____

____

引导问题 2：内容策划包括哪些要点？

____

____

____

____

____

引导问题 3：什么是头脑风暴法？

____

____

____

____

____

引导问题 4：什么是多维度发散创意法？

____

____

____

____

班级	工作卡号 A-04	共 3 页 第 2 页

2．工作任务		
完成目标微信公众号相应栏目的内容策划和创意。（5 人一组）		
4．工作准备	**工作者**	**检查者**
1）确定目标微信公众号。		
2）制定具体目标要求并保证实施过程中达到要求。		
3）小组探讨适用目标微信公众号相应栏目的内容策划和创意方法。		
4）制定、检查工作计划表，确保工作能有序、有效进行。		
5．工作步骤	**工作者**	**检查者**
1）制定内容策划方案及工作计划表，为各岗位带来清晰工作目标及时间规划。		
2）结合行业、政策、目标微信公众号相关资料确定内容策划方向。		
3）根据内容特点，围绕中心词开展头脑风暴，借助 MindMaster 思维导图工具进行记录。		
4）根据头脑风暴结果，细分选题，开展具体选题的创意构思。		
5）完成推文写作框架。		
6．结束工作	**工作者**	**检查者**
1）集合、保存所有获取数据及资料，工作人员做全案复盘。		
2）提交推文。		
7．评价反馈		
1）产品验收。组长填写“内容策划及创意工作验收标准及评分表”，对已完成的内容策划和创意工作进行验收。		

内容策划及创意工作验收标准及评分表

序号	验收项目	验收标准	组长意见	教师评分	权重
1	内容策划方案、工作计划表	流程清晰、各岗位工作内容及工作周期规划合理			20%
2	数据收集及整理	政策数据、行业数据、目标微信公众号数据收集是否完善、整理是否有效			20%
3	头脑风暴	中心词选择是否与内容特点紧密结合，借助 MindMaster 思维导图工具打开思维是否够大			20%
4	细分选题	根据头脑风暴所选择的选题是否符合微信公众号的定位			20%
5	推文写作框架	推文框架是否具有新意，是否符合用户画像的阅读喜好			20%
6	教师评价总分				

《新媒体内容创作实务（微课版）》实操工卡

班级	工作卡号　A-04	共 3 页　第 3 页

2）验收过程情况记录。

内容策划及创意工作过程异常情况记录表

过程异常情况记录	整改措施	完成时间	备注

3）结合实操过程进行小组讨论，论述微信公众号内容策划及创意工作过程中应注意哪些实际问题。

____

____

____

____

4）评价考核评分表。

评价考核评分表

项目名称	评价内容	分值	评价分数		
			自评	互评	师评
职业素养考核项目 40%	团队合作、人际沟通能力	6 分			
	主动意识、责任意识、服从意识	6 分			
	积极参加教学活动，按时完成工卡	10 分			
	态度端正、精益求精	6 分			
	规范操作能力	6 分			
	客户导向思维	6 分			
专业能力考核项目 60%	专业知识查找及时、准确	12 分			
	创意工具选择、使用能力	18 分			
	内容策划、选题细分能力	18 分			
总分					
总分	自评（20%）+互评（20%）+师评（60%）=	综合等级	教师签名：		

《新媒体内容创作实务（微课版）》实操工卡

班级	工作卡号　A-05	共 3 页　第 1 页

工卡标题	新媒体文案标题写作			
版本	V1.0	课时	3	
组名		组长		组员	
工作情境描述	请结合本地的文旅资源，自拟主题创作推文标题，至少为该推文创作三个不同类型的标题，也可以为回南天公众号创作三个以“民宿”为主题的推文标题。			
工作目标	1．了解新媒体文案标题的作用。 2．掌握新媒体文案标题的写作技巧。 3．了解并能避开新媒体标题写作雷区。 4．掌握并能熟练运用新媒体标题写作方法写出有吸引力的标题。			

1．知识回顾

引导问题 1：一个好的新媒体文案标题有哪些作用？

引导问题 2：新媒体文案标题写作技巧有哪些？

引导问题 3：创作新媒体文案标题需要避开哪些雷区？

《新媒体内容创作实务（微课版）》实操工卡

班级	工作卡号　　A-05	共 3 页　第 2 页

2．工作任务		
1）明确标题的作用。 2）掌握标题写作的技巧和方法。 3）写出有吸引力的标题。		
3．工作步骤	**工作者**	**检查者**
1）与小组成员讨论并确定文案主题。		
2）根据主题思考适合的标题类型。		
3）确定使用的标题写作方法和技巧。		
4）完成标题写作。		
4．结束工作	**工作者**	**检查者**
提交标题		

5．评价反馈

1）任务验收。组长填写“标题写作验收标准及评分表”，对已完成的团队组建工作进行验收。

标题写作验收标准及评分表

序号	验收项目	验收标准	组长意见	教师评分	权重
1	标题	是否符合标题写作原则			30%
2	标题	是否具有吸引力，并符合文案风格			30%
3	标题	是否避开了创作雷区			40%
4	教师评价总分				

2）验收过程情况记录。

标题写作过程异常情况记录表

标题写作过程异常情况记录	整改措施	完成时间	备注

《新媒体内容创作实务（微课版）》实操工卡

班级	工作卡号　　A-05	共 3 页　第 3 页

3）查阅相关资料结合实操过程进行小组讨论，论述在创作新媒体文案标题过程中应注意哪些实际问题。

4）评价考核评分表。

评价考核评分表

<table>
<tr><th rowspan="2">项目名称</th><th rowspan="2">评价内容</th><th rowspan="2">分值</th><th colspan="3">评价分数</th></tr>
<tr><th>自评</th><th>互评</th><th>师评</th></tr>
<tr><td rowspan="6">职业素养
考核项目
40%</td><td>团队合作、人际沟通能力</td><td>6 分</td><td></td><td></td><td></td></tr>
<tr><td>主动意识、责任意识、服从意识</td><td>6 分</td><td></td><td></td><td></td></tr>
<tr><td>积极参加教学活动，按时完成工卡</td><td>10 分</td><td></td><td></td><td></td></tr>
<tr><td>态度端正、精益求精</td><td>6 分</td><td></td><td></td><td></td></tr>
<tr><td>规范操作能力</td><td>6 分</td><td></td><td></td><td></td></tr>
<tr><td>客户导向思维</td><td>6 分</td><td></td><td></td><td></td></tr>
<tr><td rowspan="4">专业能力
考核项目
60%</td><td>专业知识查找及时、准确</td><td>12 分</td><td></td><td></td><td></td></tr>
<tr><td>数据收集、分析能力</td><td>18 分</td><td></td><td></td><td></td></tr>
<tr><td>标题撰写能力</td><td>12 分</td><td></td><td></td><td></td></tr>
<tr><td>策划、统筹能力</td><td>18 分</td><td></td><td></td><td></td></tr>
<tr><td colspan="3">总分</td><td></td><td></td><td></td></tr>
<tr><td rowspan="2">总分</td><td rowspan="2">自评（20%）+互评（20%）+师评（60%）=</td><td>综合
等级</td><td colspan="3" rowspan="2">教师签名：</td></tr>
<tr><td></td></tr>
</table>

《新媒体内容创作实务（微课版）》实操工卡

班级	工作卡号　A-06	共 3 页　第 1 页

工卡标题	新媒体文案内容写作			
版本	V1.0		课时	2
组名		组长		组员
工作情境描述	以“民宿”为主题，完成一篇新媒体文案写作。 新媒体文案成为商家营销的重要方式，通过分析文案结构，把握开头、正文、结尾的写作技巧，引导学生写出一篇吸引力强、转化率高的新媒体文案。			
工作目标	1. 了解新媒体文案的特点。 2. 掌握故事开头、热点开头、悬念开头等开头设计方法。 3. 掌握总分结构、三段式结构等正文结构方式。 4. 掌握神转折、引导行动式、金句结尾等结尾设计方法。			

1. 获取资讯

引导问题 1：什么样的文案吸引力强、转化率高？从主题、文字表达等方面进行列举。

____

____

____

引导问题 2：常见的文案开头设计有哪些形式？最吸引你的是哪一种？

设计一：______________________________

设计二：______________________________

设计三：______________________________

引导问题 3：阅读“回南天”微信公众号发布的《关于桂林，我们这次聊点（biě）的（dī）》这篇文案，其正文是采用什么结构？试分析此结构特点。

____

____

____

引导问题 4：哪种结尾令你印象最深刻？请举例说明。

____

____

____

小提示

文案内容写作注意点：

1. 一个精彩的开头很重要，只有开头拥有足够的吸引力，才能激发受众的好奇心，促使受众产生继续阅读的行为。

班级	工作卡号　　A-06	共 3 页　第 2 页

2. 新媒体文案内容主要追求的是文案的思路，对文采辞藻的要求并不是很高，所以在写作过程中一定要重点掌握文案的结构脉络，通过清晰的结构来阐述自己的观点。

3. 结尾部分不可掉以轻心，一个精心设计的结尾总是能带来更高的转化率和营销效果。

2. 工作任务

1）了解民宿现状，自行选取一个（类）民宿。

2）完成用户画像。

3）完成一篇新媒体文案写作，注意开头、正文以及结尾的写作技巧。

3. 工作准备	工作者	检查者
1）了解民宿现状，通过搜索引擎、图文资料、文献等方式查找民宿相关信息。		
2）了解新媒体文案特点以及写作要求。		
3）完成用户画像。		

4. 工作步骤	工作者	检查者
1）浏览民宿相关推文，选定推文角度。		
2）准备好相关图片或视频资料，根据需要进行后期处理。		
3）标题拟写。		
4）开头拟写。		
5）正文拟写。		
6）结尾拟写。		
7）内容修改、完善。		

5. 结束工作	工作者	检查者
1）内容（推文）发布，数据（点赞量、转发量）分析。		
2）文案复盘。		
3）学生互评、教师点评。		

6. 评价反馈

1）内容验收。填写“内容写作验收标准及评分表”，对已完成的内容写作部分进行验收。

内容写作验收标准及评分表

序号	验收项目	验收标准	自评	教师评分	权重
1	推文角度（主题定位）	主题健康、积极向上，角度新颖			20%
2	标题拟写	与内容贴合，吸引人，有一定辨识度			20%
3	开头、正文、结尾拟写	文字表达流畅，正文逻辑清晰，能恰当运用写作技巧			20%
4	运营数据	参考阅读量、完成率、打开率等数据			40%
5	教师评价总分				

班级	工作卡号　A-06	共 3 页　第 3 页

2）验收过程情况记录。

内容写作过程异常情况记录表

内容写作过程异常情况记录	整改措施	完成时间	备注

3）评价考核评分表。

评价考核评分表

项目名称	评价内容	分值	评价分数		
			自评	互评	师评
职业素养考核项目 40%	人际沟通能力	6 分			
	主动意识、责任意识	6 分			
	积极参加教学活动，按时完成工卡	10 分			
	学习能力	6 分			
	规范操作能力	6 分			
	市场、用户群体分析能力	6 分			
专业能力考核项目 60%	专业知识查找准确、完备	12 分			
	数据收集、分析能力	18 分			
	文案撰写能力	12 分			
	策划、协调能力	18 分			
总分					
总分	自评（20%）+互评（20%）+师评（60%）=	综合等级	教师签名：		

《新媒体内容创作实务（微课版）》实操工卡

班级	工作卡号　　A-07	共 3 页　第 1 页

工卡标题	微信公众号推文的编辑排版				
版本	V1.0		课时	2	
组名		组长		组员	
工作情境描述	微信公众号图文编辑排版易于给第一次阅读本文章的用户留下美好的第一感觉，提高受众转化率和留存率。掌握微信公众号推文中标题、正文以及图片三个方面的编辑排版技巧，熟练使用编辑器完成排版任务。				
工作目标	1．了解编辑排版总体要求，有一定的审美。 2．掌握微信公众号推文中标题、正文以及图片三个方面的编辑排版技巧。 3．使用编辑器（如秀米），能独立完成微信公众号推文的编辑排版。				

1．获取资讯

分别阅读推文《吃下，大明山的春秋》与《2020 广西民宿论坛，你错过的精彩可以来这里补回》（均选自回南天公众号）。

引导问题 1：长标题和短标题，在移动端上阅读，你更喜欢哪种视觉体验？排版时要注意什么？

____

____

____

引导问题 2：阅读推文时，你觉得字号多少视觉体验较好？

____

____

____

引导问题 3：《吃下，大明山的春秋》这篇推文排版时是左对齐，你认为什么内容比较适合居中对齐呢？请举例说明。

____

____

____

引导问题 4：比较两篇推文，你更喜欢哪篇推文的封面图和文章插图？简述理由。

____

____

____

小提示

编辑排版注意点：

1．对齐方式与推文内容相关，不可生搬硬套。

2．字号的大小，也是和受众群体相关，大致分为年轻群体和老年群体。如果主要受众群体是老年群体，字号稍大一些。

《新媒体内容创作实务（微课版）》实操工卡

班级	工作卡号　　A-07	共 3 页　第 2 页

3．文字插图的选用，要充分考虑文章风格、调性和颜色。		
2．工作任务		
1）掌握微信公众号推文中标题、正文以及图片三个方面的编辑排版技巧。 2）熟练使用编辑器，独立完成排版任务。		
3．工作准备	**工作者**	**检查者**
1）关注至少 5 个风格迥异的公众号，阅读其发布的推文。		
2）推文的文字部分已经完成修改、定稿。		
3）封面图选取完成，并根据需要完成后期。		
4）文章插图选取完成，并根据需要完成后期。		
4．工作步骤	**工作者**	**检查者**
1）根据用户群体、公众号一贯风格，明确此篇推文排版风格。		
2）在编辑器选取好排版模板（或自行制作模板）。		
3）标题编辑排版。		
4）正文编辑排版。		
5）图片排版。		
6）整体视觉美化。		
7）预览、排版修改、完善。		
5．结束工作	**工作者**	**检查者**
1）推文发布，数据（点赞量、转发量）分析。		
2）复盘。		
3）学生互评、教师点评。		
6．评价反馈		

1）内容验收。填写“编辑排版验收标准及评分表”，对已完成的内容写作部分进行验收。

编辑排版验收标准及评分表

序号	验收项目	验收标准	自评	教师评分	权重
1	字体字号	字体是否统一 字号是否合适			20%
2	标题排版	标题的标点使用是否合适，有无突出标题的作用			20%
3	正文排版	文字有无错别字，标点使用是否正确，对齐方式是否恰当			20%
4	图片	图片是否与内容匹配，颜色是否协调，分辨率是否合适			40%
5	教师评价总分				

班级	工作卡号　A-07	共 3 页　第 3 页

2）验收过程情况记录。

编辑排版过程异常情况记录表

编辑排版过程异常情况记录	整改措施	完成时间	备注

3）评价考核评分表。

评价考核评分表

项目名称	评价内容	分值	评价分数		
			自评	互评	师评
职业素养考核项目 40%	人际沟通能力	6 分			
	主动意识、责任意识	6 分			
	积极参加教学活动，按时完成工卡	10 分			
	学习能力	6 分			
	规范操作能力	6 分			
	审美能力	6 分			
专业能力考核项目 60%	专业知识查找准确、完备	12 分			
	文字处理能力	18 分			
	图片处理能力	12 分			
	编辑器操作熟练度	18 分			
总分					
总分	自评（20%）+互评（20%）+师评（60%）=	综合等级	教师签名：		

《新媒体内容创作实务（微课版）》实操工卡

班级	工作卡号　B-01	共 4 页　第 1 页

工卡标题	短视频平台分析				
版本	V1.0		课时	2	
组名		组长		组员	
工作情境描述	学习、掌握平台的推荐机制；了解短视频用户画像分析方法，并完成特定领域的分析任务。				
工作目标	1．了解主流短视频平台的流量推荐机制。 2．掌握用户画像的特征和分析方法。 3．完成特定领域的用户画像分析。				

1．获取资讯

引导问题 1：什么是平台流量推荐机制？

____

____

____

引导问题 2：抖音的去中心化的内容分化机制是什么？

____

____

____

引导问题 3：抖音的算法分为哪三个步骤？

步骤一：______________________________

步骤二：______________________________

步骤三：______________________________

引导问题 4：抖音用户和账号之间的 2 种关系链接是什么？

____

____

____

引导问题 5：什么是用户画像？分析抖音的用户画像。

____

____

____

班级	工作卡号　B-01	共 4 页　第 2 页

小提示

掌握抖音推荐逻辑，以便更好地运营账号。

1．抖音算法推荐流程图

抖音算法

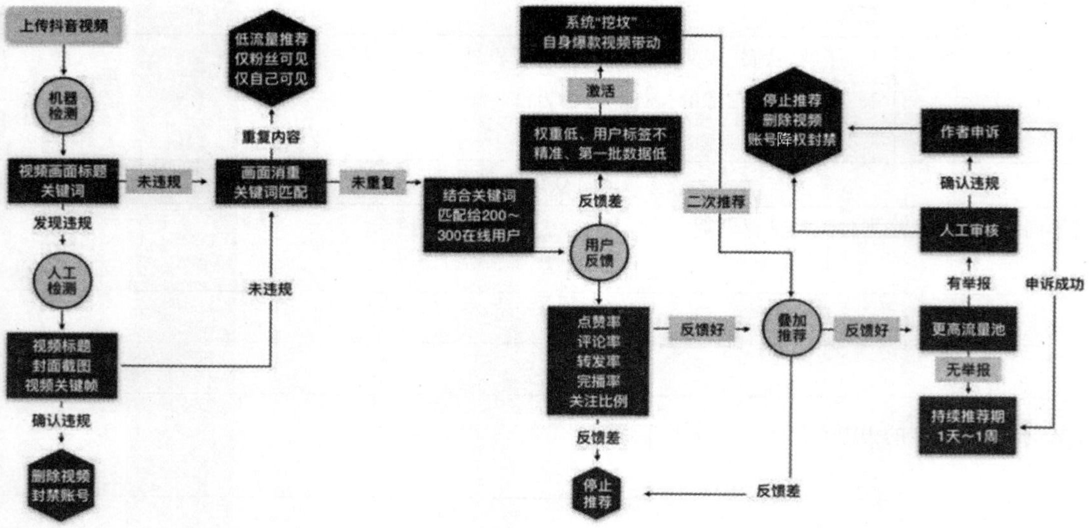

2．抖音流量池推荐机制的 8 次曝光

抖音算法：倒三角的流量池

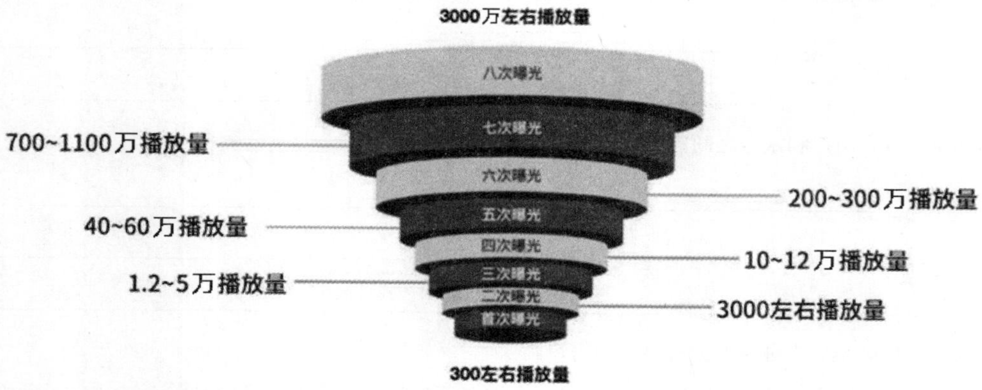

2．工作任务
小组讨论确定分析领域，如美妆、搞笑、萌娃、穿搭、情感等，分别搜索该领域的行业榜、涨粉榜、蓝 V 榜以及成长榜的前 30 名，进行用户画像分析。（5 人一组）

《新媒体内容创作实务（微课版）》实操工卡

班级	工作卡号　　B-01	共 4 页　第 3 页

3. 工作准备	工作者	检查者
1）小组探讨要分析的领域，明确目标，确保无基本概念混淆。		
2）打开微信公众号，搜索“飞瓜数据”并关注，点击“找抖音号”，进入排行榜。		
4. 工作步骤	**工作者**	**检查者**
1）搜索分析特定领域的行业榜的用户画像。		
2）搜索分析特定领域的涨粉榜的用户画像。		
3）搜索分析特定领域的蓝 V 榜的用户画像。		
4）搜索分析特定领域的成长榜的用户画像。		
5）组长记录各岗位该领域的用户画像。		
5. 结束工作	**工作者**	**检查者**
1）集合、保存所有获取数据及资料。		
2）提交用户画像分析报告。		

6. 评价反馈

1）产品验收。组长填写“特定领域的抖音用户画像验收标准及评分表”，对已完成的用户画像分析进行验收。

特定领域的抖音用户画像验收标准及评分表

序号	验收项目	验收标准	组长意见	教师评分	权重
1	行业榜的用户画像	是否包含了性别、年龄、城市分布、用户日活、活跃时间、内容喜好 6 个方面			20%
2	涨粉榜的用户画像	是否包含了性别、年龄、城市分布、用户日活、活跃时间、内容喜好 6 个方面			20%
3	蓝 V 榜的用户画像	是否包含了性别、年龄、城市分布、用户日活、活跃时间、内容喜好 6 个方面			20%
4	成长榜的用户画像	是否包含了性别、年龄、城市分布、用户日活、活跃时间、内容喜好 6 个方面			40%
5	教师评价总分				

2）验收过程情况记录。

用户画像分析过程异常情况记录表

用户画像分析过程异常情况记录	整改措施	完成时间	备注

班级	工作卡号　B-01	共 4 页　第 4 页

用户画像分析过程异常情况记录	整改措施	完成时间	备注

3）查阅相关资料，结合实操过程进行小组讨论，论述抖音用户画像分析过程中应注意哪些实际问题。

____

____

____

____

____

____

4）评价考核评分表。

评价考核评分表

项目名称	评价内容	分值	评价分数		
			自评	互评	师评
职业素养考核项目 40%	团队合作、人际沟通能力	6 分			
	主动意识、责任意识、服从意识	6 分			
	积极参加教学活动，按时完成工卡	10 分			
	态度端正、精益求精	6 分			
	规范操作能力	6 分			
	客户导向思维	6 分			
专业能力考核项目 60%	专业知识查找及时、准确	12 分			
	数据收集、分析能力	18 分			
	掌握抖音流量推荐机制	10 分			
	用户画像分析准确、全面	20 分			
总分					
总分	自评（20%）+互评（20%）+师评（60%）＝	综合等级	教师签名：		

《新媒体内容创作实务（微课版）》实操工卡

班级	工作卡号　　B-02	共 3 页　第 1 页

工卡标题	短视频账号定位				
版本	V1.0		课时		2
组名		组长		组员	
工作情境描述	掌握短视频账号的定位技巧，为自己即将建立的账号打造人设 IP，建立人格化标签。				
工作目标	1．掌握短视频的定位技巧。 2．掌握人设 IP 的四种呈现形式。 3．根据短视频的定位技巧，为自己的短视频账号打造人设 IP。				

1．获取资讯

引导问题 1：什么是定位？

____

____

____

____

____

引导问题 2：短视频账号专注于垂直领域定位的好处？

____

____

____

____

____

引导问题 3：人设 IP 的四种呈现形式？

____

____

____

____

____

2．工作任务

根据短视频的定位技巧，为自己的短视频账号打造人设 IP。（5 人一组）

《新媒体内容创作实务（微课版）》实操工卡

班级	工作卡号 B-02	共 3 页 第 2 页

3. 工作准备	工作者	检查者
1）在任务 1 数据分析的基础上，找到自己想创作的领域。		
2）了解目标领域的其他账号状态。		
4. 工作步骤	**工作者**	**检查者**
1）运用“五步定位法”给账号做初步定位。		
2）赋予账号人格化特征。		
3）运用“三原则”对人设 IP 进行检验。		
5. 结束工作	**工作者**	**检查者**
集合、保存所有获取数据及资料。		
6. 评价反馈		

1）账号验收。组长填写“短视频账号定位验收标准及评分表”，对已完成的工作进行验收。

短视频账号定位验收标准及评分表

序号	验收项目	验收标准	组长	教师评分	权重
1	五步定位法	从你是谁，你有什么优势，你需要哪些用户，那些用户需要什么，你能给用户带来什么样的价值五个方面进行分析定位			30%
2	账号人格化特征	从形象、个性、背景和价值观等进行人格化赋予			40%
3	“三原则”检验	价值原则、差异原则、持续原则			30%
5	教师评价总分				

2）验收过程情况记录。

短视频账号定位过程异常情况记录表

短视频账号定位过程异常情况记录	整改措施	完成时间	备注

班级	工作卡号　　B-02	共 3 页　第 3 页

3）查阅相关资料结合实操过程进行小组讨论，论述短视频账号定位中应注意哪些实际问题。

4）评价考核评分表。

评价考核评分表

项目名称	评价内容	分值	评价分数		
			自评	互评	师评
职业素养考核项目 40%	团队合作、人际沟通能力	6 分			
	主动意识、责任意识、服从意识	6 分			
	积极参加教学活动，按时完成工卡	10 分			
	态度端正、精益求精	6 分			
	规范操作能力	6 分			
	客户导向思维	6 分			
专业能力考核项目 60%	专业知识查找及时、准确	12 分			
	数据收集、分析能力	18 分			
	账号定位准确	12 分			
	账号人格化特征明显	18 分			
总分					
总分	自评（20%）+互评（20%）+师评（60%）=	综合等级	教师签名：		

《新媒体内容创作实务（微课版）》实操工卡

班级	工作卡号　B-03	共 3 页　第 1 页

<table>
<tr><td>工卡标题</td><td colspan="5">建立短视频账号</td></tr>
<tr><td>版本</td><td colspan="2">V1.0</td><td colspan="2">课时</td><td>2</td></tr>
<tr><td>组名</td><td></td><td>组长</td><td></td><td>组员</td><td></td></tr>
<tr><td>工作情境描述</td><td colspan="5">掌握短视频账号建立的方法，通过采用相关技巧来建立自己的抖音账号。</td></tr>
<tr><td>工作目标</td><td colspan="5">1．掌握建立一个完整的短视频账号包含的要素。
2．掌握短视频账号建立的技巧。
3．建立自己的抖音账号。</td></tr>
<tr><td colspan="6">1．获取资讯</td></tr>
<tr><td colspan="6">引导问题 1：一个完整的短视频账号包含哪几个方面？
______
______
______
______
______
______
______
引导问题 2：一个好的账号内容封面有什么作用？
______
______
______
______
______
______</td></tr>
<tr><td colspan="6">2．工作任务</td></tr>
<tr><td colspan="6">根据所学技巧，建立一个个性化短视频账号。（5 人一组）</td></tr>
</table>

3．工作准备	工作者	检查者
下载抖音 APP。		
4．工作步骤	**工作者**	**检查者**
1）运用账号起名的 6 个公式，为短视频账号起一个名字。		
2）参考优质简介的 6 个标准，为账号写一句简介。		

班级	工作卡号　　B-03	共 3 页　第 2 页

3）参考头像设置的 3 个标准，为账号设计一个头像。		
4）根据封面设置的 5 个要求，为账号加上封面。		
5. 结束工作	工作者	检查者
集合、保存所有获取数据及资料。		

6. 评价反馈

1）产品验收。组长填写“短视频账号建立验收标准及评分表”，对已完成的工作进行验收。

短视频账号建立验收标准及评分表

序号	验收项目	验收标准	组长	教师评分	权重
1	账号名	专业型、描绘型、培训型、群体型、清单型、地域型			30%
2	账号简介	突出优势、突显价值、通俗易懂、简洁明了、粉丝引流、设置预告			20%
3	账号头像	职业属性、企业属性、符合整体风格			20%
4	账号封面	符合整体风格，体现主题，清晰简约干净，具有识别度			30%
5	教师评价总分				

2）验收过程情况记录。

账号建立异常情况记录表

账号建立异常情况记录	整改措施	完成时间	备注

班级	工作卡号　B-03	共 3 页　第 3 页

3）查阅相关资料结合实操过程进行小组讨论，论述短视频账号建立过程中应注意哪些实际问题。

____

____

____

____

____

____

____

____

____

____

____

4）评价考核评分表。

评价考核评分表

项目名称	评价内容	分值	评价分数		
			自评	互评	师评
职业素养考核项目 40%	团队合作、人际沟通能力	6 分			
	主动意识、责任意识、服从意识	6 分			
	积极参加教学活动，按时完成工卡	10 分			
	态度端正、精益求精	6 分			
	规范操作能力	6 分			
	客户导向思维	6 分			
专业能力考核项目 60%	专业知识查找及时、准确	12 分			
	数据收集、分析能力	18 分			
	账号昵称、简介识别度高	15 分			
	账号头像、封面风格统一、有特点	15 分			
总分					
总分	自评（20%）+互评（20%）+师评（60%）=	综合等级	教师签名：		

《新媒体内容创作实务（微课版）》实操工卡

班级	工作卡号　B-04	共 3 页　第 1 页

工卡标题	短视频内容策划				
版本	V1.0		课时		2
组名		组长		组员	
工作情境描述	了解短视频平台用户最喜欢的 10 大内容，掌握短视频内容策划的 4 大要素方法，并能根据自己账号特点找到内容选题。				
工作目标	1．了解短视频账号最喜欢的 10 大内容。 2．掌握短视频内容策划的 4 大要素。 3．寻找账号内容选题，完成内容策划。				

1．获取资讯

引导问题 1：短视频平台用户最喜欢的 10 大内容有哪些？

____

____

____

____

____

____

____

引导问题 2：爆款短视频内容策划的 4 大要素？

____

____

____

____

____

____

____

2．工作任务

请根据内容策划的实施要点，给短视频策划内容选题。（5 人一组）

3．工作准备	工作者	检查者
下载抖音 APP；建立账号。		

班级	工作卡号　B-04	共 3 页　第 2 页

4．工作步骤	工作者	检查者
1）短视频账号内容定位。		
2）短视频账号内容产量。		
3）短视频账号内容稳定性。		
4）短视频账号内容调性。		
5．结束工作	**工作者**	**检查者**
集合、保存所有获取数据及资料		

6．评价反馈

1）策划验收。组长填写“短视频账号内容策划标准及评分表”，对已完成的工作进行验收。

短视频账号内容策划标准及评分表

序号	验收项目	验收标准	组长	教师评分	权重
1	内容定位	感兴趣，领域细分			20%
2	内容产量	推送频次和数量节奏持续稳定			20%
3	内容稳定性	内容垂直性和创造性			30%
4	内容调性	内容具有个性、独特性			30%
5	教师评价总分				

2）验收过程情况记录。

短视频账号内容策划异常情况记录表

内容策划异常情况记录	整改措施	完成时间	备注

《新媒体内容创作实务（微课版）》实操工卡

班级	工作卡号　　B-04	共 3 页　第 3 页

3）查阅相关资料结合实操过程进行小组讨论，论述短视频内容策划过程中应注意哪些实际问题。

4）评价考核评分表。

评价考核评分表

项目名称	评价内容	分值	评价分数		
			自评	互评	师评
职业素养考核项目 40%	团队合作、人际沟通能力	6 分			
	主动意识、责任意识、服从意识	6 分			
	积极参加教学活动，按时完成工卡	10 分			
	态度端正、精益求精	6 分			
	规范操作能力	6 分			
	客户导向思维	6 分			
专业能力考核项目 60%	专业知识查找及时、准确	12 分			
	数据收集、分析能力	18 分			
	内容定位感兴趣，且细分领域	10 分			
	内容产量稳定、有调性	20 分			
总分					
总分	自评（20%）+互评（20%）+师评（60%）=	综合等级	教师签名：		

《新媒体内容创作实务（微课版）》实操工卡

班级	工作卡号　B-05	共 7 页　第 1 页

工卡标题	短视频脚本制作				
版本	V1.0		课时		3
组名		组长		组员	
工作情境描述	学习、掌握短视频脚本的拍摄大纲、文学脚本和分镜头脚本的撰写方法。				
工作目标	1．学会撰写短视频的拍摄大纲。 2．学会撰写文学脚本。 3．学会撰写分镜头脚本。 4．学会根据不同的短视频内容选择脚本格式。				

1．短视频拍摄脚本的分类

引导问题 1：短视频拍摄常用的拍摄脚本有哪几种？

____

____

____

____

____

引导问题 2：什么样的情况下适用拍摄大纲？

____

____

____

____

____

引导问题 3：什么样的情况下适用文学脚本？

____

____

____

____

____

引导问题 4：文学脚本的不足之处是：______________________________

____

____

《新媒体内容创作实务（微课版）》实操工卡

班级	工作卡号　　B-05	共 7 页　第 2 页

引导问题 5：什么样的情况下适用分镜头脚本？ ______ ______ ______ ______ ______
2．工作任务
根据任务 4 中确定的内容选题，完成 15 秒短视频的故事脚本制作。（5 人一组）

3．短视频脚本撰写的步骤	工作者	检查者
1）拍摄内容形式定位：______ ______ ______ ______		
2）确定拍摄主题：______ ______ ______ ______ ______		
3）确定拍摄时间：______ ______ ______ ______ ______		
4）确定拍摄地点：______ ______ ______ ______ ______		

班级	工作卡号　B-05	共 7 页　第 3 页

5）找到拍摄参照：______________________________		
4．制作分镜头脚本（可另附页）	工作者	检查者
分镜头脚本撰写心得：______________________________		

镜号	景别	人物	内容	时长	拍摄方式	对白	音效	备注

《新媒体内容创作实务（微课版）》实操工卡

班级	工作卡号　　B-05	共 7 页　第 4 页

镜号	景别	人物	内容	时长	拍摄方式	对白	音效	备注

班级	工作卡号　　B-05	共 7 页　第 5 页

镜号	景别	人物	内容	时长	拍摄方式	对白	音效	备注

班级	工作卡号　B-05	共 7 页　第 6 页

5. 结束工作	工作者	检查者
检查整理脚本材料。		

6. 评价反馈

1）作品验收。组长填写“短视频拍摄脚本验收标准及评分表”，对已完成的拍摄脚本进行验收。

短视频拍摄脚本验收标准及评分表

序号	验收项目	验收标准	组长意见	教师评分	权重
1	题材创作	脚本构思巧妙，内容创作完整，脚本能反映主题的内容、思想和情感			40%
2	脚本设计	画面内容具体形象可感，并且组接连贯；景别、技巧运用恰当与画面内容契合；音效能表达出材料中人物的情感或与情感思想一致			60%
3	教师评价总分				

2）验收过程情况记录。

短视频拍摄脚本创作过程异常情况记录表

短视频拍摄脚本创作过程异常情况记录	整改措施	完成时间	备注

3）查阅相关资料结合实操过程进行小组讨论，论述短视频拍摄脚本创作过程中应注意哪些实际问题，思考如何才能创作好短视频拍摄脚本？

____

____

班级	工作卡号　　B-05	共 7 页　第 7 页

4）评价考核评分表。

评价考核评分表

项目名称	评价内容	分值	评价分数		
			自评	互评	师评
职业素养考核项目 40%	团队合作、人际沟通能力	6 分			
	主动意识、责任意识、服从意识	6 分			
	积极参加教学活动，按时完成工卡	10 分			
	态度端正、精益求精	6 分			
	规范操作能力	6 分			
	客户导向思维	6 分			
专业能力考核项目 60%	专业知识查找及时、准确	12 分			
	资料收集、分析能力	18 分			
	脚本撰写能力	12 分			
	策划、统筹能力	18 分			
总分					
总分	自评（20%）+互评（20%）+师评（60%）=	综合等级	教师签名：		

《新媒体内容创作实务（微课版）》实操工卡

班级	工作卡号　　B-06	共 4 页　第 1 页

工卡标题	短视频拍摄				
版本	V1.0		课时	3	
组名		组长		组员	
工作情境描述	掌握短视频的场景拍摄技巧，根据拍摄脚本完成短视频的拍摄。				
工作目标	1．了解拍摄设备的准备。 2．完成短视频的拍摄。				
1．拍摄设备准备					

引导问题 1：摄影设备的选择

____

____

____

____

____

____

引导问题 2：稳定设备的选择

____

____

____

____

____

____

引导问题 3：收声设备的选择

____

____

____

____

____

____

班级	工作卡号　　B-06	共 4 页　第 2 页

引导问题 4：灯光设备的选择

引导问题 5：航拍设备的选择

2．工作任务		
根据工卡 B-05《短视频脚本制作》中确定的拍摄脚本，完成短视频的拍摄。（5 人一组）		
3．创作前准备	**工作者**	**检查者**
1）梳理拍摄脚本。		
2）分析拍摄脚本中都有哪些场景，不同场景采用哪种拍摄技法完成拍摄。		
3）进行小组分工，明确各成员岗位职责。		
4）明确拍摄时间和完成期限。		
4．工作步骤	**工作者**	**检查者**
1）检查设备：		
2）设备调试：		

班级	工作卡号　　B-06	共 4 页　第 3 页

3）实施拍摄： ①运用主场景法进行拍摄。 ②运用三拍法与重叠法进行拍摄。 ③运用单镜头法进行拍摄。 ④运用蒙太奇法进行拍摄。		
5．结束工作	工作者	检查者
1）拍摄素材采集与汇总。		
2）准备后期剪辑。		
6．评价反馈		

1）作品验收。组长填写“短视频拍摄验收标准及评分表”，对已完成的拍摄脚本进行验收。

短视频拍摄验收标准及评分表

序号	验收项目	验收标准	组长意见	教师评分	权重
1	内容主题	内容积极向上，健康活泼，具有一定的传播和推广价值			30%
2	创意	品位独具个性，拍摄角度新颖，给人耳目一新的感觉			20%
3	人物表演	角色表演生动自然，感情真实感人：语言流畅，对白流利			15%
4	整体结构	紧扣主题，连贯流畅，符合时代特征，彰显优秀文化			15%
5	制作技术	画面清晰、流畅，转场顺畅，有字幕加以说明：配音、配乐清晰			20%
6	教师评价总分				

2）验收过程情况记录。

短视频拍摄过程异常情况记录表

短视频拍摄过程异常情况记录	整改措施	完成时间	备注

班级	工作卡号　B-06	共 4 页　第 4 页

3）查阅相关资料结合实操过程进行小组讨论，论述短视频拍摄过程中应注意哪些实际问题，思考如何才能拍摄好短视频？

4）评价考核评分表。

评价考核评分表

项目名称	评价内容	分值	评价分数		
			自评	互评	师评
职业素养考核项目 40%	团队合作、人际沟通能力	6 分			
	主动意识、责任意识、服从意识	6 分			
	积极参加教学活动，按时完成工卡	10 分			
	态度端正、精益求精	6 分			
	规范操作能力	6 分			
	客户导向思维	6 分			
专业能力考核项目 60%	专业知识查找及时、准确	5 分			
	资料收集、分析能力	10 分			
	拍摄脚本分析能力	12 分			
	镜头运用能力	15 分			
	策划、统筹能力	18 分			
总分					
总分	自评（20%）+互评（20%）+师评（60%）=	综合等级	教师签名：		

《新媒体内容创作实务（微课版）》实操工卡

班级	工作卡号　　B-07	共 4 页　第 1 页

工卡标题	短视频后期剪辑与视频发布				
版本	V1.0		课时	2	
组名		组长		组员	
工作情境描述	利用手机剪辑软件完成短视频的剪辑。				
工作目标	1．掌握短视频剪辑的一般流程。 2．完成短视频的剪辑。				

1．剪辑软件
常用的后期剪辑软件有哪些？ ______________________________ ______________________________ ______________________________ ______________________________ ______________________________ ______________________________ ______________________________ ______________________________ ______________________________ ______________________________ ______________________________
2．工作任务
根据任务 6 中确定的拍摄的素材，完成短视频的剪辑。（5 人一组）

3．创作前准备	工作者	检查者
1）整理素材，编号列序。		
2）研究分析脚本。		
3）甄选合适镜头。		
4．工作步骤	**工作者**	**检查者**
1）视频分割与拼接：		

《新媒体内容创作实务（微课版）》实操工卡

班级	工作卡号　B-07	共 4 页　第 2 页

2）添加背景：		
3）添加转场：		
4）添加字幕：		
5）添加背景音乐：		
6）视频发布：		
5．结束工作	工作者	检查者
1）观察短视频发布后的点赞、评论、转发等数据情况，加强互动。		
2）提交作品。		

班级	工作卡号　B-07	共 4 页　第 3 页

6. 评价反馈

1）作品验收。组长填写“短视频剪辑验收标准及评分表”，对已完成的拍摄脚本进行验收。

短视频剪辑验收标准及评分表

序号	验收项目	验收标准	组长意见	教师评分	权重
1	内容主题	内容积极向上，健康活泼，具有一定的传播和推广价值			30%
2	创意	品位独具个性，拍摄角度新颖，给人耳目一新的感觉			20%
3	音效	短视频中人物对白清晰得当，音乐效果与画面和谐，能烘托气氛			15%
4	字幕	字幕风格与短视频风格统一，能更好地增加短片的表现力			15%
5	过渡效果	过渡自然			10%
6	特效	恰当的运用视频特效和音频特效，增强短视频的艺术感染力			10%
7	教师评价总分				

2）验收过程情况记录。

短视频剪辑和发布过程异常情况记录表

短视频剪辑和发布过程异常情况记录	整改措施	完成时间	备注

班级	工作卡号　B-07	共 4 页　第 4 页

3）查阅相关资料结合实操过程进行小组讨论，论述短视频剪辑和发布过程中应注意哪些实际问题，思考如何才能剪辑好短视频，思考选择在什么时间段发布短视频，能增加视频的曝光率。

4）评价考核评分表。

评价考核评分表

项目名称	评价内容	分值	评价分数		
			自评	互评	师评
职业素养考核项目40%	团队合作、人际沟通能力	6 分			
	主动意识、责任意识、服从意识	6 分			
	积极参加教学活动，按时完成工卡	10 分			
	态度端正、精益求精	6 分			
	规范操作能力	6 分			
	客户导向思维	6 分			
专业能力考核项目60%	专业知识查找及时、准确	5 分			
	资料收集、分析能力	10 分			
	拍摄脚本分析能力	12 分			
	视频剪辑能力	15 分			
	音效、特效运用能力	18 分			
总分					
总分	自评（20%）+互评（20%）+师评（60%）=	综合等级	教师签名：		

《新媒体内容创作实务（微课版）》实操工卡

班级	工作卡号　　C-01	共 5 页　第 1 页

工卡标题	直播内容创作市场分析				
版本	V1.0		课时	2	
组名		组长		组员	
工作情境描述	学习、掌握市场分析方法。按照市场分析方法的要求和电商直播行业具体情景，指定市场分析工作组计划，并完成特定目标直播企业的市场调研、分析任务。				
工作目标	1．能够掌握市场分析法并灵活选择适合分析对象的市场分析方法。 2．了解大数据分析工具，掌握大数据分析技巧。 3．根据不同平台属性对其市场现状及发展方向进行分析。 4．学会洞察人心，从人的角度进行市场分析，包括商家、用户、主播等。 5．掌握政策动向，对相关政策进行分析，为企业电商直播活动提供政策指导。				

1．获取资讯

引导问题 1：市场分析的工作内容要求有哪些？简单列举你认为市场分析工作的要求。

____

____

____

引导问题 2：市场分析的基本要素包括什么？

要素一：____

要素二：____

要素三：____

要素四：____

要素五：____

引导问题 3：市场分析常用模型中的 SWOT 分析模型的核心要素有哪些？什么类型的电商直播适用 SWOT 分析模型进行市场分析？

____

____

____

引导问题 4：5W2H 分析法中 WHERE 指____。

引导问题 5：在进行市场分析时，最先思考的问题是什么？

____

____

《新媒体内容创作实务（微课版）》实操工卡

班级	工作卡号　　C-01	共 5 页　第 2 页

引导问题 6：根据具体目标企业，制定市场分析工作初步计划。

小提示

市场分析入门小技巧：

1. 市场分析以调研为基础，找准目标企业，对其进行广泛搜索调研，并寻找对标企业进行对比分析。
2. 市场分析方法的使用非常重要，绘制分析图表、查找准确的大数据及行业数据辅助，切忌凭空想象。

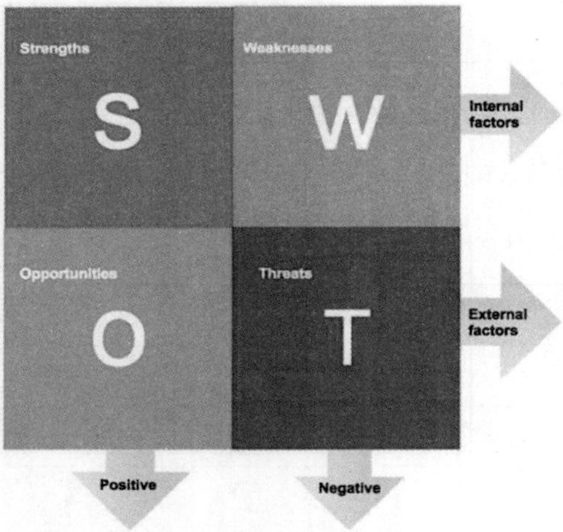

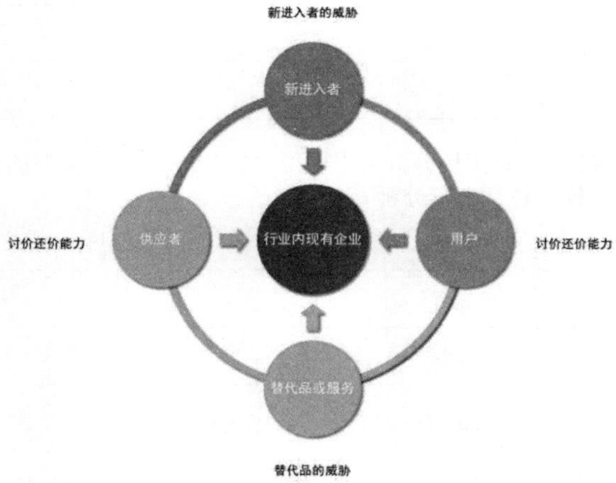

3. 在分析时，明确针对的究竟是平台，还是商家，对象不同分析策略和方法不同，避免在分析时混为一谈，出现分析差错。

《新媒体内容创作实务（微课版）》实操工卡

班级	工作卡号　　C-01	共 5 页　第 3 页

2．列工具、设备、材料清单

根据市场分析方法，结合企业具体情景及市场分析要求，请列出市场分析所需工具、背景资料、数据清单。

类别	名称	规格型号	单位	数量	备注
工具					
工具					
背景资料					
背景资料					
背景资料					
背景资料					
背景资料					
背景资料					
背景资料					
背景资料					
数据平台					
数据平台					
数据					
数据					
数据					

3．工作任务

1）按照目标企业当前市场情况和发展规划，制定市场分析具体实施方案。

2）按时按量完成目标企业市场分析任务。（6 人一组）

4．工作准备	工作者	检查者
1）方案制定前，组长协助老师准备好相关工具、材料、数据搜索平台等。		
2）制定具体目标要求并保证实施过程中达到要求。		
3）小组探讨适用该企业的分析模型，明确目标，确保无基本概念混淆。		
4）制定、检查工作计划表，以确保工作能有序、有效进行。		

5．工作步骤	工作者	检查者
1）制定市场分析方案草案及流程，为各岗位带来清晰的工作目标及时间规划。		
2）行业、政策、企业相关资料、数据的初步搜寻及整理。		
3）在初筛后，确定数据真实有效；对目标行业、企业进行调研工作安排。		
4）企业内部调研：包括企业机制、市场规模、模式、人员配比、重点项目等方面进行综合评估。		

班级	工作卡号　　C-01	共 5 页　第 4 页

5）企业外部调研：对标行业及企业的竞争力分析，市场政策分析以及企业在该环境下的竞争力分析。		
6）根据市场调研对标目标企业直播市场方向制作出差异化、个性化、符合市场趋势、符合消费者心理的规划方案。		
6．结束工作	**工作者**	**检查者**
1）集合、保存所有获取数据及资料，市场人员做全案复盘。		
2）提交市场分析报告。		
3）提交针对该企业的市场规划方案。		

7．评价反馈

1）产品验收。组长填写“市场分析工作验收标准及评分表”，对已完成的市场分析工作进行验收。

市场分析工作验收标准及评分表

序号	验收项目	验收标准	组长意见	教师评分	权重
1	流程规划	流程清晰，将各岗位工作内容及工作周期规划合理			20%
2	数据收集及整理	政策数据、行业数据、对标企业数据以及基础性数据收集是否完善、整理是否有效			20%
3	企业实地调研及分析报告制作	调研是否基于数据进行；调研是否全面、详尽、有针对性和目标性			20%
4	市场规划方案评估	市场分析报告及市场规划方案的落地性、可行性评估以及企业反馈			40%
5	教师评价总分				

2）验收过程情况记录。

市场分析过程异常情况记录表

市场分析过程异常情况记录	整改措施	完成时间	备注

班级	工作卡号　C-01	共 5 页　第 5 页

3）查阅相关资料结合实操过程进行小组讨论，论述电商直播企业市场分析过程中应注意哪些实际问题，若市场环境发生改变，如何完善和调整市场分析方向和重点。

4）评价考核评分表。

评价考核评分表

项目名称	评价内容	分值	评价分数		
			自评	互评	师评
职业素养考核项目40%	团队合作、人际沟通能力	6 分			
	主动意识、责任意识、服从意识	6 分			
	积极参加教学活动，按时完成工卡	10 分			
	态度端正、精益求精	6 分			
	规范操作能力	6 分			
	客户导向思维	6 分			
专业能力考核项目60%	专业知识查找及时、准确	12 分			
	数据收集、分析能力	18 分			
	文案撰写能力	12 分			
	策划、统筹能力	18 分			
总分					
总分	自评（20%）+互评（20%）+师评（60%）=	综合等级	教师签名：		

《新媒体内容创作实务（微课版）》实操工卡

班级	工作卡号　　C-02	共 5 页　第 1 页

工卡标题	直播内容创意				
版本	V1.0		课时		2
组名		组长		组员	
工作情境描述	激发直播内容创意的方法。通过采用相关方法和电商直播行业具体情景来开展直播内容创意的策划，指定直播内容创意工作组，并完成特定目标直播企业的直播内容创意策划的任务。				
工作目标	1．掌握激发直播内容创意的方法。 2．了解直播主题策划的方法和内容。 3．对直播不同平台的选择进行有效分析。 4．针对具体的电商直播情景来做好流程设置。 5．针对具体的电商直播情景选择直播福利。				

1．获取资讯

引导问题 1：什么是直播内容创意？例举一些你在观看电商直播时觉得很有创意的环节。

____

____

____

____

____

引导问题 2：激发创意的方法有哪些？请一一列举。

方法一：______________________________

方法二：______________________________

方法三：______________________________

引导问题 3：九宫格发散思维法是怎么在直播内容创意中进行运用的？如果本场直播带货的产品为扶贫助农的山茶油产品，怎么运用九宫格法对其进行分析？请用九宫格画出来。

	山茶油	

《新媒体内容创作实务（微课版）》实操工卡

班级	工作卡号　C-02	共5页　第2页

引导问题4：请运用换位思考法，为直播销售山茶油写一段直播话术。

引导问题 5：在做直播活动内容策划时，针对直播主题的策划应抓住哪些要点？请结合具体的案例来谈一谈。

引导问题6：直播平台的选择与直播内容创意有何联系？如何通过不同的平台来实现内容创意？

小提示

什么样的直播内容会吸引人？

1. 垂直的内容。平台将会更多地聚焦在某一特定用户群体的需求。而垂直化的直播内容，往往是聚焦并且满足特定群体需求的某一固定领域内具有强黏性的信息。内容具有强黏性便可以聚集强大的粉丝群。因此主播在准备直播内容时，一定要根据某一特定用户需求，明确内容调性，持续生产用户喜好的内容。

班级	工作卡号　C-02	共 5 页　第 3 页

2．多形式内容。直播的形式是非常多的，包含网红直播、户外直播、工厂直播等形式，其直播内容多为达人连麦、网红代播、旅行直播、探寻原产地等。不同的形式对应不同的直播内容，给用户带来的感觉也不同。 3．多样化内容。准备直播内容时，可以考虑内容多样化。比如做种草直播的，那么内容可以是场景专题、专业测试、新品试用、高端展示等。如果做直播的目的是为了涨粉，那么可以以粉丝活动日、粉丝回馈、奖品红包发送、活动专场的直播内容来展现。 4．有价值内容。在准备直播内容时，要考虑什么样的内容可以为用户带来更多价值利益，因为能帮助用户获得价值利益的内容，才能持续吸引更多观众。 5．有故事内容。直播间不仅要卖货，故事内容上也要保持生活气息和合理性。如何让粉丝投入情感并产生同理心，要求主播构思内容时要基于现实，高于现实。这也是各大品牌都要有自己所谓的品牌理念、品牌来源的原因。 6．会“蹭热点”内容。实时热点是在某个时间段成功刷屏的内容。但蹭热点需要有态度、有选择地蹭，只有结合了内容调性，积极产出才更加具有可挖掘的潜力，才能吸引更多流量。		
2．工作任务		
1）按照目标企业当前的直播内容需求，制定直播内容创意策划案。 2）按时按量完成直播内容策划的任务。（6 人一组）		
3．工作准备	**工作者**	**检查者**
1）方案制定前，准备好相关的资料。		
2）制定具体目标要求并保证实施过程中达到要求。		
3）小组探讨适用该直播活动的创意内容，明确目标，确保无基本概念混淆。		
4．工作步骤	**工作者**	**检查者**
1）制定直播内容策划方案，为各岗位带来清晰工作目标及时间规划。		
2）行业、政策、企业相关资料、数据的初步搜寻及整理。		
3）在初筛后，确定数据真实有效；确定直播内容主题。		
4）电商直播平台对比选择：针对本次直播活动要求选择直播平台，前期要对平台的规则和玩法有充分细致的了解。		
5）电商直播流程的设置及形式的选择：对整场直播活动的流程及关键环节做好流程设置，穿插独特的直播创意的内容；对直播活动的形式做好提前的规划。		
6）电商直播粉丝福利内容的设置：针对本场直播活动的特点，选择做好粉丝福利的活动内容，利用更加有创意的方式与粉丝进行互动。		
5．结束工作	**工作者**	**检查者**
1）集合、保存在直播活动中的所有获取数据及资料，直播活动结束后做全案复盘。		
2）提交直播活动内容策划方案。		
6．评价反馈		
方案验收。组长填写“直播内容策划方案验收标准及评分表”，对已完成的直播内容创意工作进行验收。		

班级	工作卡号　C-02	共 5 页　第 4 页

直播内容策划方案验收标准及评分表

序号	验收项目	验收标准	组长意见	教师评分	权重
1	流程规划及甘特图制作	流程清晰，甘特图将各岗位工作内容及工作周期规划合理			20%
2	直播内容主题的确定	直播内容的主题确定是否贴切，能否通过主题来进行引流			20%
3	电商直播平台的选择	是否提前对不同的电商直播平台的规则和玩法有具体的了解，直播平台的选择是否符合企业方的需求			20%
4	电商直播流程的设置及形式的选择	在直播活动中流程和形式设置是否合理，能否达到企业方想要的带货数据及直播效果，直播过程中有没有随意修改直播的流程			20%
5	电商直播粉丝福利的设置	直播活动中的粉丝福利能否有效引流并形成二次转化，能否留住老粉和吸引更多的新粉，重点看直播活动中的粉丝数据			20%
6	教师评价总分				

2）验收过程情况记录。

直播内容策划中的异常情况记录表

直播内容策划过程异常情况记录	整改措施	完成时间	备注

班级	工作卡号 C-02	共 5 页 第 5 页

3）查阅相关资料结合实操过程进行小组讨论，论述直播内容策划过程中应注意哪些实际问题，若直播的内容临时发生改变，如何完善和调整直播内容的方向和重点。

4）评价考核评分表。

评价考核评分表

项目名称	评价内容	分值	评价分数		
			自评	互评	师评
职业素养考核项目 40%	团队合作、人际沟通能力	6 分			
	主动意识、责任意识、服从意识	6 分			
	积极参加教学活动，按时完成工卡	10 分			
	态度端正、精益求精	6 分			
	规范操作能力	6 分			
	客户导向思维	6 分			
专业能力考核项目 60%	专业知识查找及时、准确	12 分			
	数据收集、分析能力	18 分			
	文案撰写能力	12 分			
	策划、统筹能力	18 分			
总分					
总分	自评（20%）+互评（20%）+师评（60%）=	综合等级	教师签名：		

《新媒体内容创作实务（微课版）》实操工卡

班级	工作卡号　C-03	共 4 页　第 1 页

<table>
<tr><td>工卡标题</td><td colspan="5">直播引流</td></tr>
<tr><td>版本</td><td colspan="2">V1.0</td><td>课时</td><td colspan="2">2</td></tr>
<tr><td>组名</td><td></td><td>组长</td><td></td><td>组员</td><td></td></tr>
<tr><td>工作情境描述</td><td colspan="5">学习、掌握直播间的引流模式。按照直播间的引流模式和电商直播行业具体情景，完成特定目标直播引流的任务。</td></tr>
<tr><td>工作目标</td><td colspan="5">1．能够掌握直播间的引流模式并灵活选择适合直播内容的方法。
2．根据不同直播内容、规模设计引流方案。
3．学会在直播的全过程中进行引流。
4．对直播引流的过程进行复盘，为直播后续的引流做好对策和方案。</td></tr>
<tr><td colspan="6">1．获取资讯</td></tr>
<tr><td colspan="6">引导问题 1：直播引流的方法有哪些？简单列举你及周边的亲戚朋友是如何关注到某个直播间的。
方法一：________________
方法二：________________
方法三：________________
引导问题 2：直播前的引流需要做好哪些准备？
____
____
____
____
引导问题 3：直播过程中如何不断提醒粉丝关注直播间？
____
____
____
____
引导问题 4：粉丝社群如何建立？直播后如何利用粉丝社群做好二次引流？
____
____
____
________________</td></tr>
</table>

《新媒体内容创作实务（微课版）》实操工卡

班级	工作卡号　C-03	共 4 页　第 2 页

2．工作任务		
按时按量完成目标直播引流的任务。（6 人一组）		
3．工作准备	**工作者**	**检查者**
1）制定具体目标要求并保证实施过程中达到要求。		
2）小组探讨使用该直播活动的引流方法，明确目标，确保无基本概念混淆。		
4．工作步骤	**工作者**	**检查者**
1）直播前引流；主题策划、营销手段的设计。		
2）直播前引流；直播脚本设计、直播的预热推广。		
3）直播前引流；直播的预热推广（视频、海报、推广等）。		
4）直播过程中引流：按提前制定好的直播内容流程开展直播，在过程中注意与粉丝的互动，定时发放粉丝福利。		
5）直播后的引流：建立直播间的粉丝社群，日常注意粉丝社群的维护及运营，从而有利于二次引流。		
6）对于电商直播的活动数据进行搜集、整理、分析和筛选，每场直播活动后要进行复盘，从而不断优化直播引流的方案。		
6．结束工作	**工作者**	**检查者**
1）集合、保存所有获取数据及资料，做好直播引流的做全案复盘。		
2）提交针对该企业的直播引流的方案。		
7．评价反馈		

1）方案验收。组长“直播引流工作验收标准及评分表”，对已完成的直播引流工作进行验收。

直播引流工作验收标准及评分表

序号	验收项目	验收标准	组长意见	教师评分	权重
1	直播引流方案的制定	直播引流方案符合内容需求，引流效果好			20%
2	直播前引流	主题策划和营销手段的设计是否合适，直播脚本的拟写内容是否完善，直播前的预热推广是否能采取多种形式开展并取得一定效果			20%
3	直播过程中的引流	直播过程中与粉丝的沟通互动是否有效，粉丝留在直播间的时间是否够长，直播过程中粉丝福利发放的效果如何			20%
4	直播后的引流	粉丝社群是否建立，粉丝社群的运营和维护是否有效开展，能否形成对直播的二次引流			40%
5	教师评价总分				

班级	工作卡号　　C-03	共 4 页　第 3 页

2）验收过程情况记录。

直播引流过程异常情况记录表

直播引流过程异常情况记录	整改措施	完成时间	备注

3）查阅相关资料结合实操过程进行小组讨论，论述直播引流的过程中应注意哪些实际问题。

班级	工作卡号　C-03	共 4 页　第 4 页

4）评价考核评分表。

评价考核评分表

项目名称	评价内容	分值	评价分数		
			自评	互评	师评
职业素养考核项目 40%	团队合作、人际沟通能力	6 分			
	主动意识、责任意识、服从意识	6 分			
	积极参加教学活动，按时完成工卡	10 分			
	态度端正、精益求精	6 分			
	规范操作能力	6 分			
	客户导向思维	6 分			
专业能力考核项目 60%	专业知识查找及时、准确	12 分			
	数据收集、分析能力	18 分			
	文案撰写能力	12 分			
	策划、统筹能力	18 分			
总分					
总分	自评（20%）+互评（20%）+师评（60%）=	综合等级	教师签名：		

《新媒体内容创作实务（微课版）》实操工卡

班级	工作卡号　　C-04	共 5 页　第 1 页

工卡标题	准备电商直播设备				
版本	V1.0		课时	2	
组名		组长		组员	
工作情境描述	熟悉各种直播设备。了解不同直播企业和直播类型的具体设备要求；根据具体情景准备合适的直播设备。				
工作目标	1．熟悉直播设备种类及其用途。 2．掌握不同设备的价格、使用方法和使用效果。 3．根据不同直播主体性质和运营状况，对直播间进行从直播效果、成本把控等方面最优化的配置。 4．个人直播间设备准备。 5．企业直播间设备准备。				

1．获取资讯

引导问题 1：哪些平台是 PC 端直播平台，哪些平台是手机端直播平台？PC 端直播和手机端直播对设备要求有什么不同？

____

____

____

____

____

引导问题 2：常用的手机端直播设备有哪些？

____

____

____

____

____

引导问题 3：常用的 PC 端直播设备有哪些？

____

____

____

____

《新媒体内容创作实务（微课版）》实操工卡

班级	工作卡号　　C-04	共 5 页　第 2 页

引导问题 4：直播声卡如何选择？

引导问题 5：在准备直播设备的过程中，什么是最主要的考虑因素？

引导问题 6：根据企业主播的带货直播情景，准备直播间直播设备。

小提示

在直播设备准备过程中：

以实际经济、直播情景、平台属性等情况考虑直播设备如何准备。不能凭借个人喜好进行准备。

《新媒体内容创作实务（微课版）》实操工卡

班级	工作卡号　C-04	共 5 页　第 3 页

2．列工具、设备、材料清单

根据直播间属性，结合直播具体情景，列出准备直播设备工作清单。（个人、企业任选其一）

类别	名称	规格型号	单位	数量	备注
背景资料					
背景资料					
背景资料					
直播数据					
直播数据					
分析工具					
分析工具					
设备 1					
设备 2					
设备 3					
设备 4					
设备 5					
设备 6					
设备 7					
设备 8					

3．工作任务

1）分析目标直播间的情景，明确直播间属性。

2）根据直播间实际情况，为其进行直播设备准备。（4 人一组）

4．工作准备	工作者	检查者
1）熟悉各种直播设备及适用范围。		
2）制定具体目标要求并保证实施过程中达到要求。		
3）小组探讨明确直播间属性，确保无基本概念混淆。		
4）制定、检查工作计划表，以确保工作能有序、有效进行。		

班级	工作卡号　　C-04	共 5 页　第 4 页

5. 工作步骤	工作者	检查者
1）查阅直播间资料，分析该直播间以往直播数据。		
2）确定直播间属性及直播目的。		
3）做好直播设备的准备布置。		
4）复查直播设备的准备及布置情况，检查设备是否可以保障直播的顺利完成。		
6. 结束工作	**工作者**	**检查者**
1）集合、保存所有获取数据及资料，工作组人员做全案复盘。		
2）提交直播间属性及直播定位报告。		
3）提交直播间设备准备清单。		

7. 评价反馈

1）清单验收。组长填写“直播设备准备工作验收标准及评分表”，对已完成的直播设备准备工作进行验收。

直播设备准备工作验收标准及评分表

序号	验收项目	验收标准	组长意见	教师评分	权重
1	数据收集及整理	直播间规模评估、定位分析、以往直播数据整理是否有效			20%
2	直播间属性分析报告	调研是否基于数据进行；调研是否全面、详尽、有针对性和目标性；分析是否合理、定位是否明确			20%
3	直播设备准备清单	根据调研，在明确直播间属性及直播目的的基础上，列直播设备清单			20%
4	直播设备维护情况	设备在直播过程中是否有出现过故障，设备的日常维护是否有保障			40%
5	教师评价总分				

2）验收过程情况记录。

直播设备准备过程异常情况记录表

直播设备准备过程异常情况记录	整改措施	完成时间	备注

班级	工作卡号　　C-04	共 5 页　第 5 页

3）查阅相关资料结合实操过程进行小组讨论，论述电商直播企业和个人电商直播的区别在哪方面？在针对不同直播间属性的直播设备准备中，应注意哪些实际问题。

4）评价考核评分表。

评价考核评分表

项目名称	评价内容	分值	评价分数		
			自评	互评	师评
职业素养考核项目40%	团队合作、人际沟通能力	6 分			
	主动意识、责任意识、服从意识	6 分			
	积极参加教学活动，按时完成工卡	10 分			
	态度端正、精益求精	6 分			
	规范操作能力	6 分			
	客户导向思维	6 分			
专业能力考核项目60%	专业知识查找及时、准确	12 分			
	数据收集、分析能力	18 分			
	文案撰写能力	12 分			
	策划、统筹能力	18 分			
总分					
总分	自评（20%）+互评（20%）+师评（60%）=	综合等级	教师签名：		

《新媒体内容创作实务（微课版）》实操工卡

班级	工作卡号　C-05	共 5 页　第 1 页

工卡标题	直播间的设计与布置				
版本	V1.0		课时		2
组名		组长		组员	
工作情境描述	掌握直播间打造技巧，巧妙布置空间，合理规划直播间，帮助主播更好地完成直播活动。				
工作目标	1．掌握打造直播间所需能力。 2．学会如何对直播间场地进行规划、设计。 3．根据不同直播需求，打造直播间场景。 4．掌握灯光对直播的作用，并学会直播间灯光布置。 5．熟悉直播间所需道具及直播素材，并对道具及直播素材进行准备。 6．学会合理将直播设备布置进直播间，并进行调试。				

1．获取资讯

引导问题 1：打造直播间是一件细致、繁琐的工作，需要具备哪些与之相匹配的专业能力？

能力一：______________________________

能力二：______________________________

能力三：______________________________

引导问题 2：打造直播间对场地有什么要求，视觉上扩展场地的技巧有哪些？

____

____

____

____

____

引导问题 3：直播间场景的重要性，如何打造直播间场景？

____

____

____

____

____

____

《新媒体内容创作实务（微课版）》实操工卡

班级	工作卡号　　C-05	共 5 页　第 2 页

引导问题 4：直播间设备如何根据不同需求进行选择和布置？设备调试是否必要？

引导问题 5：道具以及直播素材的准备中需要考虑什么？

引导问题 6：根据个人直播间直播需求，制作直播间打造计划，并制定直播间布置工作规划。

小提示

直播间打造计划制作要点：

1．确定直播间属性。

2．确定直播场景，选择直播场地以及控制设备数量和功能是关键。

3．设备、灯光调试是打造直播间最后的一步，也是非常重要的一步，在计划中不能缺少这一环节人员和流程的规划。

《新媒体内容创作实务（微课版）》实操工卡

班级	工作卡号　　C-05	共 5 页　第 3 页

2．列工具、设备、材料清单

根据直播间打造的相关知识，结合具体情景及直播要求，请列出制作直播间打造计划所需工具、资料。（企业直播间）

类别	名称	规格型号	单位	数量	备注
背景资料					
背景资料					
背景资料					
分析工具					
场景制定					
场地选择					
直播设备 1					
直播设备 2					
直播设备 3					
直播设备 4					
直播设备 5					
直播设备 6					
直播设备 7					
直播设备 8					
直播设备 9					

3．工作任务

1）按照企业直播间属性和直播内容要求，制作直播间打造计划。

2）按直播间打造计划完成直播间打造。（4 人一组）

4．工作准备	工作者	检查者
1）方案制定前，组长协助老师准备好相关工具、材料等。		
2）制定具体目标要求并保证实施过程中达到要求。		
3）小组探讨适用企业的直播间场景，确定直播间规模，确保无基本概念混淆。		
4）制定、检查工作计划表，以确保工作能有序、有效进行。		

班级	工作卡号　C-05	共 5 页　第 4 页

5. 工作步骤	工作者	检查者
1）制作直播间打造计划及流程，分配工作人员，为各岗位带来清晰工作目标及时间规划。		
2）对企及直播间业相关资料，数据的整理、分析，明确直播间属性和直播要求。		
3）选择直播间设备、确定数量及质量，并进场布置。		
4）直播间调试、检测。		
6. 结束工作	**工作者**	**检查者**
1）集合、保存所有获取数据及资料，对直播间打造工作进行复盘。		
2）提交直播间打造计划。		
3）提交直播间调试单。		

7. 评价反馈

1）工作验收。组长填写“直播间打造工作验收标准及评分表”，对已完成的直播间打造工作进行验收。

直播间打造工作验收标准及评分表

序号	验收项目	验收标准	组长意见	教师评分	权重
1	流程规划	流程清晰，对各岗位工作内容及工作周期规划合理			20%
2	数据整理及分析工作	数据收集是否完善、整理是否有效，分析是否合理、准确			20%
3	直播间布置	直播间场景设计是否合理，设备准备是否保证数量、质量			20%
4	直播间调试	所有直播间设备及场景、道具是否进行调试和复核			40%
5	教师评价总分				

2）验收过程情况记录。

直播间打造过程异常情况记录表

直播间打造过程异常情况记录	整改措施	完成时间	备注

班级	工作卡号　C-05	共 5 页　第 5 页

3）查阅相关资料结合实操过程进行小组讨论，论述电商直播企业不同直播情景下直播间打造过程中应注意哪些实际问题；在直播间打造过程中，哪些问题可能会成为最关键的影响问题。

4）评价考核评分表。

评价考核评分表

项目名称	评价内容	分值	评价分数		
			自评	互评	师评
职业素养考核项目 40%	团队合作、人际沟通能力	6 分			
	主动意识、责任意识、服从意识	6 分			
	积极参加教学活动，按时完成工卡	10 分			
	态度端正、精益求精	6 分			
	规范操作能力	6 分			
	客户导向思维	6 分			
专业能力考核项目 60%	专业知识查找及时、准确	12 分			
	数据收集、分析能力	18 分			
	文案撰写能力	12 分			
	策划、统筹能力	18 分			
总分					
总分	自评（20%）+互评（20%）+师评（60%）=	综合等级	教师签名：		

《新媒体内容创作实务（微课版）》实操工卡

班级	工作卡号 C-06	共 4 页 第 1 页

工卡标题	确定直播间的玩法				
版本	V1.0		课时	2	
组名		组长		组员	
工作情境描述	学习、掌握直播间的玩法。按照直播间的玩法和电商直播行业具体情景，掌握如何根据直播间特点和不同商品进行直播，能够实现直播间效益最优，并完成特定目标直播企业的直播任务。				
工作目标	1. 掌握直播间的玩法并灵活选择适合特定目标的直播间的玩法。 2. 了解直播间的常用模式并根据特定目标要求选择直播间模式。 3. 根据不同平台属性、不同直播内容进行互动策略的设计。 4. 根据不同的商品属性确定商品推荐技巧。				

1. 获取资讯

引导问题 1：什么是直播间的模式？不同的直播平台有哪些比较有特点的直播模式？举 2～3 个例子来说明。

引导问题 2：直播间的互动设计策略有哪些？应该如何正确运用？

引导问题 3：在商品推荐技巧中，如何运用正确的话术来推荐产品？比如要推荐山茶油这个产品，应该采用什么样的话术来进行推荐，请写出来。

班级	工作卡号　C-06	共 4 页　第 2 页

小提示

直播中运用 FABE 销售法则进行商品推荐的技巧：

FABE 通过四个关键环节，极为巧妙地处理好了顾客关心的问题，从而顺利实现产品的销售。

1．F 代表特征（Features）：产品的特质、特性等最基本功能；以及它是如何用来满足我们的各种需要的。直播的时候从产品的功效、成分、材质、价位、包装设计、使用方法、使用效果、使用人群等多维度介绍产品，越专业越有说服力。

2．A 代表由这一特征所产生的优点（Advantages）：即（F）所列的产品特性究竟发挥了什么功能，是要向顾客证明“购买的理由”。因此在直播中要着重介绍产品的卖点和优点，或者通过与其他产品进行对比，以证明产品值得购买。

3．B 代表这一优点能带给顾客的利益（Benefits）：即（A）产品的优势带给顾客的好处。在直播中通过场景化介绍把产品带给顾客的好处和利益描述出来，最简单的方法就是多用比喻句，把虚的比喻成实的，实的比喻成虚的。

4．E 代表证据（Evidence）：直播中能随时出示产品可信证明，证明产品靠谱。包括但不限于：销量截图、网友好评、网红推荐、官方资质、专家背书等。

2．工作任务
1）按照目标企业当前需求，制定直播间的模式及直播策略。
2）按时按量完成目标企业直播策略制定的任务。（6 人一组）

3．工作准备	工作者	检查者
1）直播模式和策略方案制定前，提前做好相关内容分析及数据搜集。		
2）制定具体目标要求并保证实施过程中达到要求。		
3）小组探讨适用该企业的直播模式和策略，明确目标，确保无基本概念混淆。		

4．工作步骤	工作者	检查者
1）根据直播的内容及企业的要求，制定直播模式和策略的方案。		
2）直播间互动策略的设计：确定在直播过程中关键环节的互动策略，福利活动规则的确定，直播过程中控制好与粉丝互动福利的节奏。		
3）商品推荐的提前准备：在整场直播开始前搜集整理好每一件商品的功效、成分、材质、价位、包装设计、使用方法、使用效果、使用人群。		
4）直播商品具体信息的准备：对于推荐商品的销量截图、网友好评、网红推荐、官方资质、专家背书等证明，提前做好配图，如能提前联系好专家可请到直播现场或进行现场连线。		
5）主播：提前做好相关准备，在直播过程中要形成个人特色的话术，善于把控节奏。		
6）根据直播的进行情况，及时调整直播模式和直播策略方案。		

5．结束工作	工作者	检查者
1）集合、保存所有获取数据及资料，直播工作人员做全案复盘。		
2）提交直播的策略设计方案。		

《新媒体内容创作实务（微课版）》实操工卡

班级	工作卡号　　C-06	共 4 页　第 3 页

6. 评价反馈

1）产品验收。组长填写“直播策略工作验收标准及评分表”，对已经完成的直播策略工作进行验收。

直播策略工作验收标准及评分表

序号	验收项目	验收标准	组长意见	教师评分	权重
1	直播策略的方案	直播策略方案是否符合直播的内容及厂家的要求，策略是否合理			20%
2	直播间互动策略设计	直播间的互动策略设计是否符合企业需求，能否有效聚集直播人气			20%
3	商品推荐的提前准备	对于直播推荐的商品信息搜集是否全面，能否从商品信息中帮助主播提炼商品的特色卖点			20%
4	了解直播商品的具体信息	在前期的商品推荐准备中是否能形成专业的证据链条，能否通过证据让更多的消费者产生购买行为			20%
5	主播话术	在直播过程中主播的话术是否具有一定的个人特色，能否体现出商品的价值感，能否在整场直播活动中把控好节奏			20%
6	教师评价总分				

2）验收过程情况记录。

直播策略和准备过程异常情况记录表

直播策略和准备过程异常情况记录	整改措施	完成时间	备注

班级	工作卡号　　C-06	共 4 页　第 4 页

3）查阅相关资料结合实操过程进行小组讨论，论述电商直播的过程中应注意运用哪些直播策略，不同平台直播的玩法有哪些不同。

4）评价考核评分表。

评价考核评分表

项目名称	评价内容	分值	评价分数		
			自评	互评	师评
职业素养考核项目 40%	团队合作、人际沟通能力	6 分			
	主动意识、责任意识、服从意识	6 分			
	积极参加教学活动，按时完成工卡	10 分			
	态度端正、精益求精	6 分			
	规范操作能力	6 分			
	客户导向思维	6 分			
专业能力考核项目 60%	专业知识查找及时、准确	12 分			
	数据收集、分析能力	18 分			
	文案撰写能力	12 分			
	策划、统筹能力	18 分			
总分					
总分	自评（20%）+互评（20%）+师评（60%）＝	综合等级	教师签名：		

《新媒体内容创作实务（微课版）》实操工卡

班级	工作卡号　　C-07	共 3 页　第 1 页

工卡标题	掌握直播时长和频率				
版本	V1.0		课时	2	
组名		组长		组员	
工作情境描述	学习、掌握保证直播时长和频率方法。按照市场电商直播行业具体情景，做好直播时长和频率的控制，完成好直播任务。				
工作目标	1．能够掌握直播时长和频率的方法并灵活选择适合的方法。 2．了解直播时长和频率的分析工具，掌握大数据分析技巧。 3．根据不同平台属性对直播时长和频率的要求进行分析。				

1．获取资讯

引导问题 1：电商直播的时长通常建议时间是多长？请用大数据平台进行数据分析。

____

____

____

____

____

引导问题 2：如何保证电商直播的频率？

____

____

____

____

____

引导问题 3：监控直播数据的大数据平台有哪些？

____

____

____

____

____

2．工作任务

1）按照直播目标，制定保证直播时长和频率的实施方案。

2）按时按量完成保证直播时长和频率的任务。（5 人一组）

班级	工作卡号　C-07	共 3 页　第 2 页

3．工作准备	工作者	检查者
1）方案制定前，做好相关数据内容材料的搜集等。		
2）制定具体目标要求并保证实施过程中达到要求。		
3）小组探讨适用于该场直播的方法，明确目标，确保无基本概念混淆。		
4．工作步骤	**工作者**	**检查者**
1）制定出差异化、个性化，符合市场趋势、符合消费者心理的直播时长和频率的方案。		
2）行业、政策、企业、直播平台的相关资料、数据的初步搜寻及整理。		
3）数据搜集完成后，初步确定直播的时长和频率，并在直播前进行充足的准备，保证直播的顺利进行。		
4）直播过程中注重监控直播的各项数据，为后续直播的时长和频率实施方案提供参考。		
5）直播完成后对直播的各项数据进行分析，调整后续直播的运营方案。		
5．结束工作	**工作者**	**检查者**
1）集合、保存所有获取数据及资料，市场人员做全案复盘。		
2）提交保证直播时长和频率的方案。		

6．评价反馈

1）产品验收。组长填写“直播工作验收标准及评分表”，对已完成的市场分析工作进行验收。

直播工作验收标准及评分表

序号	验收项目	验收标准	组长意见	教师评分	权重
1	数据收集及整理	政策数据、行业数据、直播数据以及基础性数据收集是否完善、整理是否有效			20%
2	直播的时长和频率	根据大数据确定的直播时长和频率是否符合受众需求，能否因此提升直播间的人气			20%
3	直播过程中的数据监控	在直播的过程中，是否有搜集监控直播的各项数据，特别是在主播与观众的互动中的各项数据以及直播的时长和频率的数据搜集			20%
4	保证直播时长和频率的方案	方案的具体实施情况及参考价值，企业反馈			40%
5	教师评价总分				

2）验收过程情况记录。

班级	工作卡号　C-07	共 3 页　第 3 页

过程异常情况记录表

过程异常情况记录	整改措施	完成时间	备注

3）查阅相关资料结合实操过程进行小组讨论，论述保证电商直播的时长和频率过程中应注意哪些实际问题，如果长时间不能聚集人气，则如何对直播的时长和频率进行调整。

____

____

____

4）评价考核评分表。

评价考核评分表

项目名称	评价内容	分值	评价分数		
			自评	互评	师评
职业素养考核项目 40%	团队合作、人际沟通能力	6 分			
	主动意识、责任意识、服从意识	6 分			
	积极参加教学活动，按时完成工卡	10 分			
	态度端正、精益求精	6 分			
	规范操作能力	6 分			
	客户导向思维	6 分			
专业能力考核项目 60%	专业知识查找及时、准确	12 分			
	数据收集、分析能力	18 分			
	文案撰写能力	12 分			
	策划、统筹能力	18 分			
总分					
总分	自评（20%）+互评（20%）+师评（60%）=	综合等级	教师签名：		

《新媒体内容创作实务（微课版）》实操工卡

班级	工作卡号　　C-08	共 4 页　第 1 页

工卡标题	直播复盘				
版本	V1.0		课时	2	
组名		组长		组员	
工作情境描述	学习、掌握直播复盘的方法和步骤。对直播的过程、内容进行大数据的收集及分析，不断优化和改良直播内容。				
工作目标	1．能够掌握直播复盘的步骤。 2．了解大数据分析工具，掌握大数据分析技巧。 3．根据直播的过程对直播内容进行分析和复盘。				

1．获取资讯

引导问题 1：什么是直播复盘？直播复盘的重要性是什么？

____

____

____

____

____

引导问题 2：直播复盘的步骤有哪些？

____

____

____

____

引导问题 3：直播复盘所需要关注的大数据分析内容有哪些？

____

____

____

____

小提示

直播复盘数据分析的内容：

1．流量基础数据

流量基础数据主要用来分析新粉转化的能力和评论互动率，这类数据主要包括观众总数、新增粉丝数、评论人数和付费人数收获音浪。看转化新粉能力要看占比，直播转化新粉占比=新增粉丝/观众总数；看直播的互动情况，评论互动率=评论人数/观众总数。

班级	工作卡号　C-08	共 4 页　第 2 页

2．流量来源数据

直播流量入口主要有关注页、直播广场、视频推荐、同城 4 个渠道，其中直播广场和视频推荐属于系统推荐的自然流量，如果引流视频内容标签不够精准的话，那所带来的直播观众也就不容易留存。

3．直播电商数据

商品展示次数：指商品展示给用户的次数，直播间内的弹窗，用户点进购物袋浏览到商品都算是展示。

商品点击次数：用户实际点击商品的次数，点击进入商品详情页面。

我的橱窗访问次数：橱窗的入口一般在主页和商品详情页的右上角，可以看到多少人访问了橱窗。

4．直播观看数据

直播本身的观看而言，有直播次数、直播时长、观看次数、用户观看时长这几个数据指标需要关注。

2．列工具、设备、材料清单

根据直播复盘的内容要求，请列出直播复盘所需工具、背景资料、数据清单。

类别	名称	规格型号	单位	数量	备注
工具					
工具					
背景资料					
背景资料					
背景资料					
背景资料					
背景资料					
背景资料					
背景资料					
背景资料					
数据平台					
数据平台					
数据					
数据					
数据					

3．工作任务

按时按量完成直播复盘的任务。（6 人一组）

4．工作准备	工作者	检查者
1）方案制定前，准备好相关工具、材料、数据搜索平台等。		
2）制定具体目标要求并保证实施过程中达到要求。		
3）小组探讨适用该直播复盘的方法措施，明确目标，确保无基本概念混淆。		
4）制定直播复盘的总结的大纲，以确保工作能有序、有效进行。		

班级	工作卡号　C-08	共 4 页　第 3 页

5．工作步骤	工作者	检查者
1）直播过程的回顾及分析。		
2）主播对直播内容进行复盘及分析。		
3）直播过程数据的初步搜集及整理。		
4）直播过程数据的全方位分析。		
5）针对直播过程数据的分析结果有针对性地制定提升要点。		
6）完成直播复盘的总结性评价，并制定直播内容下一步优化的方案。		
6．结束工作	**工作者**	**检查者**
1）集合、保存所有获取数据及资料。		
2）提交直播复盘方案。		
3）提交直播复盘结束后，下一步优化直播内容的方案。		

7．评价反馈

1）产品验收。组长填写“直播复盘工作验收标准及评分表”，对已完成的直播复盘工作进行验收。

直播复盘工作验收标准及评分表

序号	验收项目	验收标准	组长意见	教师评分	权重
1	直播复盘的内容	直播复盘的内容回顾及分析是否全面，是否能找出直播的不足及痛点，总结优势经验			20%
2	数据收集及整理	行业数据、直播过程数据以及基础性数据收集是否完善，整理是否有效			20%
3	直播复盘的数据分析	直播复盘数据分析是否全面，能否反映出整个直播活动的情况；对于既定目标是否达成，能否提供有效的证据支持			20%
4	直播内容优化的方案	能否通过数据分析找到直播内容优化的要点，能否在优化方案中对于直播复盘的内容有所体现			40%
5	教师评价总分				

2）验收过程情况记录。

直播复盘过程异常情况记录表

直播复盘过程异常情况记录	整改措施	完成时间	备注

直播复盘过程异常情况记录	整改措施	完成时间	备注

3）查阅相关资料结合实操过程进行小组讨论，论述电商直播复盘的过程中应注意哪些实际问题，若通过数据分析找到了提升要点，如何进行直播内容的优化。

____

____

____

____

____

4）评价考核评分表。

评价考核评分表

项目名称	评价内容	分值	评价分数		
			自评	互评	师评
职业素养考核项目 40%	团队合作、人际沟通能力	6 分			
	主动意识、责任意识、服从意识	6 分			
	积极参加教学活动，按时完成工卡	10 分			
	态度端正、精益求精	6 分			
	规范操作能力	6 分			
	客户导向思维	6 分			
专业能力考核项目 60%	专业知识查找及时、准确	12 分			
	数据收集、分析能力	18 分			
	文案撰写能力	12 分			
	策划、统筹能力	18 分			
总分					
总分	自评（20%）+互评（20%）+师评（60%）=	综合等级	教师签名：		

《新媒体内容创作实务（微课版）》实操工卡

班级	工作卡号　　D-01	共 4 页　第 1 页

工卡标题	H5 内容创作项目市场分析				
版本	V1.0		课时		2
组名		组长		组员	
工作情境描述	学习、掌握市场分析方法。按照市场分析方法的要求为企业 H5 的创作进行事前的市场分析，明确创作的方向。				
工作目标	1．能够掌握市场分析法并灵活选择适合分析对象的市场分析方法。 2．了解宏观环境和微观环境的分析工具，掌握工具使用技巧。 3．根据市场分析的结果明确 H5 创作的方向。				

1．宏观环境及微观环境的分析方法

引导问题 1：宏观环境分析的模型叫什么？每个字母分别代表什么含义？

____

____

____

引导问题 2：微观环境分析主要对哪两个对象进行分析？

对象一：______________________________

对象二：______________________________

引导问题 3：用户画像的基本公式是什么？

____

____

____

引导问题 4：竞争对手分析常用的 SWOT 分析模型的核心要素有哪些？

____

____

____

____

引导问题 5：核心竞争力分析法包括哪些要素？

____

____

____

____

《新媒体内容创作实务（微课版）》实操工卡

班级	工作卡号 D-01	共 4 页 第 2 页

引导问题 6：如何根据核心竞争力分析的要素画一个竞争链对比分析图？

____

____

____

____

小提示

市场分析入门小技巧：

1．H5 撰写前的市场分析以调研为基础，找准目标分析企业、分析产品，对其进行广泛搜索调研，并寻找对标企业或产品进行对比分析。

2．市场分析方法的使用非常重要，必须以数据为基础，切忌凭空想象。

3．在分析时，明确针对的究竟是商家还是产品，避免在分析时混为一谈。

4．分析时可以以某种方法为主，辅之以多种方法。

2．列工具、设备、材料清单

根据市场分析方法，结合企业具体情景及市场分析要求，请列出市场分析所用的分析模型、所需资料、资料收集渠道。

类别	名称	规格型号	单位	数量	备注
工具					
工具					
工具					
所需资料					
所需资料					
所需资料					
所需资料					
所需资料					
所需资料					
所需资料					
资料收集渠道					
资料收集渠道					
资料收集渠道					
资料收集渠道					
资料收集渠道					
资料收集渠道					

班级	工作卡号　D-01	共 4 页　第 3 页

3. 工作任务		
1）按照 H5 的创作任务，制定市场分析具体实施方案。 2）按时按量完成市场分析任务。（3 人一组）		
4. 工作准备	**工作者**	**检查者**
1）市场调研前，组长协助老师制定市场分析方案，准备好相关工具、材料、数据搜索平台等。		
2）制定具体目标要求并保证实施过程中达到要求。		
3）小组探讨适用于该任务的分析模型，明确目标，确保无基本概念混淆。		
4）制定、检查工作计划表，制作甘特图以确保工作能有序、有效进行。		
5. 工作步骤	**工作者**	**检查者**
1）制定市场分析方案草案及流程，为各岗位设定清晰的工作目标及时间规划。		
2）行业、政策、企业相关资料、数据的初步搜寻及整理。		
3）在初筛后，确定资料真实有效，对目标行业、企业进行深入调研。		
4）初步研判已经搜集到的数据，并分析存在的不足，进一步通过不同的渠道补充搜集数据。		
5）在二次收集数据的基础上使用市场分析模型对资料进行分析，得出 H5 撰写的初步方向。		
6）在确定初步创作方向的基础上，进行创意思考。		
6. 结束工作	**工作者**	**检查者**
1）收集、保存所有获取数据及资料。		
2）提交市场分析报告。		
3）提交 H5 创作计划。		

7. 评价反馈

1）报告验收。组长填写“市场分析工作验收标准及评分表”，对已完成的市场分析工作进行验收。

市场分析工作验收标准及评分表

序号	验收项目	验收标准	组长意见	教师评分	权重
1	流程规划及甘特图制作	流程清晰，将各岗位工作内容及工作周期规划合理			20%
2	数据收集及整理	政策数据、行业数据、对标数据以及基础性数据收集是否完善、整理是否有效			20%
3	调研及分析报告制作	调研是否基于数据进行；调研是否全面、详尽、有针对性和目标性			20%
4	创作计划评估	市场分析报告及市场规划方案的落地性、可行性评估以及企业反馈			40%
5	教师评价总分				

2）验收过程情况记录。

班级	工作卡号　　D-01	共 4 页　第 4 页

市场分析过程异常情况记录表

市场分析过程异常情况记录	整改措施	完成时间	备注

3）查阅相关资料结合实操过程进行小组讨论，论述 H5 创作前市场分析过程中应注意哪些实际问题，若市场环境发生改变，如何完善和调整市场分析方向和重点。

____

____

____

4）评价考核评分表。

评价考核评分表

<table>
<tr><th rowspan="2">项目名称</th><th rowspan="2">评价内容</th><th rowspan="2">分值</th><th colspan="3">评价分数</th></tr>
<tr><th>自评</th><th>互评</th><th>师评</th></tr>
<tr><td rowspan="6">职业素养
考核项目
40%</td><td>团队合作、人际沟通能力</td><td>6 分</td><td></td><td></td><td></td></tr>
<tr><td>主动意识、责任意识、服从意识</td><td>6 分</td><td></td><td></td><td></td></tr>
<tr><td>积极参加教学活动，按时完成工卡</td><td>10 分</td><td></td><td></td><td></td></tr>
<tr><td>态度端正、精益求精</td><td>6 分</td><td></td><td></td><td></td></tr>
<tr><td>规范操作能力</td><td>6 分</td><td></td><td></td><td></td></tr>
<tr><td>客户导向思维</td><td>6 分</td><td></td><td></td><td></td></tr>
<tr><td rowspan="4">专业能力
考核项目
60%</td><td>专业知识查找及时、准确</td><td>12 分</td><td></td><td></td><td></td></tr>
<tr><td>数据收集、分析能力</td><td>18 分</td><td></td><td></td><td></td></tr>
<tr><td>文案撰写能力</td><td>12 分</td><td></td><td></td><td></td></tr>
<tr><td>策划、统筹能力</td><td>18 分</td><td></td><td></td><td></td></tr>
<tr><td colspan="3">总分</td><td></td><td></td><td></td></tr>
<tr><td rowspan="2">总分</td><td rowspan="2">自评（20%）+互评（20%）+师评（60%）=</td><td>综合等级</td><td colspan="3" rowspan="2">教师签名：</td></tr>
<tr><td></td></tr>
</table>

《新媒体内容创作实务（微课版）》实操工卡

班级	工作卡号　　D-02	共 3 页　第 1 页

工卡标题	H5 文案内容创作				
版本	V1.0		课时		2
组名		组长		组员	
工作情境描述	教师提供一篇微信公众号推文，要求学生将其改编为 H5，即以推文的内容为基础进行二次创作。				
工作目标	围绕 H5 的主题创作文案，为最终制作 H5 提供素材。				

1．获取资讯

H5 文案创作的创意方法有哪几种？

____

____

____

____

____

____

____

____

____

____

2．工作任务

围绕教师提供的推文进行 H5 二次创作。（3 人一组）

3．创作前准备	工作者	检查者
1）阅读微信公众号推文。		
2）进行小组分工，包括文字工作、图片及视频搜集与处理工作。		
3）明确完成期限。		

4．工作步骤	工作者	检查者
1）阅读微信公众号推文并商讨确定 H5 的主题、功能定位及类型。		
2）创作 H5 的标题。		
3）确定 H5 的创意。		
4）二次创作文案。		
5）发散思维，搜集图片、视频等素材并进行加工处理。		
6）对文案与图片、视频素材的匹配度进行检查。		

《新媒体内容创作实务（微课版）》实操工卡

班级	工作卡号　　D-02	共 3 页　第 2 页

5. 结束工作	工作者	检查者
1）整理所有资料。		
2）做好 H5 创作计划。		

6. 评价反馈

1）作品验收。组长填写“H5 文案验收标准及评分表”，对已完成的 H5 文案作品进行验收。

H5 文案验收标准及评分表

序号	验收项目	验收标准	组长意见	教师评分	权重
1	文案标题创作	使用了标题创作的方法，标题吸引人			30%
2	文案创作	文案主题突出、字数适宜、语句通顺，文案内容完整			30%
3	文案创意	文案使用了创意方法，内容吸引用户			40%
4	教师评价总分				

2）验收过程情况记录。

H5 文案创作过程异常情况记录表

H5 文案创作过程异常情况记录	整改措施	完成时间	备注

3）查阅相关资料结合实操过程进行小组讨论，论述 H5 文案创作过程中应注意哪些实际问题，思考如何才能写好一篇 H5 文案？

班级	工作卡号　　D-02	共 3 页　第 3 页

4）评价考核评分表。

评价考核评分表

项目名称	评价内容	分值	评价分数		
			自评	互评	师评
职业素养考核项目 40%	团队合作、人际沟通能力	6 分			
	主动意识、责任意识、服从意识	6 分			
	积极参加教学活动，按时完成工卡	10 分			
	态度端正、精益求精	6 分			
	规范操作能力	6 分			
	客户导向思维	6 分			
专业能力考核项目 60%	专业知识查找及时、准确	12 分			
	资料收集、分析能力	18 分			
	文案撰写能力	12 分			
	策划、统筹能力	18 分			
总分					
总分	自评（20%）+互评（20%）+师评（60%）=	综合等级	教师签名：		

《新媒体内容创作实务（微课版）》实操工卡

班级	工作卡号　D-03	共 3 页　第 1 页

<table>
<tr><td>工卡标题</td><td colspan="5">H5 功能定位</td></tr>
<tr><td>版本</td><td colspan="2">V1.0</td><td>课时</td><td colspan="2">2</td></tr>
<tr><td>组名</td><td></td><td>组长</td><td></td><td>组员</td><td></td></tr>
<tr><td>工作情境描述</td><td colspan="5">学习、掌握 H5 的功能及应用类型，使学习者能够明确自己使用 H5 的目的，并清楚哪个类型的 H5 能够帮助自己达到目的。</td></tr>
<tr><td>工作目标</td><td colspan="5">1．了解 H5 的功能定位。
2．了解 H5 的类型。
3．能够根据实际工作需要选择 H5 的功能与类型进行创作。</td></tr>
<tr><td colspan="6">1．获取资讯</td></tr>
</table>

引导问题 1：H5 的功能定位有哪几个？请举例说明。

____

____

____

引导问题 2：H5 的类型有哪些？请找出相应类型的案例。

类型一：______________________________

类型二：______________________________

类型三：______________________________

类型四：______________________________

类型五：______________________________

类型六：______________________________

类型七：______________________________

类型八：______________________________

类型九：______________________________

类型十：______________________________

类型十一：______________________________

引导问题 3：H5 区别于微信推文的特点是什么？

____

____

____

班级	工作卡号 D-03	共 3 页 第 2 页

引导问题 4：请围绕 H5 的功能定位与类型画一个思维导图。

2．工作任务

自行从网络上寻找两个 H5 的案例，分析其功能定位及类型。

3．评价反馈

1）组长填写“H5 功能定位验收标准及评分表”，对已完成的市场分析工作进行验收。

班级	工作卡号　D-03	共 3 页　第 3 页

H5 功能定位验收标准及评分表

序号	验收项目	验收标准	组长意见	教师评分	权重
1	思维导图制作	围绕 H5 的功能定位与类型，画一个思维导图			50%
2	案例分析	从网络上寻找两个 H5 的案例，分析其功能定位及类型			50%

2）验收过程情况记录。

H5 功能定位异常情况记录表

H5 功能定位异常情况记录	整改措施	完成时间	备注

3）评价考核评分表。

评价考核评分表

项目名称	评价内容	分值	评价分数		
			自评	互评	师评
职业素养考核项目 50%	熟悉基本理论，形成框架思维	50 分			
专业能力考核项目 50%	搜集案例、分析案例，能准确运用理论	25 分			
	能够结合理论做好 H5 创作计划	25 分			
总分					
总分	自评（20%）+互评（20%）+师评（60%）＝	综合等级	教师签名：		

《新媒体内容创作实务（微课版）》实操工卡

班级	工作卡号　D-04	共 4 页　第 1 页

工卡标题	H5 模板修改				
版本	V1.0		课时	2	
组名		组长		组员	
工作情境描述	学习掌握模板修改方法。对任务 4 中选择好的简约扁平风格模板进行修改，将自己创作的文案和搜集的图片及视频等相关素材替换选定的 H5 模板中的相应内容。				
工作目标	1．掌握木疙瘩平台替换模板中图片和文字的方法。 2．完成标题页、总介绍页、花间集、渔家傲、天纹锦五个内容展示页面的制作。 3．掌握图层、帧、关键帧、空白关键帧、形状工具、文字工具、属性面板的应用。 4．完成活动宣传页“体验师招募”的制作。				

1．获取资讯

引导问题 1：请围绕 H5 的创作工具平台类型画一个思维导图。

引导问题 2：选择的 H5 模板有哪些页面？每个页面的内容是什么？

____

____

____

____

____

《新媒体内容创作实务（微课版）》实操工卡

班级	工作卡号　　D-04	共 4 页　第 2 页

2．工作任务		
1）完成标题页、总介绍页、花间集、渔家傲、天纹锦五个内容展示页面的制作。 2）完成活动宣传页“体验师招募”的制作。 （3 人一组）		
3．创作前准备	**工作者**	**检查者**
1）分析三千漓项目推广 H5 包含的页面及各页面的内容。		
2）制定模板修改计划。		
3）进行小组分工，明确各成员负责的页面。		
4）明确完成期限。		
4．工作步骤	**工作者**	**检查者**
1）针对模板实际效果，对文案进行修改，主要包括标题页和活动宣传页文字。		
2）针对模板实际效果，对图片素材进行处理，主要包括活动宣传页图片。		
3）在资源管理器窗口或属性面板进行文字和图片的替换，完成标题页、总介绍页、花间集、渔家傲、天纹锦五个内容展示页面的制作。		
4）完成活动宣传页“体验师招募”的制作。（涉及图层、帧、关键帧、空白关键帧、形状工具、文字工具、属性面板的操作）		
5．结束工作	**工作者**	**检查者**
1）将各小组成员完成的页面合并到一个作品中。		
2）预览作品效果进行检查。		
3）提交作品。		
6．评价反馈		
1）作品验收。组长填写“H5 内容展示页验收标准及评分表”，对已完成的作品部分工作进行验收。		

H5 内容展示页验收标准及评分表

序号	验收项目	验收标准	组长意见	教师评分	权重
1	标题页文案修改	标题吸引人，与模板标题匹配，不改变模板的文字排版			10%
2	内容展示页文案修改	文案主题突出、字数适宜、语句通顺，文案内容完整，同时与模板匹配，不改变模板的文字排版			5%

班级	工作卡号　　D-04	共 4 页　第 3 页

序号	验收项目	验收标准	组长意见	教师评分	权重
3	活动宣传页文案修改	文案主题突出、字数适宜、语句通顺，文案内容完整，同时与设计的页面匹配			10%
4	活动宣传页图片处理	根据设计制作成菱形外形，图片构图合理			10%
5	标题页制作	延用模板效果，图片、文字设置美观协调			10%
6	总介绍页、花间集、渔家傲、天纹锦四个页面制作	延用模板效果，图片、文字设置美观协调			30%
7	活动宣传页“体验师招募”制作	画面构图合理、配色协调美观、文案内容无遗漏、文字排版整齐、动画合理			25%
8	教师评价及总分				

2）验收过程情况记录。

H5 内容展示页制作过程异常情况记录表

H5 内容展示页制作过程异常情况记录	整改措施	完成时间	备注

3）查阅相关资料结合实操过程进行小组讨论，论述 H5 内容展示页制作过程中应注意哪些实际问题，若实际模板与原有文案和图片素材不匹配，或者模板内容版块不全，如何完善和调整文案、图片以及模板？

____

____

____

____

____

____

____

班级	工作卡号　D-04	共 4 页　第 4 页

4）评价考核评分表。

评价考核评分表

项目名称	评价内容	分值	评价分数		
			自评	互评	师评
职业素养考核项目 40%	团队合作、人际沟通能力	6 分			
	主动意识、责任意识、服从意识	6 分			
	积极参加教学活动，按时完成工卡	10 分			
	态度端正、精益求精	6 分			
	规范操作能力	6 分			
	客户导向思维	6 分			
专业能力考核项目 60%	专业知识查找及时、准确	5 分			
	策划、统筹能力	5 分			
	文案修改能力	5 分			
	素材处理能力	10 分			
	页面制作能力（设计、动画、交互、排版）	35 分			
总分					
总分	自评（20%）+互评（20%）＋师评（60%）＝	综合等级	教师签名：		

《新媒体内容创作实务（微课版）》实操工卡

班级	工作卡号　　D-05	共 3 页　第 1 页

工卡标题	H5 表单制作				
版本	V1.0		课时		3
组名		组长		组员	
工作情境描述	任务 5 选择的模板没有提供表单功能，但我们设计的三千漓推广 H5 要进行“体验师招募”活动宣传，需要收集用户的报名信息，故在此我们来制作表单页和落款页。				
工作目标	1．掌握木疙瘩平台各种表单工具的应用。 2．学会使用公有模板中的表单模板进行二次创作修改。 3．完成活动报名页的制作。 4．掌握简单的跳转页行为、地图行为的设置方法。 5．完成结尾页的制作。				

1．获取资讯

引导问题 1：在线表单 H5 使用场景主要有哪些？

____

____

____

____

引导问题 2：木疙瘩平台的表单类工具有哪些？请简单说明它们的用途。

____

____

____

____

____

2．工作任务

1）完成活动报名页的制作。

2）完成结尾页的制作。

（3 人一组）

3．创作前准备	工作者	检查者
1）分析体验师活动报名需要收集哪些用户信息，确定结尾页要呈现的内容。		
2）制定模板修改计划。		
3）进行小组分工，明确各成员负责的页面。		
4）明确完成期限。		

班级	工作卡号　D-05	共 3 页　第 2 页

4. 工作步骤	工作者	检查者
1）确定表单模板，对表单模板根据实际需要进行二次创作修改，包括表单项的增减、表单文字的修改、表单数据的提交等，完成活动报名页制作。		
2）回到活动宣传页“体验师招募”，为每个“立即报名”添加行为“下一页”，使用户点击“立即报名”即可跳转到活动报名页。		
3）对模板中的最后一页落款页进行二次创作修改，更换二维码、替换文字、增加打开地图入口并添加地图行为。		
4）对模板中的落款文字进行修改，改为相应的地址、电话、交通方式，完成结尾页的制作。		
5. 结束工作	**工作者**	**检查者**
1）将各小组成员完成的页面合并到一个作品中。		
2）预览作品效果进行检查。		
3）提交作品。		

6. 评价反馈

1）作品验收。组长填写“H5 活动报名页和结尾页验收标准及评分表”，对已完成的作品部分工作进行验收。

H5 活动报名页和结尾页验收标准及评分表

序号	验收项目	验收标准	组长意见	教师评分	权重
1	活动报名页	页面配色及风格与模板匹配，表单项完整，能正确提交数据			50%
2	结尾页文案修改	文案主题突出、字数适宜、语句通顺，文案内容完整，同时与模板匹配，不改变模板的文字排版			5%
3	结尾页制作	画面构图合理，配色协调美观，文案内容无遗漏，文字排版整齐，动画合理，具有地图功能，对品牌进行露出，让品牌得到有效宣传			45%
4	教师评价及总分				

2）验收过程情况记录。

H5 活动报名页和结尾页制作过程异常情况记录表

H5 活动报名页和结尾页制作过程异常情况记录	整改措施	完成时间	备注

班级	工作卡号　D-05	共 3 页　第 3 页

3）查阅相关资料结合实操过程进行小组讨论，论述 H5 表单页和落款页制作过程中应注意哪些实际问题，若实际模板与原有文案和图片素材不匹配，或者模板内容版块不全，如何完善和调整文案、图片以及模板？

4）评价考核评分表。

评价考核评分表

项目名称	评价内容	分值	评价分数		
			自评	互评	师评
职业素养考核项目 40%	团队合作、人际沟通能力	6 分			
	主动意识、责任意识、服从意识	6 分			
	积极参加教学活动，按时完成工卡	10 分			
	态度端正、精益求精	6 分			
	规范操作能力	6 分			
	客户导向思维	6 分			
专业能力考核项目 60%	专业知识查找及时、准确	5 分			
	策划、统筹能力	5 分			
	文案修改能力	5 分			
	素材处理能力	10 分			
	页面制作能力（设计、动画、交互、排版）	35 分			
总分					
总分	自评（20%）＋互评（20%）+师评（60%）=	综合等级	教师签名：		

《新媒体内容创作实务（微课版）》实操工卡

班级	工作卡号　D-06	共 3 页　第 1 页

工卡标题	H5 交互制作			
版本	V1.0	课时	3	
组名		组长		组员
工作情境描述	进入 H5 营销领域的企业和商家能实现更高的营业额。而移动交互作为 H5 较传统媒体独有的特性，掌握其制作方法的重要性不言而喻。			
工作目标	掌握利用木疙瘩平台制作常见的交互方式的方法。			

1．获取资讯

引导问题 1：H5 支持哪些常见的移动交互方式？

____

____

____

____

____

引导问题 2：H5 交互动画与传统的 Flash 交互动画的主要区别是什么？H5 广告与传统的视频、动画、纸媒广告相比具有什么优势？

____

____

____

____

____

____

2．工作任务

1）通过添加行为实现交互。

2）利用公有模板实现交互。

（3 人一组）

3．创作前准备	工作者	检查者
1）分析在木疙瘩平台的行为有哪些，分别能实现什么交互功能。		
2）分析在木疙瘩平台的公有模板中有哪些交互功能，都应用在什么场景。		
3）讨论在三千滴项目推广 H5 中，通过添加什么交互功能，以更好地激起用户的阅读和分享欲望，实现更高的曝光量。		

班级	工作卡号　　D-06	共 3 页　第 2 页

4）进行小组分工，明确各成员负责的内容。		
5）明确完成期限。		
4. 工作步骤	工作者	检查者
1）为三千滴项目推广 H5 的内容展示部分设计制作一个可以通过晃动手机控制的 VR 全景展示页面。		
2）为三千滴项目推广 H5 设计制作一个抽奖交互的促销页面。		
5. 结束工作	工作者	检查者
1）将各小组成员完成的页面合并到一个作品中。		
2）预览作品效果进行检查。		
3）提交作品。		

6. 评价反馈

1）作品验收。组长填写“H5 交互功能页验收标准及评分表”，对已完成的作品部分工作进行验收。

H5 交互功能页验收标准及评分表

序号	验收项目	验收标准	组长意见	教师评分	权重
1	VR 全景展示页	页面配色及风格与模板匹配，VR 素材处理得当，VR 全景能流畅高清预览，让用户对三千滴有身临其境的体验，场景数量设置合理			50%
2	抽奖促销页	页面配色及风格与模板匹配，抽奖设置合理，逻辑功能正确，能有效推广三千滴项目			50%
3	教师评价及总分				

2）验收过程情况记录。

H5 VR 全景展示页和抽奖促销页制作过程异常情况记录表

H5 VR 全景展示页和抽奖促销页制作过程异常情况记录	整改措施	完成时间	备注

班级	工作卡号　D-06	共 3 页　第 3 页

3）查阅相关资料结合实操过程进行小组讨论，论述 H5 交互设计中应注意哪些实际问题？

4）评价考核评分表。

评价考核评分表

项目名称	评价内容	分值	评价分数		
			自评	互评	师评
职业素养考核项目 40%	团队合作、人际沟通能力	6 分			
	主动意识、责任意识、服从意识	6 分			
	积极参加教学活动，按时完成工卡	10 分			
	态度端正、精益求精	6 分			
	规范操作能力	6 分			
	客户导向思维	6 分			
专业能力考核项目 60%	专业知识查找及时、准确	5 分			
	策划、统筹能力	5 分			
	文案修改能力	5 分			
	素材处理能力	10 分			
	页面制作能力（设计、动画、交互、排版）	35 分			
总分					
总分	自评（20%）+互评（20%）+师评（60%）=	综合等级	教师签名：		